献给每一个不屈的灵魂。

先者生存

优势富集效应

王健 著

复旦大学出版社

前言 / Foreword

记得世界著名的进化论科学家古尔德说过一段感慨的话:“不知什么缘故,我对爱因斯坦大脑的重量及脑回鲜有兴趣;相反,我思考的是这样一个事实:那些具有同样天赋的人却注定要在棉花地和血汗工厂里辛苦一辈子,直到死。”

这个世界到底是如何安排的?质量相近的生命个体为什么最终会呈现令人嗟叹的差异?

说到底,仰观苍天、俯察万类,大到宇宙六合,小至仟荠之微,世间诸物似乎都处于不均衡的巨大落差中:或崇山峻岭,或清流激湍;或龙庭巨贾尽珠帘画栋,或烟柳人家仅一枕清霜;或高人韵士宏论伟烈丰功,或渔樵野夫轻叹苍烟落照。无论怎样削峰填谷、劫富济贫,不均衡总会顽强地显现。即便希望财富均分的累进税再盛行,也无法抑制比尔·盖茨一枝独秀;纵使反垄断法再严厉,亦不能阻止空客与波音二分天下。

为什么在大自然给定的同样条件下,有些人最后站得那么高?为什么在同等的制度规约下,有些企业走得那么远?这当然会是一个开放的、可以无穷解释的话题。但笔者更想对那些本来应该在初始条件上有可比性的系统,却最后分叉,而渐行渐远、终于遥不可及的现象,观察其分化的过程,思考那些引导分化的起点和节点究竟在进化上具有什么样的意义。

毕竟,同样的群体生活,一只蚂蚁与另一只蚂蚁之间、一条鱼和另一条鱼之间根本没有那么大的差别。可是,爱因斯坦与一个小学物理教师在科学史上的成就相比,巴菲特与某个小股民对资本市场的影响力相比,距离之大,已经远超出人与人之间生物学的差异。

让人兴趣盎然的是:最初在襁褓中的两个在生物意义上区别不大的婴儿,为什么在随后几十年间他们的社会性差异竟会大到令人瞠目结舌的程度?生活的表层下,究竟埋藏着一种什么力量推动着分化?

我们想象,两千年前,亚里士多德与他当年同在雅典学院任教的哲学同事在先天禀赋和后天学养上可能仅仅相差几个厘米,可是今天,就全世界的知晓率和引用率而言,却相距不止几十亿倍。也许再过两千年,亚里士多德依然会被人们不无摆拽地援引和述说,但当年那些曾经与他一起在石阶上散步和争论的同事们却无可挽回地消失在了永恒的历史黑暗中,就像滴入大海的水珠一样,似乎从未来到过这个世界。

历史究竟是怎样选择、累积和加强的?起初,那么微小的差别为什么要被放大到天堂与地狱的地步?进化在扬与弃之间是怎样做出如此残酷的抉择的?马云、张艺谋、特朗普、微软、奥运会、联合国、剑桥大学……所有这些被选择下来的个人或组织,各自杂乱而行色匆匆的脚印背后,在演化上有没有相近的姿势和看不见的共同运行轨迹?

衣锦还乡的刘强东与其昔日的中学同学言谈举止中所透出的气息间的微妙而不容置疑的差别,当真是一种宿命吗?既然在一个儿科医生眼里,婴儿时期的伊丽莎白女王与一个爱尔兰农民的宝贝女儿没有任何生物学差异,那么,伟大与渺小的种子就一定会深嵌在每一个生命的脊柱上,凭什么不相信无限的潜能也一样种植在你的血液里呢?

为什么关键节点和时间之窗是门闩,错过就是锁定?为什么特定的时间窗口一旦关闭,大自然先天内设在每一个生命中的节律窗口将依次封闭？正如每一粒稻谷的成长旅程都有自己特定的周期分类计划，千百年来农人们不但知晓春耕秋耘、夏收冬藏的大节律，更清楚24个节气的外部小周期对小谷粒生命的意义：错过一个时间就是错过一个季节，错过一个季节就可能错过一生的美丽绽放。

先者为什么具有更大的生存概率？千分之一秒领先的域名注册与饭厅先来后到的排队之间存在着一种什么样的古典联系？卢梭说的“最初占有者的权利”究竟是一种什么样的权利？为什么后到者要想抢占先到者的位置，就将承担良心、道德、法律、监狱、军队、宗教、文化等一切成本？上帝为什么在设定数亿精子大军的争夺战中要让“第二名等于最后一名”？第一名为什么是一种“看不见顶的顶”？第一名究竟具有什么样的伦理价值和哲学气质？

起点上的微小优势是怎样在关键过程中被放大的？资源为什么会像自己长腿一样，总是朝着对自己最有利的方向蠕动？

作为“优秀群”的高阶圈层，其内部会分泌出怎样的激励物质，从而促动你的荷尔蒙供给，以实现一个生命的更宏伟攀登？

为什么生命在于主动？在“初战就是决战”的互联网时代，为什么人类的真正未来不是掌握在“适者”身上，而是把握在“先者”和“创造者”身上？为什么只有当我们痛心地看着那些濒危动物可怜的眼神时，才会明白——世界不是被适应而是被创造出来的？

怀揣着诸如此类的更多问号，你可以开始一场精神探险了，这本书就像一个开放的神秘森林，无论你从哪里入口，换句话说，你从任何一章切入，都一样可以看到自己想要的和没有想到的景色，也许很多地方都值得你盘桓和留影，以对照自己的人生。

目录

第一章

群集现象
——世界的非匀值分布

从那里到这里，从这里到那里，有趣的事情比比皆是。

——苏斯《一条鱼、两条鱼、红色鱼、蓝色鱼》[1]

① 戴维·迈尔斯：《心理学(第七版)》，黄希庭等译，人民邮电出版社 2006 年版，第 186 页。

当我们从飞机窗口往外张望，如果是夜晚，情况可能是这样的：在大多数时间里，窗外一片漆黑，后来会看到一些星星点点的灯火，然后越聚越多，逐渐连成一片，最后演变成了一个巨大的光岛，在广袤的黑暗中熠熠生辉——我们知道座位的下方生活着一个城市，无数的资源和欲望在这儿聚集。

就像下面这幅图，整个世界，光亮和暗黑形成了巨大的贫富反差，这是一种极大的不均衡分布。

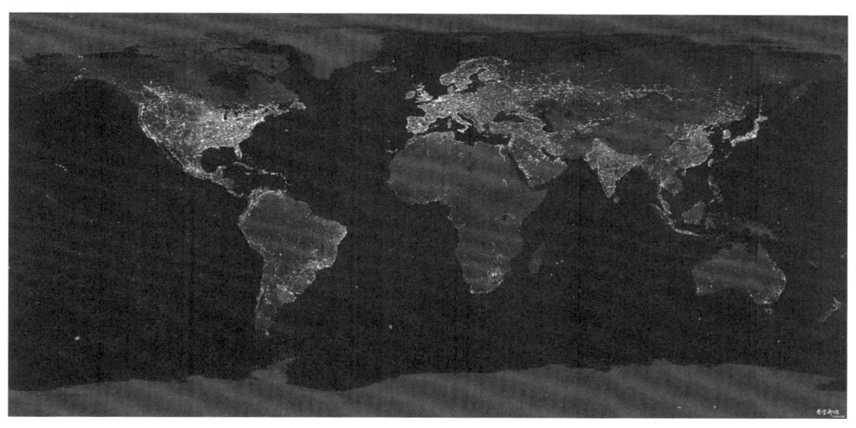

图 1－1　夜晚地球表面灯光分布

这种图景和我们在天体摄影图上所观察到的星云分布何其相似，所有的物质和能量并不呈现散点匀值分布，而是有节奏地聚集。无数像蓝色地球那样美丽的行星团聚在太阳这样的恒星周围，数千亿颗恒星又汇聚成星系，更多的星系再凝聚成大级别星系群，在凝聚与耗散的角力中，幻化成一幅幅壮美绝伦的宇宙创生图。

这个世界到底是怎样安排的？

按照热力学第二定律，世界是耗散的，那么耗散到今天，为什么我们看到的仍然是结构与生成、富有和贫穷，而不是各向同性的匀值分布？

一、马铃薯现象

马克·布查纳（也称马克·布坎南）在《临界：为什么世界比我们想象的要简单》一书中曾经描述过一个现象：

> 冻马铃薯就像岩石一样——很脆，在突然的用力下很容易破碎。把一个冻马铃薯朝墙上扔去，它会碎成一堆大小不等的碎块，有的和高尔夫球一样大，有的像樱桃一样大，还有的像豆子和葡萄籽一样小。哪一种才是标准的大小呢？要找到答案，你需要朝墙上扔大约一千个马铃薯，得到一大堆碎块。之后根据碎块的大小进行分类，你也许会分出十堆不同的碎块。
>
> 然后你会发现：如葡萄籽一样小的碎块的数量相当庞大，随着体积的增大，碎块的数量逐渐变小。换句话，每当碎块重量减少二分之一，其数目就增大6倍。1993年，丹麦南方大学的三位物理学家做了这个实验，这个实验的碎块涵盖了从100克的一大块儿一直到只有千分之一克的微粒。[①]

不管碎块的数量和质量之间有着怎样神奇的关联，下面这个事实

---

① 马克·布查纳：《临界：为什么世界比我们想象的要简单》，刘杨等译，吉林人民出版社2001年版，第60页。

却毋庸置疑——碎块的大小分布总是非匀值的，而且大小与多少总是呈现高倍反比。

其实，这个世界恰恰也顽强地呈现出非均衡的马铃薯现象。让我们看看马铃薯的碎块在各个领域的表现：

图 1－2 是美国《财富》杂志 2005 年对世界 500 强企业在各国分布的图解。我们看到的是形象的马铃薯分布格局：美国 175 家，是个大块马铃薯；日本 87 家，接近美国的一半；法国 39 家、德国 37 家、英国 36 家，各接近日本的一半；接下来依次减半，最后，全球另外大多数国家则几乎空白到忽略不计。

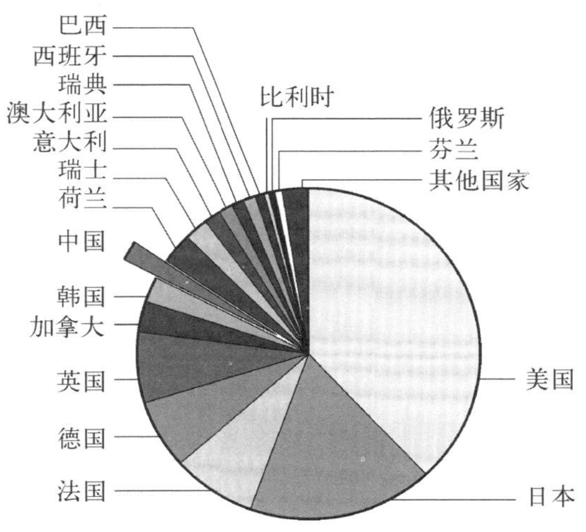

图 1－2　世界 500 强企业在各国的分布图①

马铃薯碎块的非均衡性还可以从《福布斯》(*Forbes*)排行榜体现出来。大碎块与小碎块之间的差距可以达到怎样令人瞠目的程度呢？2014 年全球首富比尔·盖茨的财产总值为 760 亿美元，这个数字相当于上一年度全球 38 个国家 GDP 的总和。

① 《财富》中文网，2005 年 10 月 1 日。

图 1-3　2014 年比尔·盖茨的财富相当于 38 国 2013 年 GDP 的总和

表 1-1　2013 年苏里南等 38 国的 GDP 数据[①]

排 名	国 家 名 称	GDP 总量（十亿美元）	
141	苏里南	5.691	美　洲
142	巴巴多斯	4.773	美　洲
143	马拉维	4.486	非　洲
144	毛里塔尼亚	4.363	非　洲
145	斐济	4.179	大洋洲
146	塞拉利昂	4.144	非　洲
147	多哥	3.775	非　洲
148	斯威士兰	3.579	非　洲
149	厄立特里亚	3.531	非　洲
150	圭亚那	3.006	美　洲
151	布隆迪	2.851	非　洲
152	莱索托	2.799	非　洲
153	中非	2.249	非　洲

① PHBang：《2013 年世界各国 GDP 排名》，中国排行网，http://www.phbang.cn/plus/view.php?aid=588，2014 年 3 月 11 日。

续 表

排 名	国 家 名 称	GDP 总量（十亿美元）	
154	马尔代夫	2.088	亚 洲
155	不丹	1.996	亚 洲
156	佛得角	1.964	非 洲
157	利比里亚	1.918	非 洲
158	圣马力诺	1.844	欧 洲
159	伯利兹	1.592	美 洲
160	吉布提	1.463	非 洲
161	圣卢西亚	1.31	美 洲
162	安提瓜和巴布达	1.229	美 洲
163	所罗门群岛	1.146	大洋洲
164	塞舌尔	1.044	非 洲
165	冈比亚	1.026	非 洲
166	几内亚比绍	0.931	非 洲
167	格林纳达	0.881	美 洲
168	瓦努阿图	0.817	大洋洲
169	圣基茨和尼维斯	0.771	美 洲
170	西萨摩亚	0.742	非 洲
171	圣文森特和格林纳丁斯	0.741	美 洲
172	科摩罗	0.636	非 洲
173	多米尼克	0.517	美 洲
174	汤加	0.494	大洋洲
175	圣多美和普林西比	0.293	南美洲
176	基里巴斯	0.178	大洋洲
177	图瓦卢	0.037	大洋洲
178	叙利亚	0	亚 洲

也许财富的不均衡分布天生地容易激发出政治敏感，但真正需要关注的可能是那些影响甚至决定财富非均衡分布的不敏感因素，因为除了制度生产以外，诸如文化、观念和意识形态生产本身的不均衡，以及更加显性的科学与艺术等一切涉及文明进步的影响因子，都深深地展现出了严重的不均衡性。

查尔斯·默里在《文明的解析：人类的艺术与科学成就》一书中，探索了从公元前800年到1950年近2 800年的历史，发现在科学和艺术生产的历史上，重大人物在地表上的分布是极其不均衡的。尽管默里声明，在重大人物采集过程中动用了他所理解的各种技术参数以避免欧洲中心论的偏见，但我们仍然可以从这些含有局限的数据和图表中窥见到一种令人惊讶不已的不均衡分布。

图1－4展示了从公元前800年到1950年全世界4 002位重大人物中最少争议的科学名人分布状况，欧洲、北美和古代西方世界的占比是如此的触目惊心。

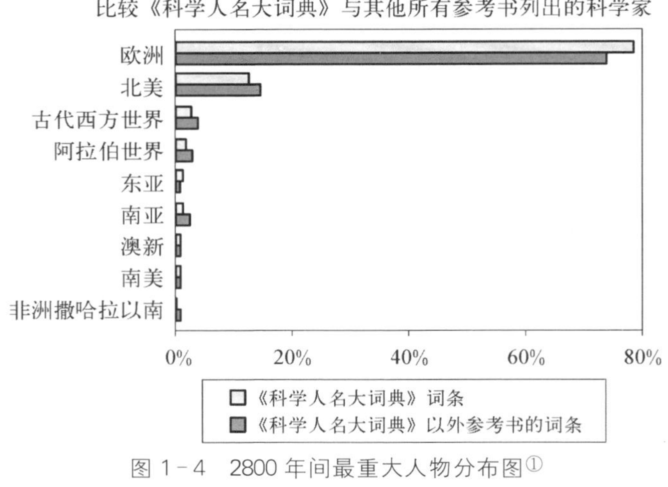

图1－4　2800年间最重大人物分布图[①]

① 查尔斯·默里：《文明的解析：人类的艺术与科学成就》，胡利平译，上海人民出版社2008年版，第228页。

问题是，空间大尺度不均衡并不能掩盖每一个细分层次的不均衡。换句话，以整个欧洲为核心的科学重大人物产地的集中丝毫不意味着欧洲就是均衡的。请看图 1－5，欧洲所有重大人物中，有一半人的故乡（不是长大以后工作的地方）在欧洲带颜色的地区，其中灰色和黑色的密集程度亦有巨大差异。

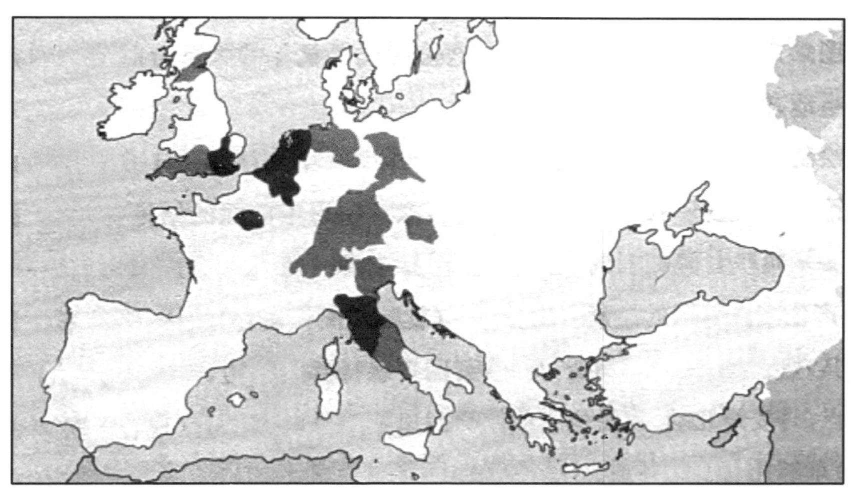

图 1－5　欧洲核心区重大人物密集区①

但这依然不意味着非均衡到此为止，因为当我们打开即使是人才最密集的欧洲核心区（图中黑色部位），更加严重的不均衡又一次顽强地浮出了水面。仅仅以 1800—1950 年为切片，欧洲核心区重大人物的产地是那样的不均衡，每百万人中产出重大人物的比例：英国爱丁堡是 22 人，苏格兰低地只有 4 人，巴黎是 24 人，全法国其他地区仅有 2 人。仍然必须提醒的是，这同样不是指工作地，而是出生地（见表 1－2）。

不仅科学，在文学艺术等几乎所有领域，重大人物的分布都呈现出马铃薯碎块似的不均衡斑点，见图 1－6。

① 查尔斯·默里：《文明的解析：人类的艺术与科学成就》，胡利平译，上海人民出版社 2008 年版，第 260 页。

表 1－2　欧洲 1800—1950 年重大人物诞生地分布①

城市/比较地区	每百万人中的重大人物	
	城 市	地 区
奥地利：维也纳/下奥地利	12	2
比利时：安特路普/比利时	7	2
比利时：布鲁塞尔/比利时	5	2
英国：布里斯托尔/英国西南部	20	3
英国：都柏林/爱尔兰	17	1
英国：爱丁堡/苏格兰低地	22	4
英国：哥拉斯哥/苏格兰低地	6	4
英国：利物浦/英国西北部	5	1
英国：伦敦/英国东南部	6	5
英国：曼彻斯特/英国西北部	5	1
捷克共和国：布拉格/波希米亚	14	1
丹麦：哥本哈根/全国其余地区	11	5
法国：巴黎/全国其余地区	24	2
德国：柏林/勃兰登保	5	2
德国：科隆/莱茵-威斯特伐利亚	10	4
德国：汉堡/下萨克森	17	4
德国：科尼斯堡/东普鲁士	33	2
德国：慕尼黑/巴伐利亚	10	1
德国：斯图加特/巴登-符腾堡	91	3
匈牙利：布达佩斯/全国其余地区	10	1
意大利：罗马/全国其余地区	4	1
荷兰：阿姆斯特丹/全国其余地区	5	2
挪威：奥斯陆/全国其余地区	20	5
波兰：华沙/全国其余地区	3	0.3

① 查尔斯·默里：《文明的解析：人类的艺术与科学成就》，胡利平译，上海人民出版社 2008 年版，第 312 页。

续　表

城市/比较地区	每百万人中的重大人物	
	城　市	地　区
俄罗斯：莫斯科/全国其余地区	8	0.4
俄罗斯：圣彼得堡/全国其余地区	8	0.4
西班牙：马德里/全国其余地区	7	1
瑞典：斯德哥尔摩/全国其余地区	25	2
瑞士：日内瓦/全国其余地区	123	2
瑞士：苏黎世/全国其余地区	17	2
总计	**20**	**2**

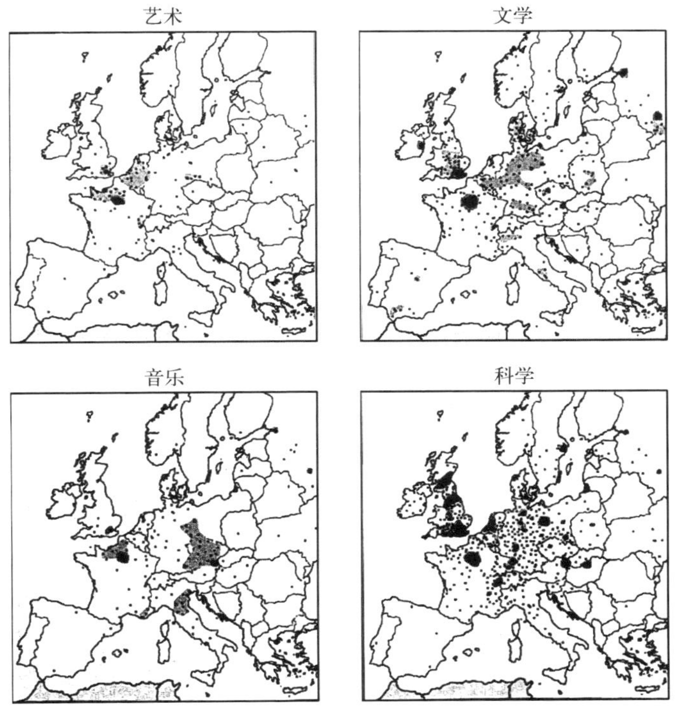

图 1-6　欧洲部分城市与其他地区重大人物分布图①

① 查尔斯·默里：《文明的解析：人类的艺术与科学成就》，胡利平译，上海人民出版社 2008 年版，第 264 页。

二、非均衡与团粒集聚

除了由于分工造成的不均衡性外，我们到处可以观察到一种非常规的集聚现象。“物以类聚，人以群分”，好东西总是与好东西在一起，人类的雄心总是与最能实现这种雄心的资源联系在一起。仅以《自然》（*Nature*）和《科学》（*Science*）杂志为例，它们在全世界的科学期刊大家庭中独享着帝王式的垄断与荣耀。

《科学与观察》（*Science Watch*）2011 年 4 月刊登了 Thomson Reuters Essential Science Indicators 数据库最新的统计资料（表 1－3），彰显了《自然》与《科学》杂志在科学研究领域的地位。榜单的排名依据是 2000 年 1 月 1 日至 2010 年 12 月 31 日各期刊发表的全部文章的平均引用次数，两大杂志排名结果如下：

表 1－3　2000—2010 年《自然》《科学》杂志论文引用影响①

领　　域	《自然》排名	《自然》文章数	引用影响	《科学》排名	《科学》文章数	引用影响
天文学/天体物理学	2	682	55.72	3	559	52.61
生物化学	4	1 263	148.12	3	938	153.80
化学	1	537	207.04	2	1 019	183.52
临床医学	1	898	262.36	2	581	258.02
环境/生态学	2	402	135.68	3	405	119.80
地球科学	2	1 162	62.02	1	1 138	75.79
免疫学	2	295	217.67	3	265	175.51
材料科学	3	65	157.92	1	121	180.27
微生物学	1	342	154.54	2	400	131.57

① THOMSON REUTERS ESSENTIAL SCIENCE INDICATORS^{SM} 数据库，http://archive.sciencewatch.com/dr/sci/11/apr3－11_1D/，2000 年 1 月 1 日至 2010 年 12 月 31 日。

续 表

领 域	《自然》排名	《自然》文章数	引用影响	《科学》排名	《科学》文章数	引用影响
分子生物学	2	1 743	146.00	3	1 339	144.97
神经系统科学	3	742	138.82	2	738	155.32
物理学	1	1 161	155.87	3	882	142.51
植物/动物学	3	625	106.05	2	550	109.46
精神病学/心理学	3	61	80.28	1	95	91.06
社会科学	1	65	50.63	2	80	35.42

从表 1－3 中可以明显地看出在 15 个学科中，《自然》与《科学》几乎都在前三甲中占据了一席之地，其中，《自然》共有 5 项学科获得全世界第一，《科学》共有 3 项学科获得世界第一。知识和野心就这样不可逆转地向少数核心期刊疯狂地聚集着，没有人能够抵抗这一强大的非平衡趋势。全世界的科学研究力量越趋近高端，就越显示出非平衡的聚集现象和团粒构造。

比如，著名的贝尔实验室自 1925 年成立以来，共创造近 40 000 多项发明，直至今天，平均每个工作日仍然生产 4 项多专利，有 11 位科学家因为他们在贝尔实验室的工作而获得了诺贝尔物理学奖。与此相类似的是英国剑桥大学分子生物实验室，在 1947 年创立至 2003 年 55 年间，不仅完成了具有世界历史意义的 DNA 结构模型，它还造就了 12 个诺贝尔奖获得者，成为世界科学史上少有的著名研究机构。

大学，作为知识和观念的集散地，其发展的不平衡性和团粒构造在全世界范围内同样是空前的。12 世纪初，建在英国西南部一片沼泽地上的剑桥大学，经过 800 年的蕴育，成了整个人类近代科学发展的重要温床，从这一摇篮里相继走出了牛顿、达尔文、罗素、凯恩斯、霍金等改变世界的巨人。从伦敦乘火车只需半小时，就可以到达这一科学圣地，那儿竟然走出过 96 位诺贝尔奖获得者(截至 2016 年)。

哈佛大学在近现代的美国历史上也大手笔写下了自己的辉煌，仅仅300多年的历史中，就有8位美国总统出自哈佛，134位哈佛毕业生获得诺贝尔科学奖，47位学生获得普利策奖（截至2016年）。单单两个大学，诺贝尔奖的获奖人数甚至已经超过亚洲、非洲和澳洲的总和，虽然这并不能说明人类知识生产的全部性质，但是，在人类文明进化的过程中，在某些特定的时段，非平衡的团粒聚集现象的确惊人。

更有趣的是，截至2014年，全球一共有74位诺贝尔经济学奖得主，其中竟有28位是芝加哥大学校友或教师。因此在经济学界，流传着这样一则笑话：如果让芝加哥大学独立建国，该国将仅次于美国成为全球诺贝尔经济学奖得主第二大国。

日本东京大学的学术力量同样是以团粒构造雄冠全国，在日本，从仅次于诺贝尔奖的“日本学士院奖”的获奖情况亦可看出。以获奖者所出身的大学观察，20世纪20年代是东京大学一统天下，其获奖人数占全国总获奖人数的73.1%；30—50年代尽管有其他几所旧帝国大学竞争，但东京大学的获奖人数仍占64.1%；50年代以后，数百所大学与之竞争，但东京大学的获奖率仍有50%左右，稳坐“老大”交椅。在12个学科领域中，金牌全部由东京大学人垄断；除了经济学科外，其余学科东京大学人获奖率均达50%左右，其中数学、物理、哲学、法学和政治学均超过70%①。

这是一种强烈的知识生产和人才聚居的团粒现象，无论在哪一个空间领域和纵向层面展开，我们都能发现同样的团粒结构和特定的秩序。

比如中国状元分布，明代洪武四年至万历四十四年的245年间，巍科状元、榜眼、探花和会元，南方占88%，而北方仅占12%。明代中国文学家南北比例为8.7∶1.3，整个北方的文学家还没有南方苏州一府多。如果以更加注重实力而不是考虑各地区均衡（如进士一般还会考

① 百度“东京大学”。

虑各省的人数比例分配）的巍科分布观察，南方江浙两省明清巍科人物竟占全国总数的50%，其中苏州和杭州两府又占去江浙总数的50%。不均衡的集中现象极其突出①。

三、顶端资源——冥率集聚现象

资源非均衡分布有一个更为凸显的现象：越是趋近顶端，非均衡集聚越是突出。表1-4是2006年上海高考学生第一志愿分数段在各高校的分布情况，可以发现一个现象：在490—509分区间，报考各高校第一志愿的人数差异并不大；但在510—539分区间，报考复旦大学、上海交通大学、同济大学三所大学的第一志愿人数开始直线上升脱颖而出；可是一旦到了540—549分以上顶端区间，复旦大学、上海交通大学、同济大学三所大学的人数立刻出现异常分化；到了550分以上峰顶位，高分人数在三所大学的分布更加急剧分化，出现明显的冥率现象，而冥率现象的最重要特征就是：等级越高，方差越大。正如舍基说的："冥律的最显著特征就是，等级越高则越不均衡。"②

这恰恰又与洛特卡定律吻合。洛特卡定律是由美国学者A·J·洛特卡在20世纪20年代率先提出的描述科学生产率的经验规律，又称"倒数平方定律"。它描述的是科学工作者人数与其所著论文之间的关系：写两篇论文的作者数量约为写一篇论文的作者数量的1/4；写三篇论文的作者数量约为写一篇论文作者数量的1/9；写n篇论文的作者数量约为写一篇论文作者数量的$1/n^2$……而写一篇论文作者的数量约占所有作者数量的60%。该定律被认为是第一次揭示了作者与

---

① 参见沈登苗：《明清全国进士与人才的时空分布及其相互关系》，《中国文化研究》1999年第4期，第59—66页。

② 其数学原理很简单：冥律描述的是这样一组数据，其第n个位置的秩（rank）是第一个位置的秩的1/n。对于一个纯冥率分布，第一位与第二位之间的差距要大于第二位与第三位之间的差距，以此类推。以维基百科的文章为例，你可以料到排名第二的最活跃用户的编辑量只及第一名的一半，而排名第十的只做了后者1/10的工作量。参见克莱·舍基：《未来是湿的：无组织的组织力量》，中国人民大学出版社2009年版，第78页。

表 1-4　2006 年上海高考第一志愿统计(上海高校部分)①

编码	院校简称	最低线上人数	550 以上	540—549	539—530	529—520	519—510	509—500	499—490	489—480	479—470	469—466
101	复旦大学	1 310	216	231	235	224	169	119	57	33	22	4
102	上海交大	1 798	65	132	257	343	356	292	180	104	50	19
103	同济大学	2 336	13	24	114	249	410	453	430	342	248	53
104	华东师大	739	0	4	8	22	60	106	183	168	146	42
105	华东理工	2 132	0	0	4	13	44	159	416	606	630	260
106	东华大学	596	0	0	1	2	1	16	55	140	245	136
107	上海财大	1 526	7	14	53	128	221	297	316	256	169	65
108	上海外大	610	3	13	22	46	83	116	117	105	80	25
109	上海海事	348	0	0	0	0	2	14	41	72	151	68
110	上海理工	69	0	0	0	0	0	0	6	18	25	20
112	华东政法	1 179	0	0	2	9	41	96	208	312	369	142
113	上海外贸	300	0	0	0	3	11	39	58	58	87	44
115	上海水产	0	0	0	0	0	0	0	0	0	0	0
118	上海音院	9	0	0	0	0	0	0	0	1	3	41
119	上海大学	1 174	0	0	0	2	7	24	95	270	499	277
120	交大医学	736	6	12	27	51	103	137	134	132	96	38
121	上海中医	259	0	0	0	3	1	14	38	65	86	52

① 《新民晚报》2006 年 7 月 11 日，第 8 版。

论文数量之间的关系。

事实上，在前述《科学》与《自然》杂志影响力的描述中，我们已经得知最顶尖的科学论文大都更倾向于首先发表在这类杂志上，中国近2 000所高校在这类杂志论文发表数量的排序中，北京大学、清华大学等一流大学总会显示出与该大学综合质量相对吻合的顺序。然而，当我们一旦在更广阔的国际范围内进行高端排序时，特洛卡定律所昭示的冥率现象就愈加显著，表1－5是十多年前在中国学界引起极大震动和反思的一组数据，论文数量巨大的反差不仅在一定程度上反映了国际范围内最高水平学术论文生产的不均衡，也间接透露出这种不均衡的冥率特征。只有在顶端意义上显示的不均衡以及如此触目惊心的方差，才更能逼使中国学术力量意识到现实的紧迫性。

表1－5　2002—2004年国内外九所大学在《自然》《科学》上发表的论文数量对照表[①]

	哈佛大学	剑桥大学	东京大学	北京大学	南京大学	中国科技大学	浙江大学	清华大学	复旦大学
《自然》	197	88	75	6	1	1	3	2	5
《科学》	218	71	45	2	3	1	3	5	2
合　计	415	159	120	8	4	2	6	7	7

如果用引用率和影响因子进行比较的话，或者从更高远的全人类科学史里程碑意义衡量，也许爱因斯坦一个人石破天惊的那五篇重要论文，足以超过《科学》与《自然》杂志500甚至5 000篇优秀论文。

回到普通的生活里，不均衡到处存在着，几乎大多数微信圈都有一个同样的现象：最最活跃的总是那么几个人，他们发的稀奇古怪的分享和插科打诨般的智斗可能占所有总量的80%，在他们之外也总是有

① 此表由中国科学院文献情报中心提供。只统计文献类型为Article、Letter、Review的数据，且不分作者顺序。

一些人时不时发帖呼应，可能占比仅 20%，但更多的人却永远像潜藏在水底的鱼一样沉默不语。虽然不能简单地用二八法则来牵强附会，可生活中我们几乎总是很难找到完全的匀值分布[①]，即使左手和右手，甚至五个手指的使用频率也存在着明显差异。

四、质量吸引与不均衡加强

当一盆水中有大大小小许多水泡时，我们总会发现小水泡向大水泡聚集，然后又被更大的水泡吸引，换句话讲，水盆中不会均匀地分布许多大小一样、间隔相等的水泡，更不会持续这一状态。这与宇宙间的质量吸引是一样的，大质量似乎天然地对小质量具有吸引的权利。

2006 年 3 月 31 日的《解放日报》有一篇这样的报道：

> 铃响了，上海向明中学黄曾新老师，照例拎着一个密码箱进了教室。今天，他首先拿出的是两块条形磁铁，一碰，磁铁牢牢吸在一起。“大家都知道，磁铁的这个‘同极相斥，异极相吸’的‘物理现象’。按你们所学，这两头能吸在一起，应该是异极，调个头就应该排斥了？”黄曾新一边说，一边演示，把一块磁铁换个头，谁想“啪”一声，两块磁铁又吸住了。
>
> “什么原因？”台下的同学张大了嘴巴。黄老师解释：“问题就出在有一块是强磁。当一块磁铁的磁力远远大于另一块时，有可能改变另一块的磁场分布，同极也能相吸了。”

质量吸引是一种多么强大的力量，大质量具有无法无天地改变现存秩序的特权，这一力量源自宇宙的深处，然后弥漫到宇宙的每一个空

---

① 我的同济大学 2009 年传播学研究生赵丽红收集的有关资料证明：网上活跃用户与不活跃用户在上传资料的贡献率上差异巨大。

间节点，直至人类社会生活的每一个角落。换句话说，大质量似乎天然地有能力破坏每一个阶段的相对均衡，趋势性地增强对周边资源的吸附力，从而导致更大的不均衡。

国际非政府组织（NGO）乐施会（OXFAM）2015 年 1 月 18 日公布报告指出："世界上财富差距情况严峻，2015 年全球最富有的 62 人拥有相当于最贫困世界半数人口（即 36 亿人）的财富总和……据悉，2010 年世界最贫穷的一半人口总资产相当于最富有的 388 人的总资产，2012 年为 159 人，2014 年则降至 80 人，世界财富差距正不断扩大。"看到这样的数字，你该作何感想？

实际情况是，以财富这一最富形象力和最具综合影响力的资源要素分析，《21 世纪资本论》的作者皮凯蒂的发现更加量化了随时间延续而逐级加强的分化趋势。毕竟，大数据时代使他有机会浏览足够丰富的史料，从而让他比他的经济学前辈更幸运地观察到一个惊人的现象：资本收益率可以长期高于经济平均增长率。

在图 1－7 中，可以看到占美国人口 10%的富有人群的收入（很大

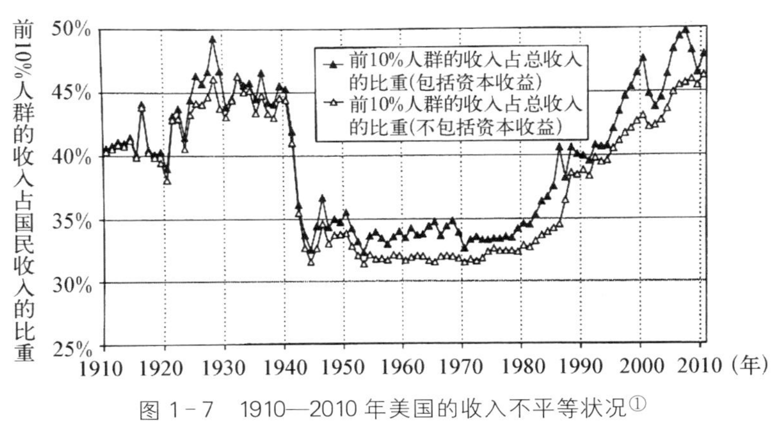

图 1－7　1910—2010 年美国的收入不平等状况[①]

① 托马斯·皮凯蒂：《21 世纪资本论》，巴曙松等译，中信出版社 2014 年版，第 297 页。

一部分是资本利得）在整个国民收入中的占比，除了 20 世纪 40 年代初因二战等一些非常规因素扰动外，其趋势线始终是震荡上行的，80 年代后上行的斜率开始陡峭，并且持续了近 30 年。这种连续几十年稳定地偏离均衡值的现象可能是亚当·斯密以来传统经济学的均衡理论不愿看到的，但它却顽强地、日复一日地演进着。

如果仅仅是美国，则很难说这是市场经济的普遍趋势，但在图 1－8 中，我们看到的却是几乎所有主要市场经济国家都出现了类似的长周期收入不均衡分化的趋势。

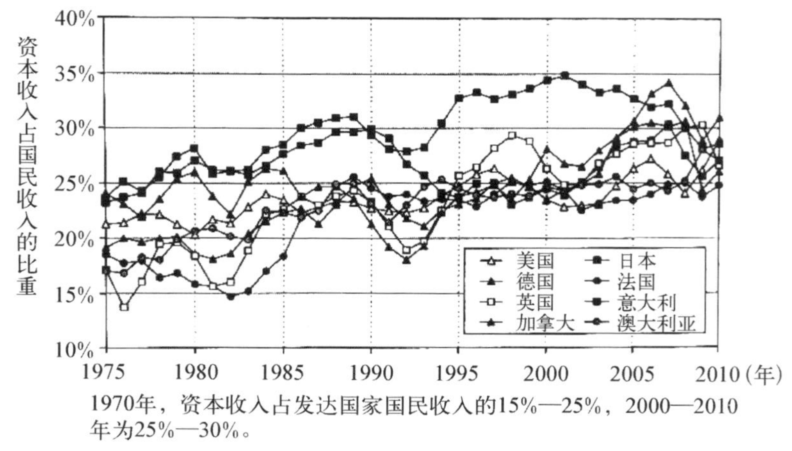

图 1－8　1975—2010 年各国资本收入占国民收入比重①

不仅在西方世界，在全世界范围内，以国家为单位分类，我们依然可以见到收入分化加剧的趋势。2015 年诺贝尔经济学奖获得者安格斯·迪顿在其著作《逃离不平等：健康、财富及不平等的起源》中大量描述了人类不平等的扩大和加剧现象。其间，他以相对温和而理性的除去峰顶和谷底的分类法解析道："如果我们以平均收入为标准对所有国家按最穷和最富进行排名，然后将相对贫穷的国家（比最贫困国家水

① 托马斯·皮凯蒂：《21 世纪资本论》，巴曙松等译，中信出版社 2014 年版，第 226 页。

平高 1/4 的国家）与相对富裕的国家（比最富裕国家水平低 1/4 的国家）进行对比，会发现，1960 年相对富裕国家的平均收入约为相对贫穷国家的 7 倍，而到了 2009 年，它们之间的平均收入差距扩大到了 8.5倍。”①

如果认为区区几十年时间不能说明趋势性现象，那么，保罗·奥默罗德在其著作《蝴蝶效应经济学》一书中，则把全球各大洲以西欧人均收入为参照的人均产出逐渐反向分化的趋势进一步展示了出来，他引用的资料如表 1-6。

表 1-6　以西欧人均收入百分比计算的人均产出②

地　区	1820 年	1913 年	1950 年	1992 年
西方旁支	90	140	180	120
南　欧	60	45	40	50
东　欧	60	45	50	25
拉丁美洲	55	40	50	30
亚　洲	45	20	15	20
非　洲	35	15	15	10

所有这些资料都在指向一个事实——不管是人均收入还是人均产出，无论是 40 年还是 130 年，曲线所延伸的方向不是“趋同”，而是“趋异”。

当然，也许对一个研究古代史的专家而言，130 年依旧短暂而可笑，更有很多对均衡情有独钟的人很想问：怎么能在如此短暂的时间样本中抽象出非均衡偏离的趋势性结论呢？在他们看来，只要时间足够长，偏离总会被纠正，在一个相对均衡的系统中，各要素之间

① 安格斯·迪顿：《逃离不平等：健康、财富及不平等的起源》，中信出版社 2014 年版，第 182 页。

② 保罗·奥默罗德：《蝴蝶效应经济学》，李华夏译，中信出版社 2006 年版，第 192 页。

应该永远保持一种动态均衡，单个的要素不可能长期偏离整个均衡系。

真的是这样吗？那应该怎么解释人类现象？在整个地球的生命大家庭中，或者在整个生物链的完整体系中，为什么会有一个支系如此远离平衡态？发展不是应该相对均衡的吗？但如果将1998年在埃塞俄比亚阿法低地发现的地猿[①]（拉丁学名ardipithecus，为始祖亚种）认定为人类开始从动物界分离出来，则距今已经有了520万至580万年的历史。在如此漫长的时间中，人类这一支系风雨兼程一刻不停地越来越远离整个动物圈的平衡态，一直到今天的互联网出现，没有任何一种力量可以阻止这种非均衡的偏离，不管是艾滋病还是SARS病毒，也无论是战争还是温室效应，都没法彻底阻断人类的继续发展。在可预见的将来，人类和一般动物的区别只会越来越加大，在智力和智力的创造方向上，趋异无可逆转。

不仅人类完全打破了地球食物链的均衡模式，更奇妙的是，凡是与人类有关的故事似乎都在有条不紊地以自己的方式分化和集聚着。毕竟从根本上讲，随时间推移，即使地表完全是均一的，城市也会出现；即使市场再完善，富人也会涌现；即使绝对平均主义社会再严厉，特权也会产生。乌托邦的现实提醒我们：不均衡并不等于不平等，不平等并不等于不公平。那究竟应该怎样理解不均衡？

五、非均衡是一种普遍存在

遥望茫茫宇宙，最令人神往的就是物质分布的非匀质性以及它们之间神奇的内在联系。浩瀚的宇宙世界中，星云的非匀值分布就像我们打开谷歌地图(google earth)（图1－9）所看到的质感地球，无论从哪

① 2004年3月5日的《科学》上，美国与日本的古生物学家发表了关于地猿始祖种的新标本，包括犬齿、前臼齿等6个牙齿，这对该物种的分类鉴定有重大意义。

个向度移动鼠标转动地球，无论从哪个深度滚动鼠标俯冲到海角天涯，你看到的都是非规则分布。凝聚与消散、形成与解体、生存与死亡，就像天上的云一样每分每秒在顽强地维护着一种非规则的美丽；温度与密度、吸引与排斥，也如地球表面陆地结构的异型分布一样充满了神秘主义的幻觉美。

图 1-9　地表的不规则图像

的确，如果能把地球像西瓜一样切开的话，我们看到的并非“锯解称锤”般的匀质，事实上它早就被人们定义为地核、地幔、地壳，加上大气层，共四大层次。如果从密度的概念再引申出重力即引力的概念，按引力与距离的平方成反比分析，重力的作用也与距地心质点的距离的平方成反比。也就是说，如果用密度表示重力作用，则距地心越远密度越小，如此推算，若以地核为 1，则地幔为 1/5，大气层（按 1 000 公里计算）为 1/25。

我们知道，宇宙中一切天体在宏观上都遵循牛顿万有引力定律，也可称能级分布率。能级是玻尔用来描述电子轨道的概念，微观与宏观同一，所以它也能形象地描述宏观物质的重力分布特点。这个特点或说空间重力场规律给宇宙制定了两条原则：一是能量守恒，宇宙总能量及各部分能量都守恒；二是能量以及代表能量的重力质量不均衡分布，即按牛顿万有引力能级分布率分布，每一天体的密度构造均是内重外轻，其发展变化也以不断回归引力量子态为单向循环的终点和起点。

我们在宇宙全景图上看到的大尺度各向同性虽然显示了总体能量

的均衡分布，但在星系以下空间的能量分布却是不均衡的，核心部分集中了大部分能量（质量），外层各区域能量（质量）也成团状分布，所以宇宙空间大部分为真空状态。宇宙的空间结构按照重力要求从内到外、由重到轻排列，中微子是纯质量粒子，为宇宙中最重的物质，所以它成为一切空间结构的核心，成为测量一切物质重力的标尺。就像专制社会的权力分布是不均衡的，在权力核心的深部，一个人可以像中微子一样垄断全国绝大部分的权力，这种不均衡性可以用简单的物质密度来形象比喻：水的密度为1，钢铁的密度为7.8，中微子的密度为水的上亿倍。

人们也常常在幻想中建构皇恩浩荡、阳光普照的均衡世界，其实这正是非均衡的现实世界在人们心里的反向折射。阳光是均衡的吗？王达水在《统一场论》中有一篇《论奥伯斯之谜——天空为什么漆黑》无意中触及了光线的均衡性问题：

> 奥伯斯之谜，讲的是宇宙中有许许多多发光的恒星，因此，光线在宇宙中是均衡的。那么，宇宙空间则应该是明亮的，没有黑暗、没有星星闪亮。但是，这显然与事实不符，据统一场理论，由于光量子是磁力线碎片，因此，在宇宙空间的运行中，磁力线密度大的地方，光量子自然也分布的多。星际磁场回路上的光量子自然比其他空域里的光量子多。①

在斯蒂芬·霍金深信不疑的“暴胀”宇宙假设中，他更是坚定地认为，不均衡不仅是大概率事件，更可能是人类创生的前提，他在《大设计》一书中直截了当地说：

---

① http://blog.gmw.cn/blog-6717-13541.html。

正如我们说过的，由暴胀引起的膨胀不会完全均匀……这便是为何暴胀预言：早期宇宙可能稍许不均匀，这对应于在CMBR中观测到的微小温度变化（图1－10）。早期宇宙的无规性是我们的福气。此话怎讲？如果你不想从牛奶中分离出乳酪，均匀性自然是好的，但一个均匀宇宙令人厌烦。因为在早期宇宙中，如果某些区域具有比它处稍高的密度，那它和它周围相比，额外密度的引力就会减缓那个地区的膨胀，所以无规性很重要。随着引力缓慢地将物质拉近，它最终能使它塌缩成星系和恒星，后者能导致行星，而且至少在一种场合导致人的产生。所以，要仔细看这张天空微波图，它可是宇宙中一切结构的蓝图。我们只是早期宇宙量子涨落的产物。于是，信教的人可以说，上帝的确掷骰子。①

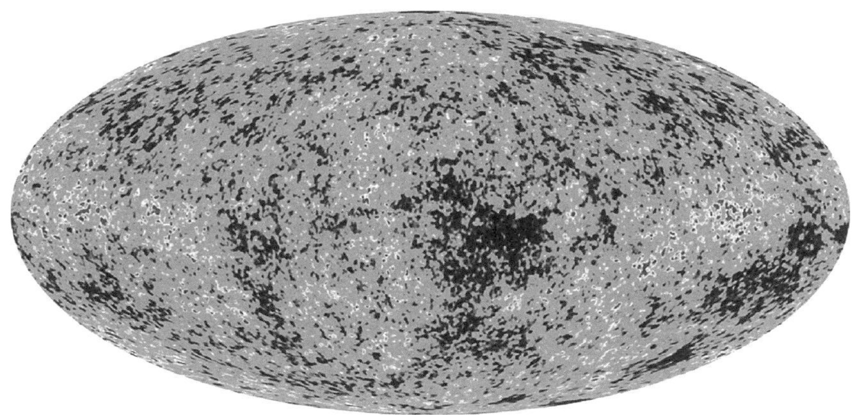

微波背景

这张天图是由2010年准许发表的WMAP七年的资料制作的。它揭示了回溯到137亿年前的温度涨落——用不同颜色显示。画出的涨落对应于比千分之一摄氏度还要小的温度差别。然而，它们是长大形成星系的籽。此图承NASA/WMAP科学团队提供。

图1－10　宇宙微波背景

① 斯蒂芬·霍金、列纳德·蒙洛迪诺：《大设计》，吴忠超译，湖南科学技术出版社2011年版，第119页。

因此，这里说的非均衡并非指秤杆意义上的不平衡。当天平的一端放着一个铁秤砣，另一端放同样重量的棉花，它们可以是杠杆或者经济学意义上的均衡，但从更广的物质背景上看，秤砣和棉花不是匀值的存在。就像五百万普通的围棋手相加也不一定能赢韩国的李昌镐，五千万个脑袋一起思考也未必能产生“相对论”。从哲学意义而言，“量”与“质”有着本体论意义上的区别。

这样，我们就可以将非均衡放到一个更宽泛的背景上观察，它是指区别于某种匀值背景的一种特殊的质态，这一质态具有强大的辐射和聚集力量，形成一种强有力的向心趋势。

的确，世界在耗散的同时，又存在着一种更深刻的积聚力量。

从大尺度空间星系团的集结到资本市场金融寡头的形成，从百万蚁群的汇聚到密集数千万人口特大型中心城市的出现，我们看到的到处是远离平衡态的奇观。墨西哥的中小级别拳王，其地位简直可与荷兰郁金香在全世界的影响比肩。没有人敢相信，一个小小的卡文迪许实验室，在它的血缘背景下竟然产生了 29 个诺贝尔奖获得者。更有甚者，只占地球表面亿分之几的一条长不过数百米峡谷似的华尔街，却控制着全世界金融市场 40%的交易量。这里，二八法则已远远不能解释。爱迪生一个人对现代工业和现代生活方式的造化也许超过了 10 所大学的总和；一个弱小的女子曾经竟然用一支笔垄断了整个中国大陆和台湾地区中低端爱情片影视市场，这就是琼瑶的力量，也是优势富集的力量。

如果标准再宽容一点，我们会发现非均衡群集现象就像财富两极分化般普遍。相对于广袤匀称的农村，城市就像肿瘤一样恶性扩张着。巴西的足球就像美国的硅谷一样继续在为世界生产着英雄和梦想，甚至整个大陆和洲际的力量都无法与这一优势相抗衡。

发展总是呈不均衡分布，北半球和南半球、东方与西方、富裕与贫困、左撇子与右撇子……发达者更加发达，落后者继续落后。

除非出现非常规的颠覆力量，否则美国的职业篮球依然会统治全世界，中国景德镇的陶瓷业与捷克的玻璃工艺一样，没人能僭越，一如没人能觊觎法国葡萄酒独领风骚数百年。

诺贝尔与NBA、好莱坞与奥运会、基督教与联合国，当年这些品牌和组织只是从诸多同类选项中获得了微小的不均等优势，但是到了今天，它们却取得了帝国般的荣耀，这种将非均衡发展成垄断性质的差异，其背后是否存在着令人着迷的动因？发展是否必定要以非均衡为代价？非均衡到底是一种什么性质的力量？

六、非均衡是运动的源泉

大自然的非均衡性，即质量、能量等要素通常以集聚而非散状匀值分布。这种非均衡的团粒集聚背后，我们隐约可以感觉到两种不同力量的角斗：一方面是大质量高密物质所产生的强大内驱力，或者也可称为引力、向心力，这是一种结构的力量、生的力量；但另一方面，宇宙中又存在着一种外推力，或者也可称为斥力、离心力，这是一种解构的力量、死亡的力量。这两种力量的结合就形成了波澜壮阔的宇宙奇观和感天动地的人间悲喜剧。

这其中，非均衡也许是一种更原发性的力量，它可能是一切运动的真正源泉。正如科学早就告诉我们，不同纬度地面能量收支的不均衡分布产生了大气环流；海洋上空的大气环流运动又推动着表层海水运动，形成表层大洋环流；而海水密度的差异驱动着深层海水运动，形成深层大洋环流。大气环流和大洋环流在全球尺度上调整着地球表面能量收支的不均衡分布状况。

非均衡就是差异，有差异就会产生运动，空气的压差形成了风，温差和密度差进一步形成大气和液态水的对流，水流在地表上的落差进一步导致水的运动，太阳与地球的质量差形成绕行运动，超大星系核心与边缘的能量差形成星系漩涡，超大星系的最内核——黑洞与黑洞之间的能量差形成更大规模的星系碰撞运动，仅此而已。所以牛顿通过苹果发现的万有引力从另一个角度看，只不过是苹果与地球的质量差造成的；说到底，傅立叶根据巴黎郊区和市区苹果价格的惊人区别就迫不及待宣称自己也通过苹果发现了人类社会的万有引力，其实也只不过是证明了两地价差才是形成商人起早贪黑长途贩运的根本原因。

由此我们似乎可以说：当一切质量和能量达到完全均一时，差别就消失，一切运动就将停止，整个世界达到了终极的热平衡态。正是在这个意义上，作为差别的非均衡就成了运动之源，正像中国“让一部分人先富起来”的非均衡过程——中国大地上个人的财富状况已经从原先的匀值背景中凸显和分化，当均一的状态被打破，那些细微的差异就会促成新的躁动，欲望和机会不断积累形成更大的共振效应，社会整体的血液循环加快，各种要素被进一步激活。的确，我们不难想象，30多年前，中国江浙某偏远村庄偶然冒出一个万元户，会怎样加快村里一大批年轻人的心跳，一个不思进取、知足常乐的、田园诗般的宁静生活秩序会怎样被打破，新的更大范围的梦想和行动会怎样似潮水般涌现。

可见，不均衡（包括社会不均衡）似乎是大自然一种功能上的设计，如果能将不均衡控制在某种临界内，则将具有促进社会进步的作用，或者说具有符合人性的效率意义。

就这一角度而言，也许我们可以这样理解：某种意义上，不均衡不仅成了运动的源泉，在更广泛的领域，不均衡还成了效率的一个源泉。就像不会有任何一个国家将该国全部高等教育资源进行均等地切割后分配给每一个国民。实际上，100亿元高等教育的投资不可能均分给10亿国民每人10元，因为那看似最公平，却是最没有效率的均衡。同样，国家也不会将科研和发展基金平均地分配给每一所大学，大学也不会将科研奖励平均地分给每一位教师。正如任何一个权力系统的权力资源都不可能是均等匀值分布的，最有效率的选择只能是——把获得不平等权利的机会平等地赋予每一个竞争者，让暂时的不均衡差异转化成良性向上的动力。一个好的制度安排很大程度上取决于这个制度能把客观的不均衡转化为人类进取心的持续激励。

七、非平衡是一种生的力量

这个世界到底是怎样安排的？

根据热力学第二定律，在自然状态下，热量趋于均衡，而均衡则意味着差别的减少，意味着熵的增加，并且这个趋势是不可逆的、永恒的。按照这个趋势，熵将达到无穷大，宇宙最终要进入一个无差别的寂灭状态，这也是克劳修斯眼里的世界。

真有那么悲观吗？学者郭绍华的疑问是有意思的，他认为所谓无穷大的状态，就是我们所假定的纯粹物质状态，可以从两个方面接近这种状态。

第一，用加速器打碎基本粒子，寻求“没有结构”的粒子，没有结构就是没有差别。不过这种努力行不通。因为一方面，即便获得了“没有内部差别”的粒子，但它是在外力作用下出现的，至少是有外部差别的；另一方面，人们已经发现打碎的粒子并不是越打越小，而是越打越大。

第二，如果物质无限大，引力就无限大，达到黑洞状态时，引力可以压碎一切物质结构，破坏所有差别，达到最大限度的均匀。但是，黑洞也有边界，理想的熵无限大，应当是黑洞边界也消失，使全部宇宙达到聚成唯一一个“黑洞”状态。

所以，在有粒子、黑洞这些物质存在的条件下，熵还是一个有限值，差别仍然存在，而且，熵永远不可能达到无限大，差别也不可能最终消失。因为熵趋向无限大的结果虽然使差别的形式变得无限小，但差别对于纯粹物质的影响力却随之变得无穷大，这正是形成纯粹物质再次向具体物质回归的原因。

所以，英国学者 B·K·里德雷才会充满信心地说：

> 事实上，宇宙即使再过 10 的十次方年的“衰落”以后，也还是一个高度有序的地方。在宇宙尺度上，物质大量聚集在星系里，决不均匀地四处扩散。[①]

于是，我们看到，宇宙在耗散的同时，又存在着一种结构的力量，这是两种完全不同的景观。

一方面，宇宙间存在着一种趋向于无差别、无结构的耗散的力量，这也是一种死亡的力量，或称为“熵”的力量。因为，我们确实看到一杯热水在慢慢地变凉，最后与整个房间的温度一致；同样，一杯冰水也会一点一点回归到房间的平均温度。这是一种耗散的力量，它会将一切差别拉回到背景温度。当一滴蓝墨水滴进盛满清水的玻璃杯时，我们会欣喜地看到蓝墨水在透明的清水中呈现着飘飘欲仙的耗散形态，像丝绒飘带一样蜿蜒灵动；但随着时间的推移，美丽终将散去，我们眼睁睁看着每一个蓝色微粒耗散到整整一杯水中，这是一种对背景的强大回归。

这一耗散的力量存在于大千世界的每一角落，泰坦尼克号从沉入海底的第一天起就会像一枚铁钉生锈那样开始它漫长的耗散过程，海水的化学物质、海底的微生物会以地质纪年般的耐心将这个“奇怪的结构”一点一点吞吃和消化，最后将之融化在这蓝色的背景里，了无痕迹。

---

① B·K·里德雷：《时间、空间和万物》，李泳译，湖南科学技术出版社 2004 年版，第 143 页。

人为什么会死？死后变成灰，同样是因为宇宙中存在着一种强大的耗散力量，它会强迫性地将人耗散成背景——先是将人还原成背景温度（这就是我们感觉到的尸体的冰凉），再逐渐将人耗散成背景密度（土地），羽化登仙，最终与大地融为一体。正是在这层意义上，人包括一切存在着的构造都是“向死而在”，对这一不可逆的过程我们应该怀有最高的敬畏。

然而，我们没有理由悲观，因为宇宙中又存在着一种生的力量。这就是我们在大地震过后，在一片死亡的背景上看到一个婴儿诞生时所感受到的宇宙中最伟大的创生，这颗在匀值的死亡背景上发芽的“种子”暗示了整个宇宙的力量。

星球与星系产生于匀值背景的原始星际物质，生命诞生于地球早期混沌的原始汤，一种新的比匀值背景更为复杂的物质构造每日每时都在顽强地形成着。从蛋白质分子到细胞，从器官到系统，从个人到社会，从原始洞穴到哥特大教堂，从蒙昧时期的石斧到当今时代的 iPad，物质结构似乎正越来越远离其赖以产生的匀值背景，“结构”开始像生命一样发芽生长，并不断向深不可测的复杂方向演变。从野蛮时代的鸡毛信到打开华为手机后盖看到那精巧绝伦的蓝色集成块，我们深感宇宙中存在着一种极其强大的伟力，一种无可阻挡的从低序到高序的“结构”力量。这是一种对匀质和平衡的突破，一种令人不可思议的“向上”的进化。

由此我们看到，由热力学第二定律决定的“熵”将美丽的大自然拖向耗散和死亡的同时，另一种同样深刻的神秘之手却在一刻不停地创造有序和复杂，这也许可以被定义为“生”的力量。

当一棵千年古松轰然伏地时，我们感到了一种无可抗拒的死亡宿命，但就在这悲剧旁边，我们又看到了大自然的另一面：一瓣小小的毛茸茸的沾满晶莹雨露的嫩芽正迎着曙光昂首向上，生与死就这样交接在历史的每分每秒，这样伟大的转换，足以让最骄傲的科学理性低头沉思，让一切不甘心的哲人们产生最神秘的、宗教般的联想。

是的，非均衡是一种值得深思的存在，正如伊·普里戈金在《从混沌到有序——人与自然的新对话》里所说的：

> 我们的科学包括两个至今尚未得到答案的基本问题，一个问题是无序与有序的关系。著名的熵增加定律把世界描绘成从有序到无序的演变。然而生物和社会的进化向我们标明的却是从简单中出现复杂性。这怎么可能呢？结构怎能从无序中得出呢？在这个问题的解决上已经取得了巨大的进展：现在我们知道，非平衡（即物质和能量的流）可能成为有序的源泉。

第二章

微量演变
——初值与历史分叉

横过深谷的桥,往往是由吊着小石头的细线操控的。

——佚名

从单细胞到爱因斯坦大脑，从原始弓箭到亚特兰蒂斯号航天器，我们不仅看到了演化，还看到了由简单到复杂的演化方向，更看到了沿复杂方向而逐渐积累的等级差异。如果大爆炸学说告诉我们的是整个宇宙所有星体从一个奇点开始在一切方向上呈现出爆炸式的互相远离，那么，进化则告诉我们在地球上发生的从一片混沌汤开始，无论是人从动物界脱离出来还是人类之间更加细密的分工，差异只会像蝴蝶翅膀图案和美国星条旗那样越来越鲜明。

达尔文之所以伟大，是因为在他之前的人类思想库全部储备中，完全没有类似于自然选择的思想，而他独立地发现了物种是因其自身的适应禀赋才被大自然选择保存下来的。问题是，我们还想知道：当人和驴一起被自然选择下来后，为什么两者之间的关系依然那么不均衡？共同存活下来的不同物种和不同人群之间越来越大的差异又是如何被加强的？时间、起点、节点、方向等要素在历史分叉中究竟起着什么样的作用？

一、微量累积与历史演变

图 2－1 是上海东长治路溧阳路口的一棵悬铃木，人行道边的铁栏杆已经深深地嵌入了它的身体，形成一种罕见的包容和共生。这似乎在触目惊心地告诉人们，无论是一棵树还是一个人，抑或一种文化、一个社会以及一种集体潜意识，一切生长着的力量即使遇到最险恶的环

图 2-1 悬铃木“怀抱”铁栏杆①

境也会顽强地生存下来，生命会在自己绵长的历史中极其缓慢而又异常坚定地以水滴石穿的耐心改变和伸展自己。眼前我们所看到的悬铃木长相是几十年如一日、一刻不停演化的结果，这是一种什么力量？

当我们站在奇崛陡峭的海蚀崖和蜿蜒曲折的长江边，如果手里拿着一颗光滑的鹅卵石，我们看到的不仅是无声无息的时间，更看到了一种浸透在时光里的长期积累着的变化。是的，我们在当下的生活里看不到演化，就像我们觉得眼前的山峦似乎亘古不变，但如果能将长达 46 亿年的地表历史通过延时摄影压缩成一天的话，就可看到连绵数千公里的壮观山脉会像大海波涛一样汹涌起伏，那坚固的岩石此刻的造型只不过类似照相机在百分之一秒的瞬间拍下的波涛特殊的模样。也许正是在这个意义上，俄罗斯地质学家弗拉基米尔·沃尔纳德斯基才会说：“岩石只是节奏缓慢的生命——活体生物只不过是岩石的一个特类，是既古老又年轻的岩石。”

事实上，马路对面正走过来的那位穿着高跟鞋、用着苹果手机的女性，她身上的每一个细节都可以追溯到整个人类五千年惊心动魄的历史积淀和将近数十亿年生命坎坷的进化旅程——时间在缓慢地改变着一切。难怪诺贝尔文学奖获得者格拉斯会说：“进步是一只蜗牛。”热衷于学习生物学思想的诺贝尔经济学奖获得者赫伯特·西蒙说过：

① 《新民晚报》2006 年 6 月 14 日。

“根据复利计算的知识，我们可以轻而易举地计算出，每代仅以 1.05/1.00 的微弱优势胜过竞争者的某种生物，其子孙数量在以后 14 代里，就将达到其竞争者数量的两倍。在 400 多代的时间里，1.05/1.00 的适应优势，就可以造成子孙数量上 25 000/1 的优势。”①看来，即使是最微小的变化，只要方向和速率不变，改变有时候也可以很显著。

有一年，美国一家报纸刊登了一则园艺所重金悬赏征求纯白金盏花的启事。高额的奖金让许多人趋之若鹜，但在千姿百态的大自然中，金盏花除了金色的，就是棕色的，几乎不可能培育出白色的。许多人一阵热血沸腾后就把那则启事忘到了九霄云外。

一晃就是 20 年，一天，那家园艺所意外收到了一封应征信和 100 粒“纯白金盏花”的种子，寄种子的是一个年逾古稀的老人。老人是一个地地道道的爱花人，当她 20 年前看到那则启事后，便怦然心动。她不顾八个儿女的一致反对，义无返顾地干了下去。她撒下了一些最普通的种子，精心侍弄。一年之后，金盏花开了，她从那些金色的、棕色的花中挑选了一朵颜色最淡的，任其自然枯萎以取得最好的种子。次年，她又把它们种下去。

然后再从这些花中挑选出颜色最淡的花的种子栽种……日复一日，年复一年，终于在 20 年后的一天，她在那片花园中看到一朵金盏花，它不是近乎白色，也并非类似白色，而是如银如雪的白。②

无独有偶，俄国科学院细胞学和遗传学研究所的德米特里·贝尔耶夫想弄清人类的祖先是怎样把狼驯化成狗的。

① 郑也夫：《阅读生物学杂记》，中国青年出版社 2004 年版，第 89 页。
② 王健：《超越性思维》，复旦大学出版社 2003 年版，第 190 页。

为了找到这个问题的答案，贝尔耶夫着手对 30 只雄狐狸和 100 只雌狐狸进行实验研究。通过喂食行为、触摸和敲打它们所产生的反应来测量它们后代的驯服度，并选择了 5%最温顺的雄狐狸和 20%最温顺的雌狐狸，让它们进行交配。贝尔耶夫和他的追随者特鲁特长期坚持不懈地重复这个简单程序，如此繁殖了 30 多代的狐狸。40 多年过去了，他们成功地繁殖了 45 000 只狐狸后，终于得到了一种全新的狐狸，用特鲁特的话来说，这些狐狸“温顺、爱取悦人，毫无疑问是驯化了的……就在我们眼前，野兽变成了可爱的东西，它们的野性（它们祖先具有的野性）和它们的攻击性行为已经完全消失了”。这些被驯服的狐狸非常友善，乐于接近人，也会发出呜咽声以吸引人们的注意，还会像猫一样用舌头舔人①。这真应了普里高津的一句赞扬：我喜欢柏格森的说法——时间就是发明。

纯白金盏花和温顺的狐狸似乎在告诉我们，演化可以有不同的方向，沿着某一特定方向长期积累的结果往往会出现登峰造极的奇观，极其微小的增量累积则更可能产生摧枯拉朽的雪崩现象。

大不列颠哥伦比亚大学物理学家怀特海德为了研究多米诺效应的能量，曾经自制了一组骨牌。骨牌共 13 张，第一张最小，长 9.53 mm、宽 4.76 mm、厚 1.19 mm，还不如小拇指的指甲盖大。以后每张扩大 1. 5 倍（这个数据是按照一张骨牌倒下时能推倒一张 1.5 倍体积的骨牌而选定的），最大的第 13 张长 61 mm、宽 30.5 mm、厚 7.6 mm，牌面大小接近于扑克牌，厚度相当于扑克牌的 20 倍。

把这套骨牌按适当间距排好，轻轻推倒第一张，就会波及第 13 张。怀特海德发现，第 13 张骨牌倒下时释放的能量，比第一张牌倒下时整整要扩大了 20 多亿倍，因为这个能量是按指数形式增长的。若推倒第

① 戴维·迈尔斯：《心理学（第七版）》，黄希庭等译，人民邮电出版社 2006 年版，第 85 页。

一张骨牌要用 0.024 微焦，倒下的第 13 张骨牌释放的能量就会达到 51 焦。可见，多米诺骨牌效应产生的能量的确令人瞠目。

假如怀特海德制作了第 32 张骨牌，骨牌高达 415 m，两倍于纽约帝国大厦的高度，那么摩天大厦就会在一指之力下被轰然推倒[①]。

与人类基因积累的速率不同，人类文化的积累则近似地显现出了这种多米诺趋势，虽然五百万年前和 5 000 年前人类脱离动物界的速率并没有根本的差别，今天的人类与十万年前的人类在基因上也许没有本质的差异，当今埃及的一个国家领导人与 5 100 年前古埃及法老时代的开创者、孟菲斯的缔造者美尼斯在心智的质量上也许根本没有什么区别，但整个社会发展的速率却极大地加快了。一个重要原因是，文字的发明导致经验能以书写的方式广泛传播和超代际积累并逐渐上升到文化的积累，进一步引发文明的积累，最后形成共振。因此，写出《自私的基因》的道金斯才会觉得除了具有永恒复制能力的基因外，人类社会又发明出了“模因”，那是一种类似基因的文化信息，它不仅可以被一代一代大量复制，更重要的是，它可以像拉马克进化论所预言的那样产生“获得性遗传”，就是将每一代进步都融化进新的模因中。换句话，经验可以产生代际积累，牛顿的经验可以被提炼成中学教科书中的三大定律，经验变成了维他命，一个普通的学生一口就吞下了。所以麦克卢汉才会饶有兴味地引用梅达沃的话说：“人的主要特征，‘与其说是设计工具，不如说是从一个人向另一个人传播制造工具的知识’。‘这个学习过程的演化，……代表着一种崭新的生物学策略——其重要性超过以前的一切策略。而且他与有机体和环境的其他交换都是截然不同的’。”[②]

今天，我们难以想象，正是因为中国印刷术的发明才导致哥伦布看

---

① 王健：《超越性思维》，复旦大学出版社 2003 年版，第 181 页。

② 埃里克·麦克卢汉：《麦克卢汉精选》，南京大学出版社 2000 年版，第 426 页。

到了马可·波罗式的发现传奇，内心发现的欲望被点燃。这是一种什么样的逻辑递进关系？英国学者马特·里德利说："人有了核武器和钱、神和诗歌、哲学和火，他们所得到的这些都是通过文化，通过他们的这种能力，即一代一代的积累思想和发明，把它们传递给其他人，并因此把许多活着的和已故的个体的认知资源汇集在一起。例如，一个普通的现代商人，离不开亚述的语言字母表、中国的印刷术、阿拉伯的代数、印度的数学、意大利的复式簿记、荷兰的商业法律、加利福尼亚的集成电路……"①

今天一个普通的商人即使没有人类饮血茹毛时期的强壮体魄，也能凭借他纤细的手指在键盘上熟练地敲击而获得体面的生活，这一切都得益于数千年文化的积累，文化的加速度进化越来越超越我们数亿年基因的缓慢变迁，正如里德利说的：文化以一种前所未有的方式积累下来。文化在变化，无需等待基因赶上来②。

最有公众观赏趣味的一次微量演变表演是 2016 年 4 月 9 日社交新闻网站 BuzzFeed 进行的一项直播实验，为一个西瓜逐条套上橡皮筋，测试西瓜能够抵受多久。这一直播全长 45 分钟，两名 BuzzFeed 职员穿上白色防护衣及护目镜，不断为西瓜套上橡皮筋；套至第 660 条时，西瓜开始喷汁，现场围观者屏息以待，两名职员也紧张起来。西瓜最终在套上第 686 条橡皮筋时炸开，最高峰时一度有 80 多万人收看。观看直播的网民形容实验过程令人着迷，双眼无法从屏幕移开，有网友盯着看了 40 分钟的直播，还有网民表示因为看直播导致接孩子放学都迟到。报道还称，共有逾 757 万次点击，有 32 万则留言，一时成为欧美网络最潮热话（图 2－2）。

之所以这一小小的看似毫无意义的所谓实验会吸引如此多的眼

---

① 马特·里德利：《先天后天：基因、经验及什么使我们成为人》，陈虎平等译，北京理工大学出版社 2005 年版，第 217 页。

② 同上书，第 234 页。

图 2-2　两名职员为西瓜套橡皮筋①

球，一个有趣的心理可能是：在人们习以为常的经验中，橡皮筋和西瓜是两个完全不对等的力量，单个的橡皮筋是如此的弱小，但团结起来的橡皮筋群体却呈现出一种累加的力量。人们也许并不怀疑最终橡皮筋群体一定会勒爆西瓜，但你完全无法预知究竟是第几根橡皮筋导致最终质变。在无数量变的累积过程中，一种越来越临近的相变，一种随时可能出现的最后临界点，深深地吸引着人类的好奇心。在慢慢累积的微量渐变的路程中，在一点一点接近混沌和秩序的边缘时，有一种神秘的期待，西瓜帝国最后坍塌的极点——随机性到达最后阶段，但必然性仍然无法确认时，在偶然和必然即将陷入死角的最后时刻，那种最奇妙的感觉深深吸引了人们。

二、最初变量与历史分叉

其实，很多时候，真正有意思的不是变化本身，而是变化的过程，不在于演化的方向，而在于究竟是什么影响了演化的方向。如果演化的

① 中国新闻网，2016 年 4 月 10 日。

确可以在漫长的时间长河中被积累和加强，那么决定演化方向的最初扰动究竟具有什么性质？

当整块玻璃表面一旦出现哪怕最细微的实质性裂纹，这一随机裂纹便具有了演化起点的力量，如果在玻璃上继续加压，这一随机裂隙将可能引导并最终推动整个系统断裂和崩解，这是一种奇妙的关于演化路径的假设。均衡中新的微小变量到底具有什么样的能量？

起初，我家窗台花盆中的仙人掌仅仅呈现出些微的倾斜，随着时间的推移，在大地极其细微的震动和地心引力的长期作用下，它会像比萨斜塔一样沿最初的倾斜方向继续演变。只要人为的力量不介入，就可以断定一开始的倾斜方向实际上就是最终方向。

当一个几乎装满滚珠并处于极限平衡状态的巨槽（图 2－3），一旦在某端加入一个滚珠，便会出现极其细微的倾斜，这一倾斜会引发一些最敏感的滚珠向同一方向细微滚动，会使巨槽出现进一步的倾斜，又将导致槽内的滚珠发生更大的滚动，倾斜和滚动不断富集的结果将产生类似船体颠覆般不可逆转的力量。

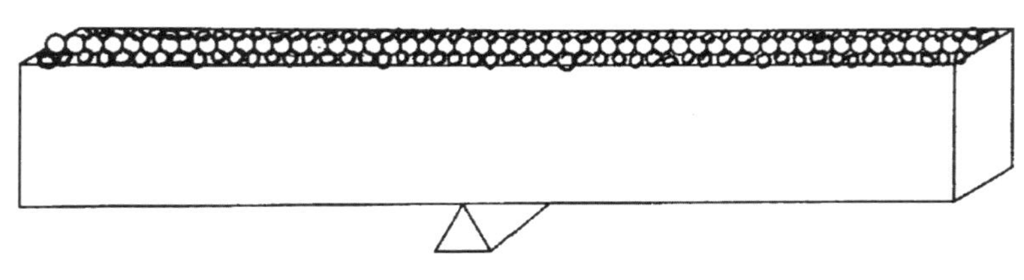

图 2－3　装满滚珠的巨槽

这样我们似乎发现，演化的起点往往是随机的、微小的，但正是这微乎其微的变量，在富集效应的促动下常常具有决定历史进程的力量。

美国科学院院士、耶鲁医学院病理学系主任刘易斯·托马斯在《细胞生命的礼赞》一书中饶有兴味地探讨了这一随机演化的过程。非洲大白蚁的垤穴，有的高达 12 英尺，直径达上百英尺，一窝里生活着几百万只白蚁，相当于人类一个大中型城市的规模。这么宏伟的系统在没有图纸的情况下是如何建构起来的呢？托马斯引用了格拉西的成果，格拉西做了一个实验：

> 他把一批白蚁放进一只盛满泥土和木屑的盒子，观察它们怎样工作。木屑的成分是木屑素，是一种微型木料。开始，它们的举止一点也不像个承包商，没有谁站在那儿发号施令或收费，它们只是团团转着跑来跑去，漫无秩序地衔起土屑又放下。后来，两三颗土粒木屑碰巧堆叠在一起，这一来一下子改变了所有白蚁的行为。它们开始表现出极大的兴趣，发疯一样把注意力集中到初始的柱上，给它加上新的木屑和土粒。达到一定高度后，建筑停止了，直到建成了别的柱子，它们重新活跃起来。这时，构造由柱子变成了拱，弯得匀匀的，然后合拢，一个拱券建成了。于是，白蚁又开始建造另一个拱券。①

托马斯甚至认为人类的语言也一样，交往中某种偶然的发音被大家认同，便会在更大的范围内得到应用，随着传播范围的不断扩大，最后，强势语言的地位得到进一步确立并在更大程度上得到有效传播。

同样在蚂蚁行为的研究上有所心得的美国波特兰州立大学计算机科学教授梅拉妮·米歇尔也描述过如下现象：

> 大部分蚂蚁种类的食物搜寻大致是这样进行的：蚂蚁中搜寻食物的蚂蚁随机朝一个方向搜索，如果遇到食物，就返回蚁穴，沿

① 刘易斯·托马斯：《细胞生命的礼赞——一个生物学观察者的手记》，李绍明等译，湖南科学技术出版社 1992 年版，第 116 页。

图 2-4 蚁迹

途留下作为信号的化学物质——信息素。当其他蚂蚁发现了信息素，就可能会沿着信息素的轨迹前进。信息素的浓度越高，蚂蚁就越可能跟着信息素走。如果蚂蚁找到了那堆食物，就会返回巢穴，将信息素的轨迹增强。如果信息素的轨迹得不到增强，就会消失。通过这种方式，蚂蚁一起创造和沟通关于食物位置和质量的各种信息，并且这种信息还会适应环境的变化（见图 2-4）。①

上述蚂蚁试验和观察结果也许暗含了这样一种可能：当两堆离蚁穴距离相同且质量相似的食物同时出现在寻找食物的蚂蚁选择范围时，究竟哪一堆食物最终被整穴的蚂蚁吸引，取决于最初少数几只蚂蚁的随机发现。但是均衡论者可能会提出反驳说：假设有 A、B 两堆机会均等的食物，A 堆食物先被发现，导致更多的蚂蚁被吸引到了 A 堆，但 A 堆不可能永远垄断。因为当蚂蚁的数量由于食物的丰裕而越来越多时，食物最终就会出现短缺，蚂蚁就会寻找新的食物源泉，B 堆食物被发现的可能性就急剧增大。只要时间周期足够长，A、B 两堆食物被蚂蚁享用的机会最终是趋向均衡的。

其实不然，只要增加更复杂的变量，比如食物离蚁穴的距离长到使蚂蚁往返成本大大增加，当达到必须在食物附近重新建立蚁穴的程度时，则最先被发现和占有的食物堆就可能被相对锁定。在更复杂的人

① 梅拉妮·米歇尔：《复杂》，唐璐译，湖南科学技术出版社 2011 年版，第 211 页。

类系统中，当养殖和交换等人类活动可以自由发挥并达到与环境产生可持续的良性互动时，定居就有了存在和扩展的理由。乡镇的出现、城市的形成、超大城市的发展就成了必然。无论高速公路、高铁、飞机怎样稀释远距离分散定居的成本，中心城市的房价依然高扬，它暗示着“核心食物区”的特殊价值顽强地随时间而加强的“野蛮”特征。

如果演化的趋势总是呈现出一种随机漫步后的锁定和加强，那么一开始的扰动方向就显得尤为重要，紧接着的长期演化往往是跟随性累加。正像“世间本没有路，走的人多了就有了路”。的确，当人们站在一大片白茫茫的雪地前选择方向时，忽然发现有一行黑色的脚印弯弯曲曲地伸向远方，多数情况下会选择跟随已有的脚印前行，因为在很大程度上他可以避免陷入不可预测的深渊。就像从机场出来，走在后面的人一般情况下会无意识地跟着前面的人群走，恰恰最终的结果往往是对的，这也许是跟随者在日常经验中千百次重复后得出的较为理性的低成本策略的原因。就像数十万只角马群在最初短暂的混乱和犹豫之后，当几只甚至上百只角马开始跟着某一只领头的角马朝某一个方向运动时，就可能带动更大规模的角马加入运动的队伍，这又会引起更大范围的集结和有序运动。当集体行动达到一个临界规模后，跟随者会以更大的速率加入这个正在形成中的有序系统，最终的结果很可能导致更多的被动型参与者加入进来。因为对于被动型参与者而言，即使它不认同某个方向，它也无力改变整个群体的方向，更无法以偏离群体的危险成本来对抗整个集群的运动趋势。就这个意义而言，它是理性的，因为在进化中那些无数反潮流的偏离者已经被自然选择淘汰了，所以保存下来的角马大都会倾向于保持一致①。

在更普通的日常经验里，似乎最初的随机设定总是能显现出某种

① 特别在某些群体性“失智”的历史时刻，当偏离带有明显宗教信仰和政治立场的符号意义时，偏离者的偏离需要付出生命代价时，这样的偏离就会被强行“纠正”。保持一致才可能是自我保护的最优策略。

轻微的规定性。下课交作业时,只要第一个同学把作业本放在讲台的某个较为合理的位置,后面的同学一般就会叠放在同样的位置,接下来几乎所有的同学都会依次叠放。进入会场的第一个签名者在签名簿上留下的字迹大小和位置,一般情况下也会规定着后续者的签名规格,即便没有任何限制,最初的签名格式也不会被轻易打破。这也像大学开学时新生在教室的座位分布,最初几次同学间的随机配对和座位安排在不经意间就会被保留下来,尽管没有任何道德上的约束和法律上的规定说不能打破最初的随机秩序,但很多人依然不会频繁换位和重新选择同桌伙伴。我们难以想象这是一种什么样的隐秩序安排,大多数情况下,最初的选择会逐渐沉淀下来,其稳定性随时间而加固。年级、班级、小组、寝室、兴趣团队等很多当年最初的随机组合甚至可能延续到几十年后同学聚会的亲疏程度。如果没有意外的、更大当量的利益干扰,最初的设定就会被生活中无数的微小事件缓慢累积而定格。

这也可以理解为一种定位效应。所谓定位效应在有机化学中是指:含有取代基的苯衍生物,在进行芳香族亲电取代反应时,原有的取代基对新进入的取代基主要进入位置,存有一定指向性的效应。

在社会心理学中,人们把一个人自己选定的角色位置不因其他因素而发生太大变化的现象,称为定位效应。社会心理学家曾对此做过一个试验:在招集会议时先让人们自由选择位子,之后到室外休息片刻再进入室内入座,如此 5 至 6 次,发现大多数人都选择了他们第一次坐过的位子。

这是一种什么样的演化逻辑?最初的秩序在整个演化的行程中究竟拥有多大的权重?

社会生物学在动物进食顺序和地位的关系上有很多有趣的研究。大量观察事实发现,最后的秩序往往是由最初的竞争结果决定的。比如,一窝小猪崽会拼命地争抢食物,用门牙和獠牙彼此乱咬,优先选择的是前面的乳头，因为前面的乳头比后面的乳头提供的奶多，猪崽在前面乳头吸乳时又可以防止母亲后腿的践踏，小猪吃的奶多，到断奶时体重就大。乳头奶量的梯度大到可能足以为进化竞争提供一个选择压力。

吉尔和汤姆森 1956 年的实验发现：在对 8 窝猪崽的研究中，吃前四对乳头奶的要比吃后四对乳头奶的猪崽平均多吃 15.3%；吃前三对乳头奶的要比吃后三对乳头奶的猪崽多吃 83.8%。但是尽管有如此巨大的差异，一个最惊人地发现却是：在小猪崽出生后第一个小时内，争抢乳头位置的“战争”就结束了，一旦秩序确立，就一直保持到断奶①。

也许动物们天然地知道最初竞争后的秩序已经无情地内定出高低排序，违反这一排序所受到的惩罚与所得到的奖励是不均衡的。但也许最根本的原因还在于“固定乳头的功能是提高摄食效率——使整体摄食时间和努力达到最小化的一种有序组合”。

正因为所有保留下来的生物不管在潜意识还是无意识深处已经预设和认同了“先来后到”的自然法则，所以，竞争的激烈程度在新秩序形成的初期就显得尤为突出，早期的高成本投入在进化上就是优选策略。

图 2-5 是 2014 年 8 月 29 日上海鲁迅公园重新装修后开园第一天的情形。由于公园绿化格局经过重新规划，旧的秩序已经不复存在，新的秩序尚未定型，导致在第一天的关键期，来自全市的各舞蹈队、太极拳队、合唱团等近百个利益群体不惜深夜排队，开门即奋力抢夺地盘，多处地盘发生了激烈的肢体摩擦。为什么？因为所有人内心深处都秉持了一个理念——先到者拥有。

---

① 爱德华·威尔逊：《社会生物学——新的综合》，毛盛贤等译，北京理工大学出版社 2008 年版，第 273 页。

图 2-5　鲁迅公园开园第一天竞争地盘画面

在这理念的背后，是数千年文化积淀而来的伦理、道德、法律和一切文化观念对“先到者拥有”的理性承认和合法性承诺。这是一种看不见但长在每个人内心深处的竞争法则和进化逻辑。于是，我们就可以在一个更初始的逻辑起点来观察它对方向的影响。

三、初始条件的敏感依赖性与分叉加强

美国俄亥俄州有一座地理位置非常独特的房子。下雨时，落在屋顶北侧的雨水与下面的小溪会合后，流进附近的安大略湖，然后汇入位于加拿大东南部的圣劳伦斯湾；而落在屋顶南侧的水则经过密西西比河，最终流入位于美国南部的墨西哥湾。

在这座房子屋脊的最高处，两边雨水的落点常常变换不定。许多该落在南侧的雨水落在了北侧，或者应该落在北侧的雨水落在了南侧。这些看似近在咫尺的南北侧，却决定了将来它们彼此间的距离达到了2 000多英里。令人感慨的是，决定这些雨滴最终去向的不过是雨天从屋顶轻拂而过的一缕微风。

问题是：起于青萍之末的一丝扰动究竟会在什么情况下影响分叉和加剧分化？我们知道在某些特定的历史叉点，即使最细小的差异也可能造成惊天动地的区别，比如人和猴的基因差别只是1%，可就是这关键性的一点偏差却造成了不可想象的南辕北辙。正如米歇尔·沃尔德罗普在《复杂》一书中说的：

> 在分子这个层面上，所有的活细胞都惊人地相似……但在整个基因蓝图中，哪怕一个微乎其微的变化，就足以给整个生物体带来巨大的变化，这儿或那儿很少几个分子的移动也许就足以产生棕色眼睛和蓝色眼睛之间的区别，产生体操运动员和相扑运动员之间，产生健康的身体和镰型血球性贫血之间的区别。而更多一些分子的移动，在经过千百万年自然选择的积累之后，也许会产生人类和黑猩猩之间、无花果和仙人掌之间、阿米巴变形虫与鲸鱼之间的区别……很小的机会能被扩大、利用和积累。①

如果认为俄亥俄州那阵微风导致雨滴间产生2 000英里的差距仅仅是特殊个例、对研究系统分叉不具有普遍意义的话，那么，下面这个可爱的案例就值得从更多角度思考了。

打开百度，键入“鸭子大军”，就可以看到一则有趣而真实的故事。

1992年，一家玩具工厂（澄海，中国玩具之都）的货船从中国出发，

---

① 米歇尔·沃尔德罗普：《复杂》，陈玲译，生活·读书·新知三联书店1997年版，第25页。

打算穿越太平洋到美国华盛顿州的塔科马港。但是货船在国际日期变更线附近的海洋上遇到猛烈风暴，一个装了 2.9 万只黄色塑料玩具鸭的集装箱坠入大海并摔裂，令所有玩具鸭漂浮在海面上，形成一只庞大的“鸭子舰队”。这些原本为澡盆准备的小东西，一下子见了大世面，它们把海洋当成了一个超级大澡盆，洗了一个长长的澡（图 2－6）。

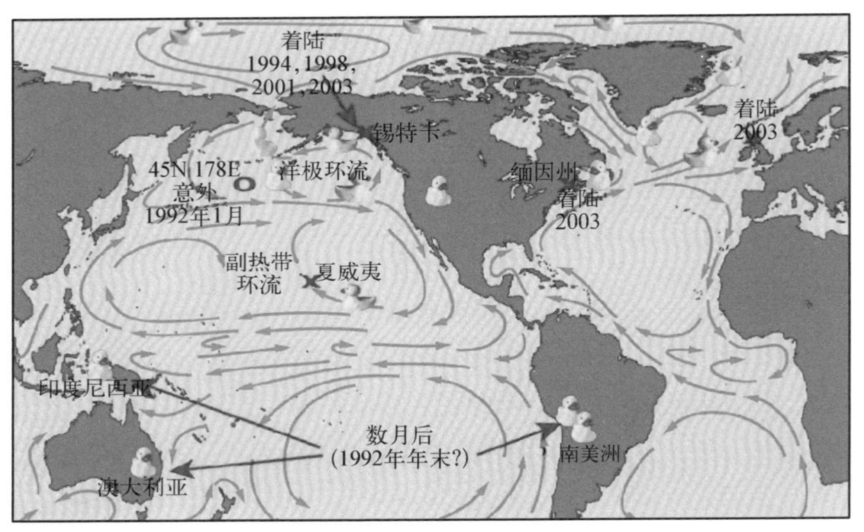

图 2－6　鸭子四海漂流轨迹图

在最初三年中，其中一批约 1.9 万只鸭子走完了 6 800 英里的太平洋副热带环流的路程，沿途经过俄罗斯的堪察加半岛、日本、印度尼西亚、澳大利亚、南美洲和夏威夷等地洋面，平均每天漂流 6.9 英里。

另一批大约 10 000 只鸭子没有跟随“大部队”，而是向北漂去。1993 年，当它们漂流到白令海峡时，“鸭子舰队”被冻在寒冷的浮冰里。随着浮冰缓慢地向北极方向漂流了 2 000 英里之后，这支北上的“鸭子舰队”开始南下。当浮冰开始解冻后，这些鸭子终于得以解脱，在海豹好奇的注视下，从格陵兰海转到大西洋，经冰岛来到美国和加拿大。监视海洋残骸的科学家称，这支“鸭子舰队”因为遇上了从加勒比海奔向英国的墨西哥湾暖流,又开始漂越大西洋前往英吉利海峡。还有一些鸭子被浪卷走,离开了主力部队和洋流,同成千上万只漂流瓶、不计其数的漂泊残骸一起,羁绊在马尾藻海里,在波浪起伏中相互碰撞,直至成为碎片。那些掉队的塑料鸭有可能被信天翁这样的大鸟误食。一位船长就在信天翁的粪中发现了这些鸭子的碎片,“看来它们已经成为食物链的最后一环”。这件事引起全世界很多孩子们的兴趣,2007 年英国海滩上捡到的一只小鸭子竟然被拍卖到 1 000 英镑,随后全世界又兴起了一场“大黄鸭”巡游热。

令人感慨不已的是,在某个历史的起点,所有的鸭子本来都聚在一起,仅仅过了十多年,它们的轨迹竟然产生了那么大的分化。看来,在太平洋平静的表面下,也许存在着一种巨大而令人生畏的力量,大海洋流的推动、季风的吹拂、浮冰的碰撞、海浪的拍击……导致鸭子的命运如此迥异。如果时光无限延长,那么分化将继续进行,每一个鸭子的演化路径与外部环境无穷无尽的因缘巧合之间似乎有一种奇妙的关联。换句话说,当初始状态一旦启动,在一个复杂的开放系统里,越来越多的随机变量会加入演化的过程之中,每一个不经意的碰撞都可能引导出意料之外的分叉,然后沿着分叉的方向继续前行,再等待着出现新的分叉点。这有点类似德国电影《疾走罗拉》(*Run LoLa Run*)中的罗拉:在三次奔跑的途中,与她发生过接触的其他人,也因为每次相遇的细小改变而使得其人生走向了完全不同的轨道。这一方面表现了生命中存在着多种可能性,每一种可能性都会在人生的长河中显现出一个神奇的因微小变量推动而出现的新的分叉方向;另一方面又揭示出了人生的每一个不经意的叉点都有可能是决定性的、不可逆的。电影对罗拉疾走的三次重新安排,每一次初始设计都会演化出不可重复的神奇路径,暗示着我们每一个活着的生命体在与环境无休止的互动中都将产生无穷无尽的可能,这也许才是最不可思议的普遍宿命。

法国学者大卫·吕埃勒关于打台球的假设跟罗拉疾走过程中的碰撞有一点逻辑上的相似性。如果像物理学家常做的那样将系统进行理想化：① 不存在任何因摩擦产生的速度衰减，即摩擦系数为零；② 所有的碰撞都以普通物理角度无条件反弹；③ 完全不考虑“自旋”；④ 台球中心的运动轨迹在没有碰撞的情况下保持匀速直线运动。

由此我们假设在同一张台球桌上对台球分别有两次重量相同的击球（图 2－7）。唯一区别是两次击球的方向（角度）有细微的差异。也许一开始两个球的运行轨迹相差不大，但随着反弹次数的增加，两球的轨迹差异开始加大，也许数百上千次之后，各自运行轨迹直至运行方向都会显著不同。

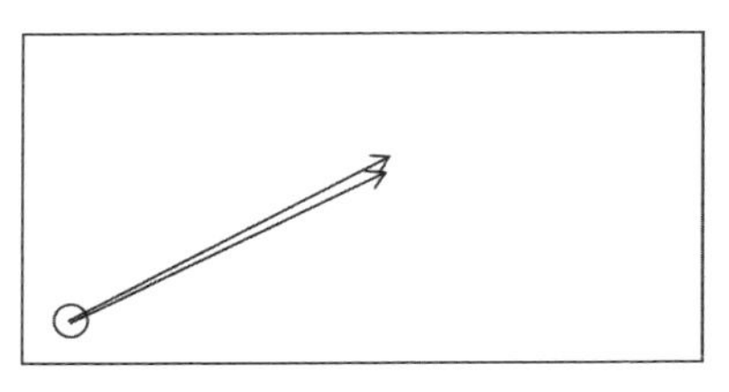

图 2－7　对台球进行两次重量相同的击球

在这一基础上，如果再加入一些新变量，比如在台球桌上随意放置几个直径略大的障碍物（图 2－8），两球的行进路线又会发生什么样的质变呢？大卫·吕埃勒设计的图多了四个变量（障碍物），左下角黑色的圆依旧是将要被击打的台球，但桌面上随意放置了四个直径比台球稍大的凸起的障碍物。台球从左下角开始运动，图中（实线）标出了台球中心的运动轨迹。另一个虚拟台球以稍微偏离的方向（虚线）出发。在图 2－8 中，两个球之间的夹角 α，且当它们碰到台球桌的直边时，反射并没有改变这个角度。然而，两球碰到一个圆形障碍物之后，它们的轨迹就散开了，形成了最初的夹角 α 两倍的α'。又一次和圆形障碍物的碰撞，将使轨迹间的夹角变为 4α。10 次碰撞后，轨迹的夹角就是 $1\,024\alpha$了，以此类推。如果我们每秒碰撞一次，那么，真实球和虚拟球轨迹之间的夹角就随时间延续而开口增大。实际上从数学上很容易说明，尽管两球间的距离还是很小的量，距离也会随时间指数地增长：

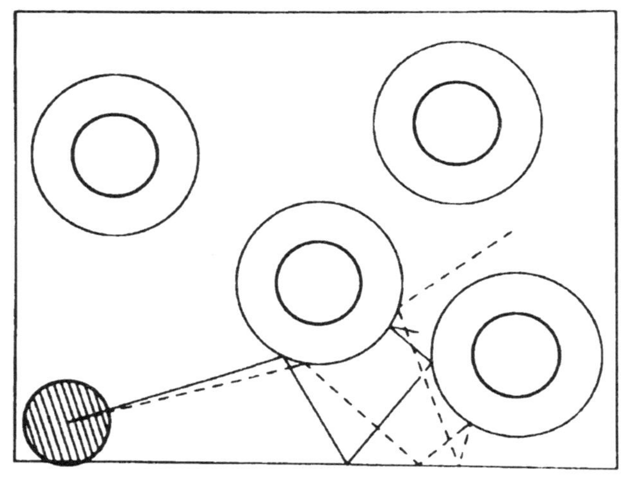

图 2-8　有了障碍物后球的运行轨迹图

由此，我们就得到了对初始条件的敏感依赖性。[①]

这就触及了一个更有意思的话题——初始条件的敏感依赖性。这是对气象学极有兴趣的美国麻省理工学院教授洛伦兹最先提出来的，他也是极少数能被大众熟知的严肃的气象学家，这也许得益于他在一次重要的学术演讲中的那句机智的比喻：

> 一只小小的蝴蝶在巴西上空扇动翅膀，可能在一个月后的美国得克萨斯州会引起一场风暴。

这就是混沌学中著名的"蝴蝶效应"。这一比喻那么深刻地击中了人们心中一块神秘的混沌之地。不管物理老师怎样言之凿凿地告诉学生：这个世界是确定的、可重复的，如果你在输入端输入一个初始值，那么在输出端就一定能出现可预见的结果。从桌子上一个球的滚动轨

① 大卫·吕埃勒：《机遇与混沌》，刘式达等译，上海科技教育出版社 2005 年版，第 42 页。

迹到天体的行星运动轨道都遵循着这一决定论的经典逻辑。

然而，只要你从教室的窗口往外瞥一眼那棵枝丫满天、落叶满地的大槐树，你就会对决定论心生一丝绝望，因为你怎么能精确预测到哪片树叶会坚定地在某个可以计算出的时刻飘落而下，最后精确无误地叠加在另一片指定的叶片上呢？这就像你怎么能精确地预算出某个男婴将来一定会在某个特定的时刻与另一个女婴相结合，然后在某一时刻育孕出一个新的生命，而这个生命又将开始他决定论的旅程呢？相隔千里的两个婴儿在他们的生命旅程中将会遇到多少不确定的随机变量呢？

决定论，或者说西方科学理性的另一个顺理成章的思路是：当你试图解释你在上海的家里窗前那一滴从玻璃上滑落的雨滴时，完全没有必要考虑江西某个村庄一棵树叶的飘落，极小的影响是可以忽略的。事件之间的影响方式总是呈现出一种收敛性，任意小的影响是不会放大成为任意大的效果的。詹姆斯·格雷克说："从经典科学的角度讲，近似和收敛的信念是很有根据的，它确曾起过作用。1910 年确定哈雷彗星位置时的小小误差，只会对预告它在 1986 年的回归产生小小误差。对于今后几百万年，这一误差也永远是很小的。计算机为宇宙飞船导航时也遵从同一假定，近似准确的输入导致近似准确的输出。全球天气预报的先驱者们也是这么做的。"①

可是有一次，一个非常小的输入差异却在科学史上输出了一场巨大的风暴。这有点像哥伦布，本来是要找印度，却无意间发现了美洲而犯了一个伟大的错误。

洛伦兹在做长期天气预报模拟实验的程序时，有一次在原有的程序中重新输入了一个初值，比如第一次的初值是 0.506 127，但这次他却偷懒地用四舍五入的方法简化成 0.506，这对于极其复杂的流动性天

① 詹姆斯·格雷克：《混沌——开创新科学》，张淑誉译，高等教育出版社 2004 年版，第 13 页。

气系统而言，本来只是一千分之一可忽略不计的小误差，但随后的波动曲线竟然随时间而逐渐增大(图 2－9)。

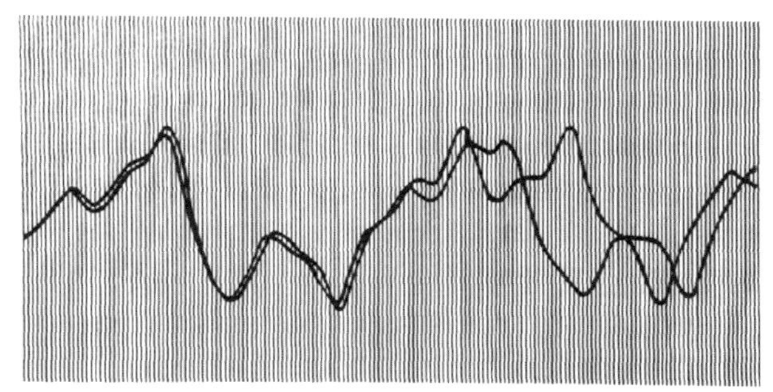

图 2－9　两组天气模式是怎样分道扬镳的①

洛伦兹睁大了眼睛看着这起初在一起的两根曲线越来越分道扬镳。那些没有被注意到的某个非常小的原因竟然会导致一个我们不可能视而不见的相当大的结果。进一步的研究让他终于有机会发现一个事实——长期天气预报是不可能的。

因为影响天气的随机变量就像前述两个婴儿展开生命旅程时所遇到的那样的无穷无尽，而且所有风云际会的变量都不能显现出任何周期性的规律，就像一片云那样具有不可重复性，毕竟你永远无法想象曾经在你眼前出现过的那片特殊造型的云会在哪怕几十亿年的时间内，终于在同一个空间位置再次出现。它就像圆周率那样的无理数，即使你算到了小数点后面 10 万亿位②，你仍然找不到可重复的循环点。洛伦兹的发现唤起了人类与生俱来的好奇心。

---

① 詹姆斯·格雷克：《混沌——开创新科学》，张淑誉译，高等教育出版社 2004 年版，第 15 页。

② 公元 480 年左右，南北朝时期的数学家祖冲之进一步得出精确到小数点后 7 位的结果。1989 年美国哥伦比亚大学研究人员用克雷－2 型(Cray－2)和 IBM－3090/VF 型巨型电子计算机计算出 π 值小数点后 4.8 亿位数，后又继续算到小数点后 10.1 亿位数。2010 年 1 月 7 日，法国工程师法布里斯·贝拉将圆周率算到小数点后 2.7 万亿位。2010 年 8 月 30 日，日本计算机奇才近藤茂利用家用计算机和云计算相结合，计算出圆周率到小数点后 5 万亿位。2011 年 10 月 16 日，藤茂利将圆周率计算到小数点后 10 万亿位。

即使决定论科学可以精确地预报日食，可以让我们平安地降落在机场，人类心灵依然会不依不饶地要去探索更广阔的非决定论的世界，在那片复杂到几乎不可测的混沌之地，去寻找那山重水复中可以通幽的神秘曲径。

也许正是牛顿以后，我们才得以知道自己原来长期生活在万有引力之中，那是一个决定论的、均衡的世界，输入和输出遵循线性的法则；可是普朗克、庞加莱、普里高津和洛伦兹以后，我们又发现自己更是生活在非均衡的、不可测的世界里，那是一个远离平衡态的开放的系统，它更尊崇一种非线性的法则。在所有这些有趣的名词背后，最有魅力的似乎还是关于初始条件的敏感依赖性，即某些性质的微小变化可能导致整体行为的显著改变。

因为它真的暗示了太多的不确定性。所以就这个意义而言，洛伦兹的真正贡献也许在于：他准确地宣告了长期天气预报的不可能性。他坚定地告诉我们任何具有非周期行为的物理系统，都将是不可预报的。

下面是一张从我家后窗看出去的上海中山北路的一小段路面（图2－10），这是百分之一秒的瞬间定格，图中高架桥上最大的大巴士在某

图2－10　上海中山北路一段路面

一刻恰好处在某个特定的位置，也许某年某月的某一天这个大巴士又会奇迹般地出现在这一特定的位置，只要它一直在运行，从概率上说这是可能的。

但是，如果我们从更大的系统看，当时路面上还有近十辆轿车同时出现在这一段路面，如果我希望再次出现同样的画面，也就是现在我们看到的每一辆车再次同时出现在我的镜头里，而且它们之间的相对位置完全保持精确一致，甚至车里的人也要保持同质的话，那我需要等候多少时间呢？直觉告诉我，所需时间如此之长，以至于我可能永远也等不到这样一刻了，也许在任何合理的观察时间内，我们都拍不到这样一幅照片了。

小系统，比如仅仅对一辆大巴士而言，只要有足够的观察耐心，也许能看到它回复到原点的那一天；可一旦扩展到大系统，复杂程度就立刻呈非线性增长。如果我们再扩展到整个城市乃至于放眼全世界，重复性就趋向于零，历史就会显示出它不可逆的单向度本性。

在一个单向度的不可重复的世界里，每一个随机叉点都会生成自己的历史，即使是最最微小的随机裂纹，通过非线性震荡加强，都可能演化出不可思议的结局。如前所述，当一个物体出现很多细小的裂纹时，初始条件非常微小的差别也可能产生不可逆的重大差异。

裂纹现象可以用格里菲斯微裂纹理论来说明：格里菲斯在研究脆性材料断裂的基本根源时，发现实际材料中总存在许多细小的裂纹，在外力作用下，这些裂纹附近就会产生应力集中现象，当应力达到一定程度时，裂纹就开始扩展而导致断裂，断裂不是两部分晶体同时沿整个界面拉断，而是裂纹扩展的结果。其中特别值得注意的是：很多裂纹在细节上本没有什么太大的区别，只是它们的长度有着微小的差别，也许就是几埃（10^{-10} m）的差别。但当对物体所施加的应力达到材料的抗拉强度时裂纹会扩展。那些有微量长度优势的裂纹的尖端应力集中将更大，同时它的扩展速度也最快，裂纹长度增加也最快，从而致使裂纹尖端的应力集中越来越大，最后导致断裂。格里菲斯理论的一个公式是：

$$\sigma_t = (A/l)^{1/2}$$

在这里 A 是常数，l 是裂纹的长度，而 σ_t 为裂纹的实际抗拉强度。我们可以看到当 l 增大的时候实际抗拉强度是减小的，所以裂纹在不变的应力作用下会有长裂纹扩展更快的现象。这又一次见证了初始值导致应力优势富集现象。

社会生活中的裂纹和分叉同样暗藏着对初始条件的敏感依赖性，正是在这一点上，我们可以更准确地理解皮凯蒂在《21 世纪资本论》中文序言中的总结：

> 本书指出，通过研究 19 世纪到第一次世界大战前欧洲国家所经历的财富极为不平等的发展过程，同时观察最近几十年来全世界巨富阶层爆炸式的财富增长趋势，对此基本上可以做出如下解释：从长期看，资本收益率（特别是顶级资本的收益率）明显超过经济增长率。两者之差导致的初始资本之间的差距一直延续下去（资本持有者只需将资本收入的一小部分用于保持自己的生活水平，而将大部分用于再投资），并且可能造成资本的高度集中。①

作为这一章的结尾，也许可以用霍金 2006 年 6 月 19 日在人民大会堂所作的《宇宙的起源》演讲中的一句话更合适：

> 在这个称作暴胀的时期，微小的起伏会发展，导致星系恒星以及宇宙中所有其他结构的形成。

---

① 托马斯·皮凯蒂：《21 世纪资本论》，巴曙松等译，中信出版社 2014 年版，第XVIII页。

第三章

起点凸显
——全新的演化策略

如果在蝴蝶效应上止步不前，使可预见性让位于随机性，那洛伦兹只不过是制造了一则坏消息。

——詹姆斯·格雷克《混沌》

然而，洛伦兹并没有就此止步，他在自己的天气模型中看到了比随机性更多的东西。他看到了一种细致的几何结构，他看到了秩序有时候化装成随机性。

如果我们能从随机中发现一点小小的秩序比如概率，如果我们能从人生的涨落中找出影响命运起伏的时间节点，也算是一种安慰了。在这一点上，著名的系统哲学家欧文·拉兹洛关于《巨变》答闵家胤问中的一段话就很有启发：

> 复杂系统的不可测性是从外部观察者的立场上说的。这个理论出自热力学，涉及的是自然系统而不是有人的系统。就自然系统而言……惟有系统内部的涨落决定分叉的结果：这些涨落中的某一个突然“成核”，并且攫住了系统动态的态势。
>
> 有人的系统作为复杂的系统，有相同的动力学，但有一个至关紧要的不同点：人类不在系统的外部，而是系统的一部分。他们可以影响涨落当中的哪一个将成核，从而规定他们所在系统的进化轨线。这不是一个决定论的过程，而是一个概率论的过程。假如正在进行中的诸涨落当中的某一个得到加强，那么，同那些没有得到加强的涨落比较，它就有更大的成核统计概率。

这封信虽然是针对地球生态即将巨变的“关键期”人类行为的可介

入性，但是，它的启发意义应该更加广泛。在人生的漫漫长途中，从概率上看，每一个人也都可以在某种程度上介入自己的命运，在一些重要分叉点扭转命运的走向，这些分叉点，或者称为起点、核心节点，也许在人生长河中只是瞬间，但它或许会像闪电一样引导我们走出黑夜。

是的，在人类史和个人史的涨落中都会有决定性的时刻忽然闪现在我们面前。正如斯蒂芬·茨威格在其重要著作《人类的群星闪耀时》序言中充满激情的话语：

> 在历史中也像在艺术和生活中到处遇到的情况一样，那些难忘的非常时刻并不多见……这种具有世界历史意义的时刻一旦发生，就会决定几十年乃至几百年的历史进程……我想在本书中从极其不同的时代和地区回顾这样一些宛若星辰一般永远散射着光辉，普照着终将消失的黑夜。[①]

一、至关重要的起点

被很多专业的经济学者认为是20世纪最重要的经济学家的凯恩斯，他的“成核”也许在概率上得益于他思想成长的早期土壤，甚至得益于他生命的起点。《凯恩斯传》的作者罗伯特[②]在这本重要著作的第一章“王朝的起源”中，用一种类似决定论的口吻说：在凯恩斯的一生中，几乎没有什么时候他不是从一种高高在上的地位俯视着周围的英国以及世界的绝大部分。中学时代，他上的是英国最好的学校——伊顿公学，后来成为剑桥顶尖学院之一的大学生和研究员。他当年所服务的财政部是政府最重要的国内部门，还曾是一位首相的密友和许多其他

① 斯蒂芬·茨威格：《人类的群星闪耀时》，舒昌善译，生活·读书·新知三联书店2009年版，序言第1页。

② 罗伯特曾因这本传记成为“20世纪最伟大的传记作家之一”，并因此书被英国女王封为勋爵。

首相的高参，跻身于英国经济体制的核心圈子并且是其金融寡头政治的中心人物。与此同时，他还是英国最有势力的上流文化圈子——布鲁斯贝利俱乐部的成员。在受过教育的公众眼里，他的看法从来都具有不可动摇的权威性，这种权威来自他那令人炫目的智慧以及不脱离实际的才干。

当然，他的出身确实给了他很大的优势，使他自己的聪明才智较为容易地与他的地位相契合，他一辈子在社交场合都是游刃有余，从未受到地点和口音的困惑。最最关键的是，“在他所具有的所有优势中，主要还是因为他出生在剑桥这样一个由大学教授组成的社区里，是约翰·内维尔和佛萝伦斯·艾达·凯恩斯夫妇的儿子”①。

这使他一开始就浸淫于一种特殊的精神气质中，因为包括阿尔弗雷德·马歇尔在内的很多著名的思想家就是他父亲的同事。这历史性地决定了早在他精神生长的起点阶段，就有机会自然而然地与直接触碰到的巨人们言谈举止中溢出的抱负、思维和紧张因素融为一体。也许正由于对小凯恩斯早期成长的智力和文化环境印象太深刻，凯恩斯的第一部传记作者罗伊·哈罗德才总是在不同场合不厌其烦地谈论凯恩斯成长过程中的“哈威路六号先决条件”。

虽然大家都知道把某个重要历史人物的出现简单归因于其个人的先天智能和特殊环境的做法会显得很懒惰，而且看上去似乎也没有励志上的说服力。但是，如果能够心平气和地梳理历史上那些重要成功者的足迹，我们依然能发现，在相当的概率意义上，极高的天赋如果恰好遇上极重要的有利于天赋发育和生长的环境，特别在思想和野心启蒙的早期阶段能与外部高级的精神生活环境形成一种良性的正反馈，则通向峰顶的阶梯就更容易看清楚。

① 罗伯特·斯基德尔斯基：《凯恩斯传》，相蓝欣等译，生活·读书·新知三联书店2006年版，第25页。

纵然，对大多数人而言，很难在禀赋和环境两者间达到最高的统一。可是，为什么依然会有大量不同程度的成就者涌现？其实从概率上看，也许依循的是同一种演化思路——起点领先。

为什么历史上那些不同地域的文化都能殊途同归地意识到“一个好的开始等于成功的一半”？很可能也是因为起点所具有的特定的优势富集价值。

中国著名的红学家周汝昌也许在自然禀赋上并不一定是最顶尖的，但他却在特定时期成为中国最著名的红学家之一，其中一个很重要的原因是，他在自己学术生涯的起点与中国红学研究重要节点的叉口，奇迹般地遇到了点燃他学术激情的大学者——胡适，从而引爆了一个普通生命的红学研究之路。

周汝昌的红学之路始于 1947 年，那一年，他老家的四哥周祜昌偶然看到胡适先生对《红楼梦》的考证，便对曹雪芹产生了浓厚兴趣，心想，胡适得到郭诚的《四松堂集》便考证出曹雪芹其人其事，而郭敏的《懋斋诗钞》却百寻不得。于是写信给周汝昌让他留意此书。周汝昌收到信就去燕京大学图书馆查卡片柜，竟赫然在目。心跳不已的周汝昌很快借得长久无人借阅的《懋斋诗钞》，于狂喜之下，写出并巧合地在《民国日报》发表了《〈红楼梦〉作者曹雪芹生卒年之新推定》一文。随之，胡适竟主动给他写了一封信，这又极大地激发了周汝昌的红学研究兴趣。1948 年，周汝昌向胡适借阅他收藏的极为珍贵的“甲戌本”(《乾隆甲戌脂砚斋重评石头记》)，胡先生慨然允诺。当年暑假，周汝昌将这部书带回老家，花费整整两个月，躬身恋油灯，用墨笔和朱笔工楷把全书抄录一遍，并向胡先生提出建议：应当依据“甲戌本”，加上“庚辰本”以及有正书局的“戚序本”，整理核订出一部接近曹雪芹原著的版本，不要再宣扬、散布那种被伪续者大肆删改的“程乙本”了。见到周汝昌的信，胡先生当即挥毫回复：“这是笨重的工作，故二十多年来无人敢做。

你若肯做此事，我可以给你一切可能的便利与援助。”

正是从那一天起，周汝昌开始了他长达60多年的“红楼”之旅，直到2004年5月1日，一部10卷本的《石头记会真》(对11种《红楼梦》古抄本的汇校勘本，堪称当今红学版本研究之最)才正式出版。期间，周汝昌还出版了《红楼梦新证》等红学研究的重要著作。

无论后人的评价如何，周汝昌在红学界的影响已经大大溢出了当年一个普通学者的天资容量，也可见从一个重要起点开始的富集过程可能具有激发一个人不可思议之潜能的连锁力量。这样，我们就更能理解囊括了菲尔茨奖(1982)、克拉福德奖(1994)和沃尔夫奖(2010)最著名的华人数学家丘成桐，为什么念念不忘自己在学术方向形成的早期——初中——时的一天[①]，怎样为几何那惊人完美的演绎力量所折服，那远远高于经验生活又鞭辟入里地透析了所有常识的几何求证线条，像闪电撕裂夜空一样照亮了一个探索者不甘心的灵魂。只有这样的灵魂才配在生命的进程中抓住转瞬即逝的起始扰动，开创自己史诗般的旅程。

更具有普遍启示意义的是，如果个人成长史的最重要起点恰好与社会历史转折的某个重要起点产生耦合；换句话说，当个人的起点凸显与社会的初始转折两条轨迹一旦发生交叉，则产生雪崩般优势富集效应的可能性就会大大增加。中国20世纪80年代初期这种具有双重意义的起点转折在很多人身上都奇迹般地发生了，甚至在学术研究这种绝非急功近利、立竿见影的领域，我们也可以看到大量的奇观。例如，中国性学专家刘达临先生也许自己都很难想象已经到了知天命之年，在上海大学社会学系还没有教师资格而仅仅是个普通资料员的他，会在某个特定领域走得那么远。打开“刘达临百度百科”，你会看到他现在是：亚洲性学联合会主席，荣获“赫希菲尔德国际性学大奖”的第一个亚洲人，出版了《性社会学》等100多本书并被翻译成英、法、德、俄、

① 参见丘成桐《我的数学之路》。

日、韩多种文字广泛传播，被美国《时代周刊》誉为“中国的金西博士”和“引导中国走向幸福的21世纪六个代表人物之一”，主要由他收藏（超过四千多种性文化文物）并创办的“中国性文化博物馆”被费孝通誉为“中华性文化五千年来第一展”。

刘达临的成功固然有他在某个特定人生点上因发表《婚姻与性》等一系列文章而引爆的学术激情导致他发表更多的针对性文章，从而有机会担任《社会》杂志副主编等推动因素，而真正造成他一发不可收的是，“文革”结束后百废待兴中一个极细微的旁支——中国性学研究出现了千年一遇的起点性机遇。当历史的宽容和需求点一旦出现，最早凸显出来的学术力量就可能获得超越个人经验的“成核”概率，从而一马平川地产生了个人学术史上多米诺骨牌式的优势富集。正因为在“对的时间”做了“对的事情”，加速发展才有可能，我们也才能更深地理解起始点的普遍意义。

当夸克的发现者、诺贝尔物理学奖获得者盖尔曼在桑塔菲俱乐部刚成立，并且大家的思路尚处于“混沌”状态的早期，他的一句话对所有雄心勃勃参与复杂科学研究的开创者们起到了定海神针的作用：

如果你真想做这件事，那就从一开始就做对它。

因为大家都立刻意识到了这句话所含有的进化意味和哲学分量。

如果凯恩斯的高起点给普通人带来的只是无奈和宿命的话，那么，盖尔曼这句话对类似于刘达临这样的普通人就涵括了一种可选择的理性进取策略，只有这种理性自觉才能在概率上抓住转瞬即逝的起点机遇。如拉兹洛所言：

假如我们不愿意任凭机遇在多种可能出现的结果中进行选

择，那么我们就得保证在社会分叉的关头能完全有效地采取自觉的行动。[①]

所以我们有理由相信撒切尔夫人说她从小学到中学、大学，每节课都坐在第一排，除了因为“不但自己关注老师，也让老师关注自己”的自觉策略之外，还有一种看似不起眼的这些特殊的“关注”所导出的起点力量在惊人地富集着，助推着人生奇妙的演化。这样我们也能在一定程度上理解为什么美国总统的名字第一个字母在26个字母顺序中都是比较靠前的，为什么马云用“阿里巴巴”名字的小秘密[②]，那不仅因为“靠前”会带来更多的机遇，更意味着这些机遇会加强发奋者发奋的内在动力以及周边资源的奖赏性介入，这也许就是“成功是成功之母”“获得者获得”的进化策略。

二、起点领先的效用曲线

起点的重要性主要是指起点阶段的微小差异会产生持续性放大效应，这至少表现为三种情况。

一是角度的微小差异(图3-1)。

即使在同一个起点，即使a、b两条射线在时间上同时启动，即使各自发展的斜率保持不变，但由于初始角度的微小差异，这个差异就会随时间延续而逐渐放大。

这也类似网上曾经很红火的一道励志题所告诉我们：

---

① 欧文·拉兹洛：《人类的内在限度》，闵家胤译，社会科学文献出版社2004年版，第249页。

② 马云曾回顾说：我觉得阿里巴巴要做一个全球化的公司，所以一定要有一个洋气的名字。当时雅虎的名字最朗朗上口。我那时在旧金山，想到了阿里巴巴(Alibaba)这个名字。我跑到餐馆问服务员，跑到街上问流浪者，这个词你们认得吗，会说吗？他们都能说出这个单词。而且，我也有点小心机，阿里巴巴(Alibaba)以A开头，不管怎么排，我们都排在第一个。参见马云：《要爱政府但不要嫁给他们》，新浪财经2015年1月23日。

$$1.01^{365} = 37.783\ 434\ 332\ 89$$

$$1^{365} = 1;$$

$$0.99^{365} = 0.025\ 517\ 964\ 452\ 29$$

假设 a 和 b 当初仅仅只有 2%微小的差异，随时间积累，一年以后竟然会相差 1 500 倍。想象一下你站在山脚下仰望一年前与你一样高而今已经是 1 500 米海拔的山峰，那会是什么感觉？

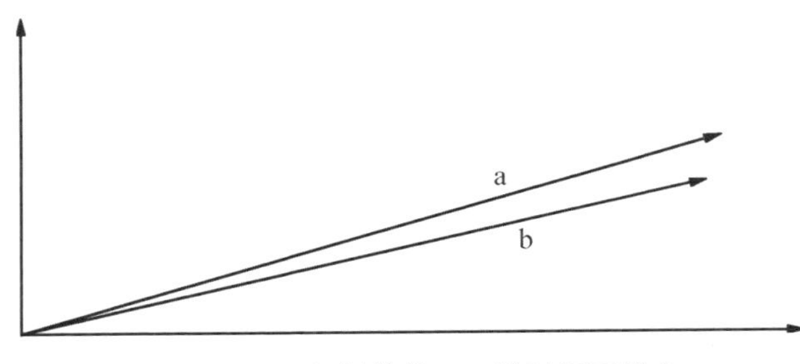

图 3－1　两条射线的开口随时间而扩大

再假设：

(a) $1.02^{365} = 1\ 377.4$

(b) $0.98^{365} = 0.000\ 6$

也就是说一年后 a 和 b 之间的差异将达到将近 230 万倍。相当于 b 只走了一公里，而 a 已经从地球往返月球三个来回了①。

这样我们就看到第二种情况：函数曲线差异(图 3－2)。

由于初始起点的微小差异，两条曲线即使在同一种函数规则下，最后的结局也竟然会呈现指数的无穷放大。只要想象一下与丘成桐当年在同一个屋檐下的初中同学，在数学这一小小的分叉上，仅仅由于内心不同的向往，仅仅因为那根不甘心的灵魂曲线悄悄抬起了头，射向那遥不可测的远方，最后竟南辕北辙地相距万里。

① 经过科学计算，月地之间平均距离为 38.4 万千米。

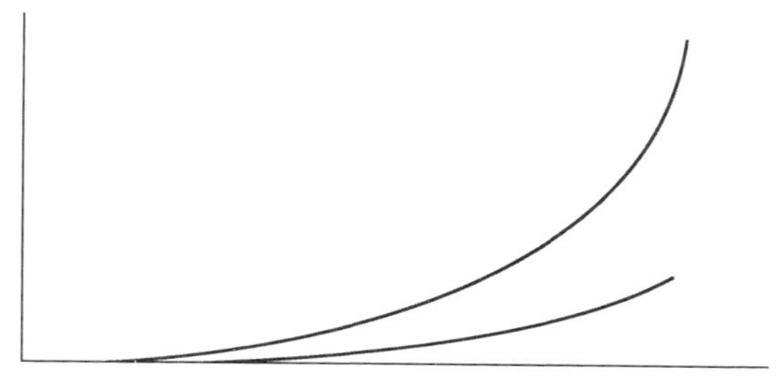

图 3-2　两条线的开口随时间推移而增量放大

最关键的是，这种长达几十年的演变不是一种线性变化，而是一种指数函数变化，但静心思索，也许很多时候决定最终结果的不是指数，而是底数——那最初的起点。

第三种情况是：雪球效应。这是一个远比前述理想状态的曲线模型更加复杂也更符合现实的情形，雪球在往山下滚的过程中，会与滚动轨迹上所遭遇的外部资源产生累积性关联。如图 3-3 所示，假设某个雪球领先五分钟往山下滚，随时间推移，该雪球的体量会逐渐加大，因为随着雪球的不断滚动，雪球压在地面的雪上，压力使地面的雪和雪球的雪融点降低而略微地液化出一些液态水，这些液态水很可能会粘在雪球与地面接触的面上。这样，当这个面随雪球滚动不与地面接触时，上面粘着的液态水由于没有受到之前这样大的压力，融点升高而再次变为雪，黏在雪球上，雪球因此便增加了体积。随着雪球的滚动，与地面接触的接触面会无数次地重复这一过程，最后导致雪球越滚越大。

图 3-3　领先下滑的雪球有机会裹挟更多的资源滚滚向前

这也恰好契合了循环累积因果理论，这是著名经济学家缪尔达尔在 1957 年提出来的，后经卡尔多、迪克逊等人发展并具体化为模型。

缪尔达尔等认为，在一个动态的社会过程中，社会经济各因素之间存在着循环累积的因果关系。某一社会经济因素的变化，会引起另一社会经济因素的变化，这后一因素的变化，反过来又加强了前一个因素的那个变化，并导致社会经济过程沿着最初那个变化方向发展，从而形成累积性的循环发展趋势。可见，在一个开放的环境中，市场力量一般会趋于强化而不是弱化区域间的不平衡，有时候这种不平衡仅仅是由于特定阶段启动的先后造成的。

就如仅仅五分钟的领先，由于外部资源的响应和加入就会以“增强回路”的方式，使领先雪球具有更大的“成核”概率，在一个可观测的范围内，这五分钟的起点之差竟然能造成先后两个雪球间随时间而递增的巨大差异。这样我们就更能理解关于拿破仑的坊间传说：“我之所以打了那么多的胜仗，只不过是因为我比对方早到五分钟。”这种特定的“提早”和关键期的“速度”在博弈中的胜率，就像铁钉嵌入木柱那样扎实地内化在历代竞争者的意识中，深刻地影响着明智者的决策思想①。

微小的领先究竟具有什么样的意义，似乎可以从一道趣味数学题中获得比较具象的感知：荷塘里有一片荷叶，它每天会增长一倍，30天长满整个荷塘。在最初的20天里，人们很可能会忽略荷叶面积的变化，直到第27天，荷叶不过才占荷塘的1/8，第28天也还只有1/4，但是第29天就长满一半，第30天就会长满整个荷塘。

---

① 《孙子兵法·虚实篇》曰：“凡先处战地而待敌者佚，后处战地而趋站者劳。故善战者，致人而不致于人。”《孙子·九地篇》曰：“兵之精主速。”《汉书·息夫躬传》有劝喻圣上的话：“唯陛下观览古戒，反覆参考，无以先入之语为主。”项梁曰：“先发制人，后发制于人。”明朝军事家揭暄在《兵经》中，将“先”字列在首位，可见其在军事谋略中的重要地位。“抢先”更是带有进攻语义上的偏重，更强调主动出击。《兵经》有云：“兵有先天，有先机，有先手，有先声。师之所动而使敌谋沮抑，能先声也；居人己之所并争，而每早占一筹，能先手也；不倚薄击决利，而预布其胜谋，能先机也；以无争止争，以不战弭战，当未然而寝消之，是云先天。先为最，先天之用尤为最，能用先者，能运全经矣。”《兵僴》亦有云：“兵家惟其先人，故能有夺人之心……古之善战者，先为不可胜，以待敌之可胜，未有不先处城地而待敌者也。是故治气则先，治心则先，治力则先，治变则先；隘则先居之，险则先去之，爰则先夺之。”《兵经百篇》说：“战者，争也。兵争交，将争谋，将将争机。”

换个角度，假设有两个一样大小的荷塘A和B，如果A荷塘比B荷塘早三天长出一片荷叶，那么，当一个月后A荷塘已经长满荷叶时，按同样的速率，它将比仅仅晚了三天的B荷塘荷叶面积大了整整8倍。

荷叶增长模式在国外还有很多版本，其中一个是这样的：

一群青蛙幸福地生活在一个池塘的一角，池塘的另一边是一片睡莲。青蛙们的生活平静恬适，偶尔还跳到睡莲那舒展的叶片上嬉戏。

然而天有不测风云。一天，池塘里流进了一些刺激睡莲生长的化学品——可以让睡莲每24小时增长一倍。这下青蛙们可惨了，因为如果睡莲覆盖整个池塘，它们将无处容身。

可不能等死，青蛙们商量："总得想个办法阻止睡莲的生长啊！"青蛙们终于想到了一个好办法，但需要十天时间才能完成。而根据老青蛙们的经验，睡莲50天内才能覆满池塘。青蛙们还来得及采取行动挽救自己，时间似乎很充裕。

问题很简单，如果睡莲50天覆满池塘，所以在49天结束时，池塘就将被遮盖掉一半，而不是第25天。青蛙们可以阻止睡莲的增长，但是要在10天内，也就是最迟要在第40天结束之前开始行动。因为那已经是采取有效行动的最晚时间了。但第40天睡莲仅仅覆盖了池塘的$\left(\frac{1}{2}\right)^{10}$。即0.000 976 5，是个非常小的数字，不到1/1 000。这意味着青蛙们要避免陷入无处容身的危险境地，必须在睡莲所覆盖的面积还不到1/1 000的时候就采取行动——对在很远的地方发生的非常小的事情保持足够的警惕。①

① 陈仁政主编：《科学准则故事：离奇的"巴西果效应"》，江苏科学技术出版社2008年版，第6页。

难怪古人会说“君子慎始”“差之毫厘、失之千里”，这也许是千百年来无数抱憾终身的人刻骨铭心的肺腑之言。在一个快速形成中的开放的剧变系统中，起点上的微小差异又一次决定性地影响到了最终的结果。

三、节点领先的进化策略

2010年5月20日《南方周末》发表了一篇署名南方周末特约撰稿方可成和记者马昌博的长篇调查：《中国官员如何升迁——北京样本折射地方官成长之路》。

该篇调查报告针对由来已久的疑问：中国官员的升迁之路到底遵循什么样的法则？一个官员如何从普通科员到官至省部？其中的关键因素是什么？哪些环节最重要？什么样的官员比较容易纳入培养程序？试图通过样本分析，折射出中国官员的普遍升迁法则。作者对北京近400位官员的履历进行了详细的分析调查，并专门请教长期从事官员素质和能力研究、关注其成长规律的北京市委党校专家。

调查发现，年龄节点是一个关键。从概率上分析，北京一个新晋正厅局级官员的平均年龄约在45岁，从一个普通科员成长为正厅级官员，平均需要25年。

调查更发现，这25年中，每个阶段都需要在合适的时间节点完成所需的跳跃，副处升正处的时间要尽可能缩短，按照干部任用的规定，从普通科员升至副处大约需要12年，此后出现分水岭性质的重要节点——能否以尽量短的时间完成副处到正处的升迁非常关键。因为这往往意味着这个官员是否能在有条件升迁的情况下确保年龄不过线。通常一个官员能在三四年内由副处升为正处，那么他由正处升为副局、正局的空间就较大，而如果由副处升正处的年限太长，那么再进一步升迁时就可能遇到年龄的瓶颈。

调查还发现，一个官员的仕途是否顺畅，有一些初始的标准可以衡量。在每一个具体节点上，早参加工作、早入党、早提干，都是能晋升到高级别官员的有利条件。事实上，很多20岁左右就已经参加工作而且党龄很长的人，往往能在年轻的时候升至较高的级别，而往后就越能相对于同级拥有年龄优势，实现良性发展，进入“小步快跑”的车道。否则，如果像小说《省委班子》描述的那样：“……从而使普天成从市政府挪到市委的时间，也因此延长了一年半。一年半时间，对一般人兴许不算什么，但对官员来说，却是致命的。因为你的黄金档期就那么几年，错过一次机会，有时一生就没了。”①

可见，初始条件虽然极其关键，但对于一个长期发展着的系统而言，沿演化方向，接下来每一个分叉的节点同样具有不可忽视的重要性。著名的系统论创立者普里高津说：

> 因此，特别有兴趣的是：在与测不准关系无关的宏观系统中，涨落和概率起着本质性的作用。这一情形可以期望在分支点附近得到，在那里，系统必须选取可能出现分支中的一支，……在分支点附近，它们起着实质性的作用，因为在那里是涨落驱动平均值。这正是我们引进通过涨落达到有序的观念的意义。

当然，每一个人的具体履历都是不可复制的，任意一个复杂的开放系统都有着自己永远不可重复的演化路径。然而，对于任何一个高度自觉的、有进取心的主动者而言，一些成功的样本所深嵌的逻辑智慧应该是一目了然的。因为，虽然我们直观到的只是表面的、看似孤立的时间节点，其实，在这背后一定深藏着全人类共通的悬梁刺股般的努力，

① 徐开祯：《省委班子》，江苏文艺出版社2010年版，第12页。

在这漫长的奋斗过程中，每一个节点区域都凝聚了令人感慨的累积性付出，特别重要的是，节点与节点间的历史转承就像钢筋混凝土台阶一样坚实而不容置疑。尽管历史的进化总会有随机变量的介入和干扰，但是，倾力把握住每一个重要的分叉，对于向人生顶峰延伸的事业而言，顺利程度在大概率上应该是正相关的。

很多时候，节点的产生仅仅是由于出现了一种意外的随机扰动，但正是在这一点上，对具有“节点意识”的人而言，往往能抓住机遇，将这一偶发性扰动迅速扭转为决定胜负的重要节点。

美国东部时间 2012 年 10 月 29 日飓风“桑迪”登陆新泽西州，造成 113 人死亡，分布在 17 个州的 650 万家庭断电，单单纽约州的损失就达到 180 亿美元，是美国近年来一次非常严重的自然灾害，在美国社会引起巨大反响。恰好一周后美国总统选举，当这重要的选战时刻和大自然偶发性灾害意外交汇的节点一旦出现，处于微妙中的选情立刻充满变数，给进入最后一轮总统竞选造势的候选人罗姆尼和奥巴马带来了极大考验。美国前任总统奥巴马在第一时间赶赴新泽西州全力以赴投入救灾，暂停一切程序性的竞选活动（图 3－4）。显然奥巴马对这一重要节点的把握是得当的，甚至是大得人心的，给一周后的总统选举意外加分了。比如，罗姆尼头号政治盟友、新泽西州州长克里斯蒂在当年大选期间一直在为罗姆尼冲锋陷阵，是奥巴马最严厉的批评者，飓风来临前 10 天还声称要“给奥巴马买一张机票让他回芝加哥老家”。受灾后，得到了奥巴马真诚相助的克里斯蒂，与奥巴马建立了“救灾伙伴关系”，在媒体前不吝大赞奥巴马的领导能力，成了奥巴马最有说服力的助选员。同样，以共和党身份当选纽约市长的亿万富豪布隆伯格，三天前还毫不留情地拒绝了奥巴马到访纽约，但在奥巴马不请自来的慰问后，竟突然宣布“投票支持奥巴马”。连美国主流媒体也不得不承认，“布隆伯格此举极可能影响全美的中立人士，并为奥巴马拉拢到不少选票，甚至影响最终的选举结果”。根据《华盛顿邮报》联合美国广播公司所做的调查显示，飓风过后，80%的美国人认为奥巴马在处理飓风“桑迪”的工作中表现“出色”或“良好”。英国《卫报》记者表示，“桑迪或可具有对下周二竞选结果的决定性力量，正如2008年奥巴马及其竞选对手约翰·麦凯恩彼时面临经济大萧条一样”[①]。

图3-4　2012年奥巴马抓住飓风节点，影响选情

所谓节点，一般是指趋势中处于一种可以选择的分叉边缘，各种可能性发展到了即将决定方向的暂时均衡状态，这时候，一旦出现可能打破平衡的重要推力，连锁反应就会产生。因为原先处于中立状态的要素会迅速选择方向，这有点类似“沉默的螺旋”。“沉默的螺旋”是一个政治学和大众传播学理论，它描述了这样一个现象：人们在表达自己想法和观点的时候，如果看到自己赞同的观点受到广泛欢迎，就会积极地参与进来，这类观点就会越发大胆地发表和扩散；而发觉某一观点无人或少人理会，即使自己赞同它，也会保持沉默。意见一方的沉默会造

① 《桑迪飓风或为奥巴马竞选助力》，新浪网，2012年10月31日。

成另一意见的增势，如此循环往复，便形成一方的声音越来越大，另一方越来越沉默下去的螺旋发展过程。

社会生活的很多事例告诉我们，当极限均衡一旦出现，博弈中有强烈节点意识的一方就应该迅速加大对自己有利的扰动，在关键点上倾全力投入，以促成船体颠覆般的决定性胜利。当年索尼蓝光和东芝 HD－DVD 制式的全球竞争白热化阶段，好莱坞六大片商中的派拉蒙、环球、华纳支持 HD－DVD，而哥伦比亚、迪斯尼、福克斯则支持索尼，双方对片商的争夺接近极限均衡，最后的颠覆是因为索尼发力促使最大的内容提供商华纳倒戈，致使原先势均力敌的阵容发生了瞬间倾斜，华纳公告的那一刻，实际上就是宣告战争结束的时刻，随即东芝宣布放弃。不管后人对这场大战有什么样的解析，有一点是毋庸置疑的，那就是：现代战争已经完全不同于以往，拼到最后一兵一卒的时代已经永远结束了，战略指挥者深知一旦在最重要的战略节点上失利，当倾覆方向已经确认，勉强支撑的结果只能是更难看的死法，互联网时代阶段性的赢家通吃现象基本上是在起点和节点上决出胜负。

正如在胶片时代，没有任何新生力量能动摇柯达 100 年的统治基础，但在芯片时代，出现了千载难逢的重新洗牌的历史性节点，数码相机萌芽般地登上历史舞台，谁不能预见这一重大节点的转折性意义则必将付出历史性代价。仅仅两三年时间，到 2005 年柯达帝国百年的峰顶已经被铲除，照相机品牌进入势均力敌的战国时代。柯达仅仅被列为用户关注度第四的位置（图 3－5），当时 15 大品牌各展其雄，在这微妙的节点上，佳能和尼康虽然占有第一和第二的位置，但远没有达到垄断的程度。然而正是这节点上的微小差异，将在接下来的十年关键叉点产生传统经验无法想象的距离（图 3－6）。柯达在受众关注榜上消失得无影无踪，其他在十年前还耳熟能详的诸多品牌或退出或萎缩到了惨不忍睹的程度。只剩下佳能、尼康和索尼三足鼎立，在更细分的高端单反市场，佳能和尼康双雄耸立，几乎彻底垄断了全世界的每一个角落，索尼用 α9 在高端单反机市场争锋失利后，只得另辟微单市场。至此，战争结束，全球数码相机高端市场二分天下①。

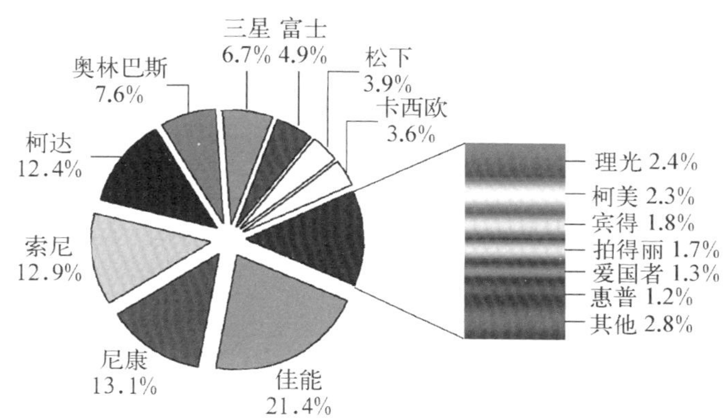

图 3-5　2005 年 8 月最受用户关注的前 15 大数码相机品牌分布②

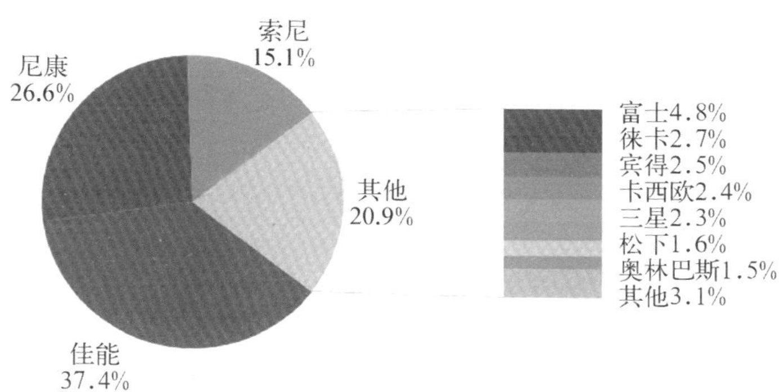

图 3-6　2014 年中国数码相机市场品牌关注比例分布③

客观地看，节点有时并非是焦急而宿命地等来的，它应该是参与博弈的力量积极创造出来的。强调节点的重要性也绝非想要否定节点前

① http://www.199it.com/archives/330293.html.
② 互联网消费调研中心，2005 年 9 月。
③ 互联网消费调研中心，2015 年 1 月。

的过程之重要，而是说当事物的变化达到或接近相变[1]的临界点时，至关重要的节奏就会忽然呈现，整个常态程序就迅速进入一种“混沌的边缘”，新事物的产生机会处于一种“涌现”的状态，就像足球运行到24码禁区时，所有的心跳都会加剧，血液循环会急剧加快，肾上腺素猛烈提升，因为上帝已经把这一重要的点呈现在博弈者面前了。事实上，当检测数据证明乒乓球比赛的关键局点一旦出现，选手的血液循环和心跳立刻会同步加速，以便对大脑和全部肌体进行更高水平的血液供给，让其去完成某一决定性的历史任务。这一现象的出现实际上是亿万年进化给予一切博弈者的自然馈赠，大自然是在用这种办法提醒博弈者动员最大的资源去进行关键节点的争夺，是在暗示这种“砍树要砍节”的生存手法本质上是一种低成本、高效率的进取策略。

四、时间窗与临界意识

时间虽然永恒，却云波诡谲；历史尽管绵长，总有起承转合。有人的历史从来就不是均一的。时间在表面上也许没有差别，可镶嵌在时间里的万物却有自己的节律，不仅工业革命在人类50万年看似平静的演化曲线上是一次揭竿而起式的暴动，库恩在其《科学革命的结构》中还发现仅数千年的科学史也绝非一马平川，其间的多次科学革命就像潮起潮落那样有着自己的节奏。无论对时间进行怎样的均匀分割，每一个从诞生到死亡的系统也都有自己特定的重要时刻，从宇宙大爆炸到生命的起源、从王朝的崛起到帝国的衰落、从思想萌芽到理论大厦、从受精到分娩……时间的某个段落一定有着可以精确定义的重要性。

优势富集效应理念之所以重视起点和节点，首先也是基于对特定

---

① 相变，化学和物理概念，物质从一种相转变为另一种相的过程。物质系统中物理、化学性质完全相同，与其他部分具有明显分界面的均匀部分称为相。与固、液、气三态对应，物质有固相、液相、气相。这里泛指一种匀值状态转变为另一种匀值状态的现象。

时间及其重要性的认识。真正的效率是依循事物的起伏规律将着力点爆发在特定的时间窗口，毕竟重要的时间之窗往往是短暂甚至转瞬即逝的。奥地利习性学家、诺贝尔奖获得者劳伦斯最早发现了“印刻现象”。他观察到出生后几个小时的小鸭、小鹅会追随它们第一次见到的移动物体，无论那是母鸭、母鹅还是劳伦斯本人。但如果出生后最初的1—2天没有遇到追随对象，它们就丧失了这个能力，再也不会去追随谁了。劳伦斯据此提出了“关键期”概念。

事物发展有自己的“关键期”和“时间窗”并不是什么理论，而是无数生命和鲜血的证明。在医学上更有“第一时间”的严肃说法，表 3－1 仅仅是从一个非常小的专业角度显示了医学救治时间的重要性。

表 3－1　医学救治时间的重要性列表[①]

心搏骤停的严重后果

序号	时间(秒)	症　　状
1	3	感到头晕
2	10	出现昏厥
3	30	瞳孔散大，全身抽搐
4	60	自主呼吸逐渐停止，大小便失禁
5	180	开始出现脑水肿
6	240—360	大脑发生不可逆的损伤

急救时间与存活率关系

序号	时间(分钟)	存活率
1	＜4	43%
2	8—12	10%
3	＞12	0%

① 费国忠：《心肺复苏初级救生术》，《实用急救学》。

续　表

心脏病停搏病人存活率与BLS(基础生命支持)和ALS(进一步生命支持)开始时间的关系

开始 BLS 时间(分钟)	开始 BLS 时间(分钟)	存活率
<4	<8	43%
<4	16	10%
8—12	<16	6%
8—12	>16	0%
>12	>16	0%

同样,溺水后脑缺氧 5 分钟就会导致脑死亡,因为人溺水后,水、泥沙、杂草等会堵塞呼吸道,而冷水刺激也会引起喉痉挛,造成窒息或缺氧,若抢救不及时,4 至 6 分钟内即会死亡。根据溺水严重程度不同,一般的医学判断是:溺水者被救上岸后进行现场急救的黄金时间是 5 至 10 分钟。在很多情况下,即使同样的黄金时间,也可以进行更严格的时间切分。比如高危创伤病人的死亡一般呈现三个峰值分布:

第一死亡高峰在 1 小时内,即刻死亡的数量占创伤死亡的 50%,这类病人基本都死于现场,称为现场死亡。只有极少数病人可能被救活,针对此阶段的创伤研究是目前发达国家及军事创伤医学的重点。

第二死亡高峰出现在伤后 2—4 小时内,称为早期死亡,其死亡数占创伤死亡的 30%。这类病人是创伤救治的主要对象,也是急诊工作者日常大量遇到的危重创伤病人。创伤后的头 1 个小时在临床上称为“黄金 1 h”,这个阶段现场急救、途中转运、急诊救治如何直接决定了创伤病人的救治结果,目前临床创伤复苏主要集中在这个阶段。

第三死亡高峰在创伤后1—4周内，占创伤死亡的20%，称为后期死亡，此为危重病研究的领域。

创伤复苏应该是针对创伤后第一高峰和第二高峰内的危重创伤病人，而且早期复苏的效果直接决定了创伤后多器官功能不全综合征、多器官功能衰竭的发生率。

更值得深思的是，危重的多发伤、严重创伤性和(或)失血性休克病人的伤后“黄金1 h”内，头10分钟又是决定性的时间，被称为“白金10 min”，比黄金更贵重。这段时间内如果伤员的出血被控制和处置，预防了窒息的情况发生即可避免病人死亡。“白金10 min”期间是以减少或避免心脏停跳发生为处置目标，为后续的抢救赢得时间。近来，国际上提出了进行超高级生命支持的概念。指对濒临死亡的病人用便携式体外循环泵和人工肺(膜肺)进行体外循环和呼吸支持。对于急救心脏事件引起的室颤，大约85%的心脏骤停是室颤或无脉室速，如果在6—10分钟内优先早期(自动)心脏除颤(AED)，许多患者可能不留神经系统损害，如果除颤与综合使用高级生命支持相结合将会提高成功率。可见，致死性创伤与内科的猝死病例在急救早期的10分钟内，又是多么的关键[①]。

其实无论是心肌梗死还是脑卒中，也不管是断指再接还是癌症治疗，争取最佳时间始终是临床孜孜以求的理想，可以说绝大多数病症的疗效不仅有自己特定的时间窗要求，更有与白金期、黄金期相对应的时间曲线模型。就像图3-7突发性神经性耳聋治愈曲线，治愈率随时间拖延而不断下降的函数曲线，就像当年纳粹德国发射的U2火箭的弹道，几乎是一条死亡的曲线。发病十天以内可能是治愈率缓慢衰减的

① 何中杰：《危重创伤与疾病“白金10 min”与“黄金1 h”的概念来源》，中华医学会，http://www.csccm.org/cn/news.asp? id=89.html。

时间窗口，一旦过了临界，治愈率将急剧暴跌，到 40 天后更会造成终身不可逆。

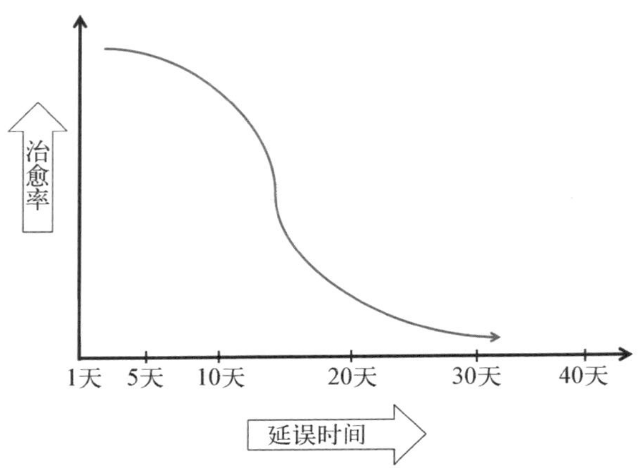

图 3-7 突发性神经性耳聋治愈曲线

细想之下，是否可以依样画葫芦地像图 3-8 那样建构出一个简化的“时间—成功关系曲线”？在社会和个人发展的很多领域我们都能见到这一残酷的“死亡曲线”。一旦错过最佳的时间窗，即使再大的成本追加，也很难从根本上逆转这根曲线的趋势。

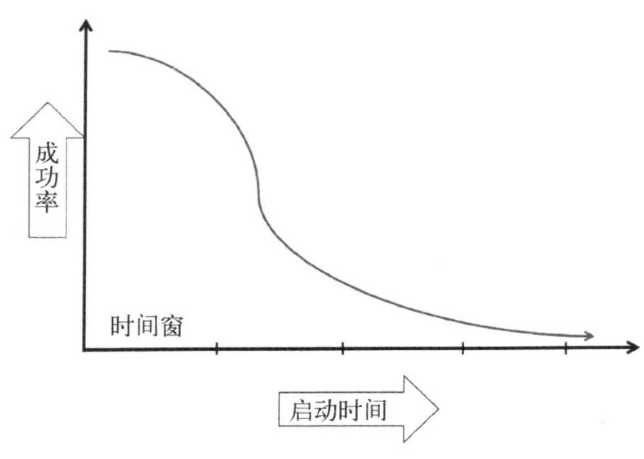

图 3-8 时间—成功关系曲线

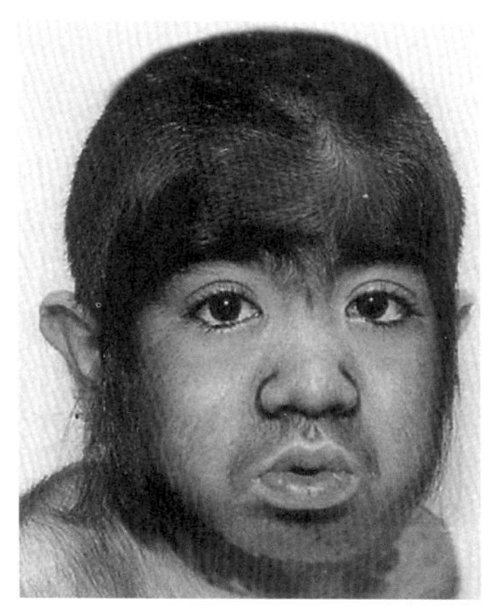
图 3－9 “印度狼孩”卡马拉

“印度狼孩”是心理学一个不可多得的经典案例。1920 年在印度加尔各答发现的两个狼孩，其中一个大点的约 8 岁，叫卡马拉，见图3－9。因为是被狼喂养长大的，所以很多习性如四肢爬行、喜欢黑暗等已经形成。这并没什么，最重要的是语言和思维的功能几乎无法习得，传教士辛格博士①历经八年的倾心教育和引导，却收效甚微，卡马拉直到死也未能真正学会讲话：4 年内只学会 6 个词，听懂几句简单的话，7 年时才学会 45 个词并勉强地学几句话。第 8 年 16 岁去世时，她的社会化程度和智力水平仅相当于三四岁的儿童。

其实，狼孩事件真正让世人觉得蹊跷的是：既然医学、生物学包括脑科学认定卡马拉并没有任何先天的智力缺陷，那为什么施加在狼孩身上的相比于对别的孩子同样的甚至更大的教育努力，得不到概率意义上的同样收益呢？所以我们很难完全认同一般心理学和社会学的结论：“一个人的智力高低，并不完全取决于大脑的生理状态，而更多地受到后天成长环境的影响。”我们认为语言、思维、文化等一切后天的社会化教育的成效应该与受育对象的年龄段相契合，语言等最基础的认知能力输入的关键期是 0—7 岁，错过就是锁定，因为特定的时间窗口一旦关闭，大自然先天内设在每一个生命中的节律窗口亦将依次封闭。正如每一粒稻谷的成长旅程都有自己特定的周期分类计划，每一小阶段的育孕和萌芽都有对后天环境的精准要求，换句话，被进化预设下来

① 据美国《自然史》杂志 1976 年 4 月号刊登的一篇书评说，“狼孩”的发现者、孤儿院的主持人辛格在他所写的《狼孩和野人》一书中，详细地记载了他和妻子一起如何努力把这两个像狼的女孩转化为人的经过，书中还附有美国人类学家津格的评论。

的谷粒内部发育过程中的每个段落一定要和外部的温度和水分等条件一一契合，而决不能发生错位。千百年来农人们不但知晓春耕秋耘、夏收冬藏的大节律，更清楚 24 个节气的外部小周期对小谷粒生命的意义：错过一个时间就是错过一个季节，错过一个季节就可能错过一生的美丽绽放。

第四章
最先与最优

你到我身边，带着微笑，带来了我的烦恼，我的心中，早已有个她，哦，她比你先到。

——张行《迟到》

大自然到底有没有能力和必要费力劳神去寻找终极的最优？历史究竟是怎样在多种可能性中进行选择的？市场真的总是能筛选出公认的最佳吗？

进化的选择原则是最优还是最先？究竟是最优者能达到最先，还是最先者能达到最优？这是一个近乎哲学的具有循环论特征的命题。传统主流经济学更倾向于前者，然而有同样多具有统计意义的案例告诉我们：在广阔的竞争者间的优势差异阈值内，换句话说，在宽泛的同等条件下，“最先”更有利于抵达“最优”。

一、“优”不是点，而是线

复旦大学前校长杨福家在当选英国诺丁汉大学校长后，面对《光明日报》记者的提问，讲了一段颇有意味的话：

> 我真诚地而不是故作谦虚地讲，我绝不是最优秀的校长，也不是最优秀的科学家，比我强的人多得是，但有一点，我被人家认识和理解了，只不过如此而已。
>
> 由于我当了复旦大学的校长，教育部就会给我机会，1996 年我第一次参加国际大学校长会议，由于我在会前做了较为充分的准备，结果入选执行理事会，这又让我有机会参加多次国际会议，接触到更多的国外校长。1998 年我也就有机会去英国参加 21 世

> 纪大学校长会议，之后我又与诺丁汉大学校长成了好朋友，因为我与他的教育观点有很多共识，在他的建议下，该校于 1999 年授予我名誉科学博士。之所以当名誉科学博士，还因为我在这之前在美国出版了《现代原子和原子核物理学》一书。此前，我虽然出了很多中文书，但很多西方人不会中文，没看过我写的书籍，于是，为了用非常地道的英文撰写该书，并弥补我的知识领域的一些不足，我与一位美国著名的教授合著了此书，这样有利于我被人们了解。最后，当诺丁汉大学想要选一位具有国际化特征的校长时，由于考虑到教育的大发展将是在中国，于是选我当了校长。[①]

一个不是最优的人，由于抓住了每一次领先凸显的机会，终于可能得到最优的结果。杨福家的这段话触及了“最先”与“最优”的复杂关系。发展在本质上不是单一的结果，而是一个综合的过程，是一个递增进阶现象，它不是一个点，而是不断延伸向上的线。这也像微软视窗和苹果 iphone，不存在一步到位的终极最优，而是一个不断升级的代谢过程。

当历史面临一批质量相近的可选样本时，那些在选择点上相对最先凸显的样本就可能被扫描到，尽管这一样本也许在实际的终极潜质上并非最优；即便如此，一旦被选中就具有了超越其他相同样本的发展机遇，这一机遇将更有利于被选样本往最优方向发展，从而有机会进入下一个层次的发展，优势就在这自循环中不断加强。极端地讲，张艺谋并不是在十几亿人中经过最优化测试遴选出的唯一最佳导演，潜在的“张艺谋”何止百、千、万，但为什么恰恰是一个叫张艺谋的人成为著名导演呢？答案虽然是复杂的，但必定有一个极重要的进化逻辑——在

---

① 《光明日报》2001 年 4 月 12 日。

每一个重要的节点和历史阶段上首先凸显出来[①]。因为历史永远不肯费尽心机去寻找终极的潜在最优者，历史只想抓住在每一个恰当节点上的最先凸显者。

所谓历史选择就是当下现实中人的选择，行为经济学告诉我们，每一个参与选择的行为人都或多或少受制于过去形成的偏好，比如南方人喜好米饭、北方人偏爱面食、上海人早餐习惯泡饭……从最冷静的理性角度看，有些偏好并不代表它是最符合行为人利益最大化的，但过去所强加给我们的习惯、传统、嗜好会影响我们当下的选择，尽管“经济人”假定每个人都具有无限意志力去追求效用最大化。可在上述偏好和信息不对称的情形下行为人很难作出最优选择，换句话说，行为人不能形成有序的效用函数。在多重目标的冲突中，假如他没有能力追求整体效用最大化，那么，追求当前效用最大化就会是一种相对理性的选择，所以很大程度上，所谓历史的选择，其实就是某年某月某一天的当下选择。

同理，假设大自然是一个行为主体，如果它既没有自己的目的也没有自己的价值，它就无法对选择作出整体和长周期的效用预判，唯一的办法就只能选择当前效用最大化。于是，每一个当前节点上领先凸显的样本就可能被选中，并由此在接下来的循环中产生增强回路。

至此，在整个循环过程中，我们总能发现优势的保持和增强在很大程度上受制于优势体（被观察的样本）能否在初始条件和每个节点的领

① 张艺谋1984年第一次担任电影《一个和八个》的摄影师，获中国电影优秀摄影师奖。1986年主演第一部电影《老井》夺三座影帝。1987年执导的第一部电影《红高粱》获中国首个国际电影节金熊奖。1987年至1999年执导的《红高粱》《菊豆》《大红灯笼高高挂》《秋菊打官司》《活着》《一个都不能少》《我的父亲母亲》等影片令其在国内外屡获电影奖项，并三次提名奥斯卡、五次提名金球奖。2002年后转型执导的商业片《英雄》《十面埋伏》《满城尽带黄金甲》及《金陵十三钗》两次刷新中国电影票房纪录，四次夺得年度华语片票房冠军。任第18届东京国际电影节评委会主席和第64届威尼斯国际电影节评委会主席。2008年担任北京奥运会开幕式和闭幕式总导演，获得2008年影响世界华人大奖和央视主办的感动中国十大人物，并提名美国《时代周刊》年度人物。2016年9月，担任中国杭州G20峰会文艺演出总导演。

先。一般而言，在时间上一旦获得领先优势，则保持这一优势的内生动力和外驱力将更加有利于优势的维持和增强。比如竞争激烈程度较高的拳击运动员的培养，就有一条"公开的隐规则"——渐进式地通过胜率培养。一个被寄予高期望值的运动员在其拳击道路的设计上，应尽可能在进入职业拳击的过程中保持初始阶段的高胜率，甚至全胜记录。只有在胜率积累到一定程度后才可能无论在拳击者的内心还是市场期望值上获得高额递增性回报，因此精选每一场对手以获得更高的胜率是极其重要的发展策略。这和蟋蟀的玩法有点类似，"不断胜利法"是最强大的内生性激励，以至于不能容忍哪怕一次失败，一旦失败，即使是最勇猛善斗的蟋蟀也将彻底丧失战斗力。

进化为何如此残酷地用仅仅一次重大失败的记忆摧毁一个生命的战斗意志？这对生命本身有好处吗？也许进化是在用个体的悲惨教训换取种群间的相对和谐，使争斗尽早趋向平缓。新近的动物学研究告诉我们，当陌生动物聚集到一起的时候，互相攻击最为频繁，随着时间的流逝，敌对行为频率逐渐降低，直到在单位时间内攻击行为接近一个常数。攻击行为渐次缓解是由于一些优势动物个体已经被挑选出来占据统治地位，而且所有动物越来越习惯由这个统治者提供信号，这被称为"社会惯性"。这一惯性在告诫：一个动物企图在固定的优势等级系统中改变地位，较在等级系统形成初期和早期发展阶段作出努力的成功可能性要小。

问题是优势者的优势到底是什么呢？一般社会生物学研究的量化结论是：个头的大小、年龄、激素水平等等，这些性状决定了动物种群个体间的优势顺序。但是动物社会行为数学分析的开拓者海曼·兰道建立的数学模型发现：那些优势性状与实际的优势地位在统计学上并不完全呈现出高度相关。蔡斯的研究也证实了兰道的结论，蔡斯发现优势顺序的形成是个放大的过程，在这个过程中能力和运气结合在一起使一些动物的地位不断下降，而另一些动物的地位不断上升；竞争中多次成功为以后的竞争增加了成功的概率；偶然的事件，诸如某天疲倦或某种机会忽然来临，将开始一个等级地位的攀升或下落；当所有的成对竞争变得非常不对称，即其中一个竞争者明显优于另一个竞争者时，优势等级顺序就将稳定化。这一结论被沃伦和马洛内在恒河猴的研究中证实，即在成对竞争中的胜者和败者之间，差异随时间而增加，初战告捷动物的总分升高了，初战失败者的分数则下降了[①]。这一被进化选择下来的策略不仅揭示了初战在优势地位的获取上所占的权重，更展示了一个优胜者的取胜之道——从胜利走向胜利。

研究还发现，从昆虫到灵长类，物种的社会化复杂程度越高，则单纯生物学性状（诸如个头大小、年龄、激素水平等）在决定优势地位的权重上就越趋弱，胆怯所导致的趋利避害策略和自信所导致的战斗意志等因素则越趋增强。而人类社会是一个比其他一切动物社会复杂得多的系统，那些在震荡中被放大的随机变量和各种博弈策略以及法制和道德规约无穷无尽。在这一背景下，人的生物学优势性状将越来越让位于人的社会学优势特征，于是我们看到，即使一个生物学意义上毫无优势可言的小个子，也可能在极其复杂的玩法中一举登临帝国的统治宝座。

这样我们就能理解，为什么很多人总是耿耿于怀那些优胜者，正是因为他发自内心觉得自己的天赋品质远远优于他所嫉妒的对象，其潜意识深处已经内设了一种观念：一切潜在的优秀都应该按顺序被进化选中，大自然应该自发地对一切潜在的优势精致地论功行赏。其实，这只是一种近乎绝望的决定论思维。如果必须这样安排资源，毫无惊喜和意外的大自然就只能是一个最无趣的账房先生。

---

① 爱德华·威尔逊：《社会生物学——新的综合》，毛盛贤等译，北京理工大学出版社2008年版，第276—280页。

幸运的是，大自然并不屈从于僵化决定论法则，它也不会许诺给每一个所谓的潜在优秀者以同样的奖励。一个有自己思想的社会学者郑也夫曾饶有兴味地引用了尼斯和威廉斯《我们为什么生病》书中的一段话来解析自己的一个观点：自然选择不能造就完美。

> 认为进化是朝着某个方向按照某个计划进行的，这是一种流行很广的错误观念。其实，只有机会在起作用，进化既无目的又无方向，机会使得未来进化的前途无法预测。如果你的看法是“自然选择走的是一条使物种更加幸福的道路”，那是错误的。如果你的想法是“自然选择会对每一种有价值的适应都加以选择和创造”，答案仍然是否定的……就像南美有一种猴子，它可以用尾巴抓住树枝。这种本领肯定对于非洲的猴子也一样大有用处。仅仅是因为没有这种机遇，没有这种运气，它们没有产生这种技巧。某种特性有用、有益本身，并不能保证它们会逐渐在进化中形成。[①]

所以，当拉兹洛说“进化不是命运而是机遇，未来不是被预见而是被创造”时，我们似乎对“最优”又多了一份感性理解。就像我们完全相信许许多多沉浸在自己幸福中的中老年夫妇为什么总会信誓旦旦地确信：“我们是世界上最幸福的一对，如果有来世，我们还要成为夫妻。”难道他们有机会在全球几十亿人中优选吗？他们的结合真的是几十亿对象中潜在的最佳伴侣吗？其实他们只不过是随机的一对，但他们没有说错，当初随机的一对今天真的成为最佳的一对了——最佳不是被选择出来的，而是被创造出来的。如果选择仅仅是对“点”的最优化筛选，那么创造就是一段可歌可泣的成长之线，创造可以用宽容和耐心缓慢地修复一切初始值的先天局限。

---

① 郑也夫：《阅读生物学杂记》，中国青年出版社 2004 年版，第 61 页。

创造究竟是一种什么样的力量？当我们看见崇明东平国家森林公园和杭州西溪湿地公园那越来越接近大自然数万年来自己习惯了的生态样貌时，不得不感慨自然系统惊人的记忆和复原能力。尽管湿地公园的建设者们没有能力把生态系统的每一个细节完美地适配出来，(因为霍兰曾充满敬畏地说过："我们还没有能力分析出一立方米温带土壤中有机体的所有种类。"①)但只要在基本构造上复制出一个尽管存在很大缺陷，但面积能大到足以使这一新的绿色生态系统产生自我修复之续航能力的临界时，开放的自然系统就会马不停蹄地自动进行伟大的适应性修复计划：野草开始蔓延，土壤里的细菌开始发酵，蚯蚓和各种虫类开始生长，候鸟渐渐聚集……这才是最伟大的自然力量——从有限中发展出无限，从缺陷中创造并不断逼近完美。毕竟，地球自动地会产生它自身，"自然"一词内生地含有"自然而发""发生、产生"的意思。

二、最优选择的不可能性

如前所述，要想在全球几十亿人中挑选出最优组合的一对夫妇几乎是在做白日梦，因为你无法承担选择成本。以同样的思路，我们是否可以想象大自然有没有能力对万物进行最优化配对？美国桑塔菲俱乐部的荷兰德教授有一天走在研究所的林荫道上，他一直在为斯宾诺莎的上帝——大自然——思考这个问题，结果得出了否定的答案。他的逻辑思路很简单：比如，假设某个物种有 1 000 个基因，大致上与海藻一样复杂。为了使事情简单明了，再假定每个基因只含有两种信息，绿色的或棕色的，叶片皱折的或叶片平滑的，等等。自然选择要经过多少次尝试才能发现使海藻发展到最强壮的那组基因搭配呢？如果所有基因都是独立的，那么，你只需要两次选择就能确定哪种基因信息更好。

① 约翰·H·霍兰：《隐秩序：适应性造就复杂性》，周晓牧、韩晖译，上海科技教育出版社 2011 年版，第 4 页。

这就需要对 1 000 个基因各做两次尝试，总共才 2 000 次，这不算多。但当我们假设基因并不是互相独立的，如果是为了达到最强壮状态（也就是最优组合状态），自然选择似乎应当检验每一个可能的基因组合，因为每一个基因组合都有其不同的强健性。那你计算基因组合的总数就不是 $2\times1\,000$，而是 $2^{1\,000}$。荷兰德猛然发现“进化甚至根本就不可能做出这么多次数的尝试，而且无论我们把计算机发展到多么先进也做不到”。确实，就算在可观测到的宇宙中所有的基本粒子都变成超级计算机，从宇宙大爆炸开始的那一刻就不停地运算，也永远无法完成运算。另外必须记住，这还只是就海藻基因而言。人类和其他哺乳动物含有的基因数大概是海藻含有基因数的一百倍，而且大多数都含有不止两条信息。结论很清楚，大自然付不出这么高的成本进行所谓的最优化选择。

但是，寻求最优似乎一直是人类的终极追求，这是一个很隐秘的认识论误区。20 世纪 40 年代，当计算机刚刚出现，计算机研究人员刚开始设计能够下国际象棋的智能程序时，贝尔实验室的克劳德·仙农就估算了一下国际象棋棋步的总数。他得出的结论是 10^{120}，这个数字也大得无可比喻，我们肉眼可见的整个宇宙中也没有那么多的基本粒子。没有任何一种计算机能够计算出这些棋步。

有一种数学规划叫做非古典数学规划，它认为最优解不一定是内点解，可能是角点解。什么叫角点解？角点解允许最优决策为零。比如 1 000 种食品，你只要吃其中三五种甚至 10 种，其余的 990 种你都不吃，也就是某些消费量是零，这就是一种角点解。换句话说，就是最优选择点出现在预算约束线的端点上的情况。

古典数学规划理论上是不应该允许角点解的，即所有可吃的东西，你每一样都要吃一遍，然后才可能得到真正终极的“最优”决策。这是很不现实的。犹如网络的兴起给人们带来了巨大的信息量，完全了解那些汪洋大海般的信息是不现实的，所以最先到达人们视线的信息按照前述印刻效应，就往往更容易被人们接受和选择。网络的特点之一就是几乎世界上的任何人之间都可能连接，但我们永远也不可能对所有的人进行最有效的、利益最大化的连接。就好比世界上有 10 000 种巧克力制作工艺，但我们永远不可能对这 10 000 种巧克力进行品尝[①]、比对后再实施购买，只能在有限的范围内进行自以为全面的挑选，其实这无异于随机选择。

正由于开放系统的极端复杂性使得最优解几乎成为不可能，唯一可能的策略就是，尽可能率先表现，尽可能比较早地进入选择者的视野，以便较早地转入至关重要的自我组织式的富集程序。毕竟这个世界太复杂了，“就算像水龙头滴水这件看起来如此简单的事情，也可以产生永恒创造的模式，一个天才的数学家想要写出关于水滴的方程和适当的边界条件，他会发现自己掉进了万丈深渊”[②]。

在无止境的复杂面前，大自然能做的也许不是乱点鸳鸯谱式地选优，而是静观，然后对最先凸显的自组织系统进行催化奖赏。因为“我们已经认识到，自然不是一个设计完美的、有唯一答案的谜题。在复杂的系统中部件可以以许多不同的方式组合起来，要想把每个可能性都尝试一下，需要数十亿年的时间[③]。而自然界却能以短短几百万年的时间，就将这些部件优雅、精致地组合在一起。自然界组合这些零件的奥秘，是利用了包容一切的自组织法则”[④]。

可以这样说，大自然太聪明了，在某些情况下，它是在用“先者生存”的法则来逃避自己无尽的选择烦恼。因为“选先”比“选优”具有无可比

---

① 更不用说在长期漫无止境的品尝中，人的味觉会受到诸如情绪、身体状况的影响而产生偏差，人的记忆功能也很难对曾经优选出的某些品种实施准确的优劣排序。

② 詹姆斯·格雷克：《混沌——开创新科学》，张淑誉译，高等教育出版社 2004 年版，第 231 页。

③ 不知他怎么算出来的，也许需要无数万万亿年呢。——笔者注

④ 艾伯特·拉斯洛·巴拉巴西：《链接——网络新科学》，徐彬译，湖南科技出版社 2007 年版，第 7 页。

拟的成本优势，更重要的是："优"倾向于价值判断，"先"仅仅是事实判断。大自然既然没有能力从综合价值上判断几十亿个精子到底哪一个精子是最优的、最适合某个卵子的，那么，最好的办法就是让率先抵达的精子参与生命的伟大创造。大自然的智慧在成本意识上体现得如此淋漓尽致，以至于为了让每一个个体勤奋于生育下一代，就在它们体内植入性交的快乐程序，以此驱使那些个体不惜投入巨大的努力和风险以完成生命的再造。可见大自然既不需要用显微镜精选，也不必用鞭子驱赶，就轻松地让所有个体自觉自愿地在争取极度快乐中实现种的延续。

正是在这个意义上，自然选择不一定是"优胜劣汰"，而应该是"先胜后汰"。在汪洋大海般的市场选择中，既然寻求最优就像搜索海藻基因最佳配对那样令人绝望，那么，最优的途径也许只能是抢在对方之前占领市场，先凸显、再发展。"与其成为最佳产品，不如成为首家产品"，微软的这一全新理念所反射的不仅是这个时代的光泽，更可能是大自然远古的回响。

三、随机进化中的偶然和必然

2015 年诺贝尔经济学奖获得者安格斯·迪顿，在其重要著作《逃避不平等》中开宗明义第一篇就讲到："我父亲恰好幸运地没有在童年时夭折，幸运地因为战争而脱离矿井，幸运地没有参与伤亡惨重的突袭，幸运地没有因为肺结核死掉，幸运地在劳动力短缺的时候获得了一份工作。有的人摆脱了贫穷，有的人却被落在了后面。运气垂青了一部分人，却远离了另一部分人。机会常有，但并非人人都能有能力或有魄力去抓住他们。所以说，人类不断向前的故事，其实也是一个造就不平等的故事。"[①]迪顿用这么多的"幸运"提示我们，在生活的表面下，潜藏着许许多

① 安格斯·迪顿：《逃离不平等：健康、财富及不平等的起源》，中信出版社 2014 年版，第Ⅻ页。

多的偶然性，正是这一个接一个的偶然性开启了人类悲欢离合的故事。

的确，我能来到这个世界并且有机会写下这几行字也纯属侥幸。如果不是因为我父亲在数十亿人海中偶然遇见我母亲，并且克服了所有导致他们可能分手的家庭和社会压力的话，坐在这台电脑前打字的就不会是我。也就是说，我只是数亿分之一偶然性的幸运儿，这种偶然的幸运是如此的不可思议，简直相当于得到了数十亿分之一的彩票头等奖。如果再往前，我父母的出现当然也是因为我祖父祖母、外公外婆在数以亿计擦肩而过的可能性中惊险相遇的结果。由此上溯十代、百代、千代，直至6.5亿年前的寒武纪，决定我这个特定生命的基因谱系就像一条脆弱的丝带那样战战兢兢地躲过了奥陶纪、泥盆纪、侏罗纪、白垩纪、旧石器时代、冰川时代的一切山崩地裂般的自然灾害和从霸王龙到蚊虫疟疾等所有掠食者的追击，侥幸地存活了下来。更有甚者，我这颤颤巍巍的一支脆弱的基因生命还极其幸运地在数万年各部落为争夺领地的灭绝性厮杀中幸存了下来。紧接着，又如履薄冰地一天又一天、一小时又一小时地熬过了战国纷乱、秦皇征伐、刘项争锋、唐宋元明清王朝更迭、甲午海战、军阀混战、八年抗战，直至“文革”浩劫，这才安全地来到书桌前通过我的手打下了这几行字。

我深深知道我对自己基因生命的绵长回忆一点都不牵强，这条生命线真实地、一秒一秒地躲过了数亿年的灾祸和艰难，才成全了今天的我。期间每一次惊心动魄的分叉都充满了奇遇，这种达到了神话级别的偶然性扎实地潜藏在我的生命里，正如马克·布坎南说的：“进化的精髓在于偶然性。从遗传学角度来看，每一代人中都存在那些由于基因的突变和重组演化而来的新个体。因此，每一个生物在细节中都带有很久以前偶然的痕迹，无论是肉眼看见的外表，还是肉眼看不见的内在分子。”①

什么是看不见的内在分子？如果从微观角度深入分析的话，我们

---

① 马克·布坎南：《隐藏的逻辑》，李晰皆译，天津教育出版社2009年版，第37页。

又将为如此惊险的生命旅程再次庆贺：一个人拥有着几百亿个细胞，每个细胞都有一个细胞核，在细胞核中又有23对丝状体，即染色体。这46个丝状体是由父亲的精子和母亲的卵子所提供的各23条染色体组合而成的。染色体上以密码(即著名的遗传密码)形式书写的信息决定和调节着我们每一个人的命运走向，我们既然是有性繁殖的产物，那我们就不是再生，而是被创造的。"有性的生命是不能再生的，孩子不是父母的再生，他实际上是一种绝对唯一的创造。"一对夫妇可以生育出体质迥异、性格相悖的孩子就证明了这种神秘的唯一性。这种创造性的随机组合可以达到什么样的丰富程度呢？雅卡尔认为："若父母双方均拥有a和b两种基因，他们生育的孩子可能有两个a基因，可能有两个b基因，也可能有一个a、一个b基因；每种性状均有三种组合，对于一个拥有两个性状的整体来说，就有$3\times3=9$种组合；若有n个性状，就有3^n个组合，对于一个拥有200个性状的整体，就有3^{200}个组合。这简直就是一个无穷大的数字，它由94位数字组成，比将最遥远的星系算在内的宇宙原子的总数还要大上亿倍。"①

在如此超越天文数字的可能组合中，恰恰出现了最最适合我的组合，那些可能造成唐氏综合症和一切无可挽回的诸多遗传疾病以及所有难以想象的畸形突变组合都被我惊险地躲过了。难怪当蒙田②得知自己与父亲竟然是在同一时间患上肾结石时表达了深切的不安。他的父亲究竟是以什么奇特的方式将这一疾病传递给他的呢？"他如何将身体中这么一个小小的物体安放在我的身体内，这小东西怎么能发挥如此强大的作用？……谁能给我一个满意的解释？"

其实，最最具有神秘主义想象的还不是遗传本身，不是亲代如何把自己被前辈强加的基因特征继续传导给下一代，而是怎么把具有最清

① 阿尔贝·雅卡尔：《差异的颂歌：遗传学与人类》，王大智译，广西师范大学出版社2004年版，第2页。

② 蒙田(1533—1592)，16世纪法国著名思想家、散文家。

晰“自我意识”的、特定的我生产出来的？我们知道一次性输入的是几千万个可能的生命（精子），但输出的仅仅是一个“我”，不容置疑的唯一的“我”，跟任何生命完全不一样的、边界那么清楚的“我”，一个有自己追求、在意别人的看法、既贪生怕死也会产生正义的冲动、咽喉炎发作能感受到疼痛的活生生的“我”。这个看似跟别人没有什么两样，但在最深的、灵魂的底部毫不含糊的“我”，非常清楚自己是唯一的那个叫做“王健”的人，并且绝不是任何什么别的生命的转世，一旦死去将永远不会再出现了。“人死不能复生”不仅是因为复杂系统不可逆，更是因为那个被很多人叫做灵魂的“自我意识”再次出现的概率实在太低了，那个脆弱似芦苇的生命个体，那个喊出“我思故我在”的思想者永远不会再重现了。这一偶然性如果是神话，就只有一次。

当我们说每一个生命都是一个奇迹的时候，其实很多人也许并没有因此感到满足，我们总会耿耿于怀那些中了彩票大奖的人，以为只有他们才是真正的幸运者。在百度上输入关键词“世界上最幸运的人”，我们会看到一个叫 Frano Selak 的克罗地亚音乐教师（图 4－1）。一般的人经历一次大难而不死已经够幸运了，但据说 Frano Selak 曾遭遇七次重大事故，好几次都以为自己死定了的他，却每一次都得到幸运之神的眷顾，在大难不死之后还幸运地中了 60 万英镑的头彩。

图 4－1　Frano Selak（右）被称为世界上最幸运的人

其实真正幸运的是我们每一个人，如前所述，即使从寒武纪开始算起，到今天我们能幸存下来，不知与死神“擦肩而过”多少亿次，也就等于我们必须每一次都是六合彩最高奖金的真正得主。换句话说：一个人，你能想象他可以在几十亿次的抽奖中每一次都正巧抽到最高的大奖吗？这是什么概率？此时此刻生命的真正名字应该叫做“偶然”，如果连这一点都不肯承认，那费奥多・陀思妥耶夫斯基也许没有说错——

人是不知好歹的两足动物。

如果我们把目光向夜晚的窗外看去，另一个层面的偶然性又会袭上心头，即便是最最坚决的无神论者，也许都会为这浩瀚星空中一颗小小的尘埃——蓝色地球——竟然如此巧合地为生命的诞生准备了那么多不可思议的条件而祈祷。有一种“稀有地球假设”理论认为，高等生命的演化条件是极端严苛的，像地球这样的生命天堂有可能在银河系乃至整个可观测宇宙中都是“极稀有”的，存在高等生命的可能性更是微乎其微的。

因为在诸如地球与太阳的距离、月亮作为地球卫星导致的潮汐作用、空气和水的配比等无穷无尽的条件中，只要有一项没能精巧适配，结果将大相径庭。比如含氧量，凯文・凯利在他那本堪称严肃的重要著作《失控》中说：“地球大气寻求稳定的含氧量，与恒温器寻求稳定的温度非常相似。它碰巧使得氧气的平均浓度为20%，按一位科学家的说法‘纯属偶然’。低于这个水平是贫氧，高于这个水平就易燃。多伦多大学的乔治・R・威廉斯这样写道：‘20%左右的含氧量似乎能够保证某种平衡，在洋流近乎彻底循环的同时，又不会招致毒性物质或可燃性有机物的聚集而产生更大危害。’那么地球的传感器和温控机制在哪儿呢？那个加热用的炉子又在哪儿呢？”[①]

---

① 凯文・凯利：《失控》，东西文库译，新星出版社2010年版，第115页。

毕竟,没有人敢保证如果宇宙史重演一遍,地球还会这样侥幸,更没人会担保地球史重演一遍,还会不会在同一历史时刻出现克莉奥帕特拉和丘吉尔。人们喜欢用"克莉奥帕特拉的鼻子"证明历史的偶然性:据说罗马的凯撒大帝死后,马克·安东尼迷恋上了埃及女王克莉奥帕特拉。为了取悦埃及女王,安东尼率领船队奋勇杀敌,最终却在希腊的亚克兴角一役中,败在了奥克塔维厄斯的手下。引起那场战争的原因以及导致战争后果的原因,所有合理的解释都与克莉奥帕特拉的美貌脱不了干系。

温斯顿·丘吉尔有一回提到一件同样让人恼火又颇具戏剧性的历史"偶然"事件:1920 年,希腊皇帝被一只宠物猴咬了一口后死了。随后,发生了一连串后续事件,使得希腊和土耳其两国兵戎相见。丘吉尔评论道:"100 万人当中有四分之一的人都被这只猴子一口咬死了。"①

当然,我们强调偶然性并不是要人们在绝望中"让生命去等候",也不意味着在马航 MH370 之后不再乘飞机、"911"之后不再上高楼,更不是说走在犹如庞然大物的钢筋混凝土桥下有多危险,而是在对偶然性充满敬畏和对大自然心怀感恩的同时,依然有激情在无数的偶然性之间找寻属于自己的自由空间,在那么偶然的一小段生命里活出意义,甚至在每一个偶然的节点上为自由和多样性开辟道路。

四、最优与世界的多样性

最优思维在学理上应该有一个顺理成章的逻辑,那就是唯一性原则。其通常的推理是:大自然最终会自发地保存最适者,市场最终会理性地筛选出最优者。

如果是这样,那么请问:道路制式的行驶方向究竟是英国、日本、印度、澳大利亚的左向行驶最优,还是美国、中国、德国、俄罗斯的右向

① 马克·布坎南:《隐藏的逻辑》,李晰皆译,天津教育出版社 2009 年版,第 35 页。

行驶为最优？如果排除因为偶然的非理性选择和历史惯性这一不可抗因素，大家坐在桌前非常理性地辩论左向行驶和右向行驶的优劣，我们相信，即使再面红耳赤地罗列证据，两者的利弊依然无法彻底厘清。答案很简单，两者远远没有优劣到必选其一的程度，微乎其微到可以忽略不计的差异就给偶然性留出了巨大的随机选择空间，在这一空间内，各国在行驶方向的制度设计上留下了很多可圈可点的故事。

就像左利手和右利手（左撇子和右撇子），也许在进化的起点上，两者并没有本质的优劣之分，左利手和右利手人数的比例也可能大致相当。美国埃默里大学研究人员伊丽莎白·朗斯多夫和威廉·霍普金斯，长期观察了坦桑尼亚一个野生公园中以猎食白蚁为生的黑猩猩群落。他们运用跟踪摄像等方法，研究了这个黑猩猩群落觅食时使用肢体的习惯。研究人员发现，在这个群落的 17 只黑猩猩中，12 只是明显的左利手，觅食时使用左手次数明显超过右手，4 只是明显的右利手，只有 1 只均衡使用双手。说明当时两者至少处于均衡状态。

人类的偏手倾向出现于何时？证据还相当薄弱。学者们研究了一些工具和壁画等特征后发现，人类进化中用手偏向的分化性转变是一个非常缓慢的过程，大体上经历了两大阶段：第一阶段是右手偏向，第二阶段是右手主导。

第一阶段，一些早期人类中存在着用手偏向的分化迹象。例如，大约属于旧石器时代早中期的北京周口店遗址的大部分工具，是为用右手的人打制的。而属于旧石器时代中期、距今约 10 万年的欧洲莫斯特文化，右手偏向 34%，左手偏向 32%，表明右手偏向开始形成，却还没有形成压倒性的右利手的优势。

第二阶段，右利手成为人类的主导性用手习惯，大约是到了旧石器时代晚期。1887 年在法国比利牛斯山区加尔加斯洞穴发现的两三万年前的“手印岩画”，就给出了实证性的根据。这些手印绝大部分是所谓“阴型手印”，也就是创作者先把自己左手贴在岩壁上，然后用右手把赭石颜料吹喷在左手上，从而留下了左手的手印。而且这些左手手印显示的小指末端指骨，又总是缺失，可能与需要断指来哀悼死者的风俗相关。通常情况下，被断指的左手不太会成为生活的依靠性用手。这两点有力地表明，人类可能从这时起形成了右手主导的偏手习惯。

中国在20世纪80年代对18 593人的调查结果表明，右利者占91.51%，混合利者为8.26%，左利者仅为0.23%，远远低于西方国家的平均最低左利手比例。中国的有关研究还显示，青少年右利手的比例大于儿童，儿童又大于幼儿。年龄越小，左利手的比例就越大。右利手的比例之所以随着年龄增长而增多，与家长和教师不断干涉孩子们用左手的习惯有关。

可见，左利手和右利手在人类进化的初期，并没有明显的优劣之分，哪一种偏向更有利，似乎并不具备进化上的特殊说服力。右利手和左利手可能由于一些偶然使用习惯被赋予了文化和巫术上的定义（比如印度等文化至今仍然认为左手不洁，所以在社交上被视为禁忌，中国等绝大多数国家在敬礼等庄严的表达中也更认可右手），导致右利手习惯开始流行并不断被加强。社会进化中的劳动工具和生活器物为了适应大多数人的右利手习惯，也开始了漫长的颠覆征程，以至于今天你甚至很难买到一个左利手鼠标。可是，在文明高度进化的当今时代，一个社会对左利手的宽容程度间接地反映出这个社会的文化和意识形态的紧张程度。

不管怎么样，左右手使用偏向逼使我们去思考一个很形而上的问题：在一切规则和传统尚未形成的初期，人类究竟有没有能力一眼看穿某些倾向的优劣差异？凡是被历史选择下来的就一定具有必然性的最优吗？照此说法，那我们是否必须认定全世界螺丝的顺时针旋转一定比逆时针旋转更优吗？时钟的顺时针方向一定比逆时针方向更具有设计上的优美和科学依据吗？如果否定偶然的随机约定，人类真的有能力证明左比右好，或者右比左好吗？恐怕连最喜欢跟默里·盖尔曼比谁最聪明的理查德·费曼（1965年诺贝尔奖物理学奖获得者）都难以回答，他甚至认为左和右本身只是一个随机约定，这个约定只能在极其狭小的地球范围被商讨，离开了这个小小的宇宙尘埃，你甚至无法表达什么是左、什么是右。费曼说：

> 你如果想通过无线电和一个火星人交流，我们想告诉他，我们的心脏在身体的左边，我们该怎样发送这条消息呢？在地球上我们可以这样解释：如果我们面朝北站着，水平伸开两只胳膊，指向太阳下山方向的手代表的就是左边。火星人说："好，我们也是两边对称，也有两只胳膊、两条腿，我们的行星也是以和地球同样的方向绕同样的轨道运转，但我们被'北'的概念搞糊涂了。我们应该面朝哪个方向，才能使指向太阳下山的手代表是你们所说的'左'边？"……由此可见，离开特定的环境，左、右、南、北就成了毫无意义的约定，看起来没有什么天生的手性（handedness）现象……关键是没有办法纯粹从自然定律中导出"左"和"右"的概念，左右不是天生固有的。[①]

这样我们似乎可以说，很多一直被决定论者强化的最优观，其实只是人类内心潜藏的美好愿望，只是一种不太现实的终极理想。真正的现实是：同时存在着多样化的选择性，其间的优劣差异并没达到生死存亡的程度，很多选择在大多数初始条件下，甚至根本没有优劣之分。

---

① 乔治·约翰逊：《奇异之美：盖尔曼传》，朱允伦等译，上海科技教育出版社2002年版，第166页。

笔者曾经留意过各地农人们使用的锄头样式，发现某一地方的农民和另一地方的农民经年累月地使用着自认为最佳的锄头，一代代毫不怀疑地延续着。但事实却是，在他们的视野之外，在看不到的远方，另外一批人同样怀着坚定的信念，熟悉地使用着另一种他们自以为最得心应手的锄头。图 4－2 展示了部分地区的一些锄头。

大家都觉得自己用惯了的锄头才是最合适的。可是一旦拉开些历史距离，旁观者就会发现区别，但是很难单凭这些细微的区别断定孰优孰劣，那只是被加强了的习惯。长期的使用习惯深刻地填补了那些可以忽略不计的微小差异，使那些即使真实存在的轻微优劣变得无足轻重。

这些铁制锄头仅仅是笔者偶然挑选的极其有限的样式，全世界各地的农人们在同一时间段内奋力使用的锄头种类何止成千上万种，每一种锄头都有自己引以为豪的使用人群，谁又能居高临下地评判优劣？如果我们把目光延伸到更广泛的领域，就会发现：任意特定的用品都有其无穷无尽的可能性，木梳和剪刀可以有成千上万种，杯盘和碗盏也类似衣帽和鞋袜，其丰富性永远看不到尽头，就像各民族的图腾，每一种隐藏在历史中的随机创造都一样承载着自己的光荣与梦想。

世界为什么呈现无穷无尽的多样性？花鸟鱼虫、梅兰竹菊，每一个种类又为什么会分化出千万种长相？进化为什么要这样铺张？如果仅仅是为了形成逻辑严密的生物链，那为什么需要造出数千种蚊子[①]？自然在创造老鼠的同时，为什么非要再创造熊猫？竹子和熊猫的生物链关系真的能解释数千种竹子类别存在的必要性吗？

① 蚊子（mosquito），属于昆虫纲双翅目蚊科，全球约有 3 000 种，是一种具有刺吸式口器的纤小飞虫。

河南洛阳　江西婺源　日本东京

云南香格里拉　河南新乡　上海南汇

澳大利亚布里斯班　日本名古屋　新疆伊犁

新疆石河子　陕西　江西进贤

图4-2　各地农人习惯使用自己特定的锄头

当人类非要在孰优孰劣问题上争得面红耳赤时，大自然却一声不响地在创造着多样性，图 4－3 仅仅是从非常小的一个自然切片观察到的自然界多样性演化趋势，这仅是海洋脊椎动物和无脊椎动物科的多样性随时间变化图谱，其中包括突变性灭绝。我们可以看到在如此长的周期中，大自然的多样性随时间而递增。M·J·本顿曾从一项化石记录的定量分析中得出结论："自寒武纪末以来，海洋和大陆生物的多样性按指数增长。"①

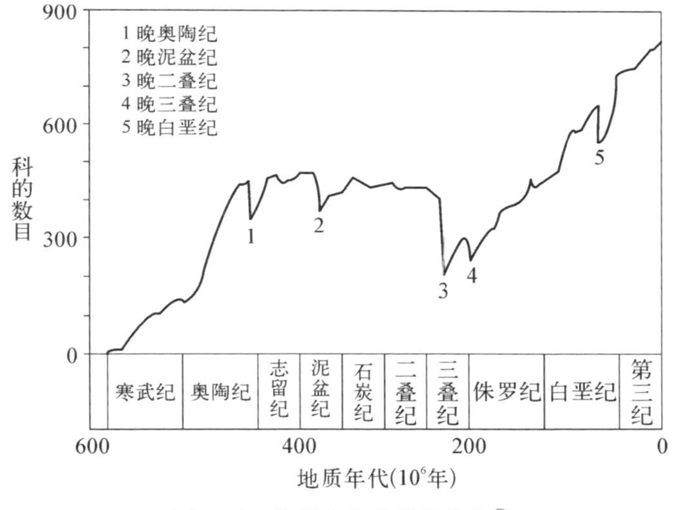

图 4－3　海洋生物多样性趋势②

那么，多样性究竟从何而来？也许封闭是一个很好的解释，就像中国大陆和台湾地区在仅仅半个世纪的相对封闭后，就产生了地铁——捷运、公交车——公车、摩托车——机车、奔驰——宾士、奥巴马——欧巴马、特朗普——川普、打的——计程车、强奸——强暴等无穷无尽微妙裂变的多样性趋势。假设继续封闭一千年，则从语言到文化样式的

① Holmes Rolston：《基因、创世纪和上帝》，范岱年等译，湖南科学技术出版社 2003 年版，第 8 页。

② 同上。

几乎所有方面又会发生什么样的改变呢？也许完全不亚于今天中文和日文之间的差异。可是，如果就此证明多样性只单纯源于封闭，那么，怎么理解中国大陆语汇中“给力”“囧”等新鲜词汇的不断涌现？

凯文·凯利尖锐地思考到了这个问题，他引用说：1983年，微生物学家利安·亚当斯在培养大肠杆菌的时候发现了一个线索。他将培养基提纯，得到具有完全一致不变性的同一菌类。他将这组菌群放入一个特制的恒温器，给菌株提供一个均匀一致的生长环境——每个大肠杆菌都享有相同的温度和营养液。然后他令这些一模一样的菌虫复制并发酵。经过四百代的裂变之后，大肠杆菌育孕出与其自身基因稍有变异的新菌株。在恒常不变、没有特色的环境中，生命自发地走向了多样化①。

的确，当我们把眼光延伸到无穷，会惊喜地发现，自然界欢快地创造着无边无际的多样性，而整个自然界多样性自我扩张的过程，没有明显的极限，就像社会生活中的创新，不断分叉和裂变，永无止境。这个世界果真如J·W·瓦伦丁说的：“生物圈已经变成一个分裂器的天堂。”②

“仰观宇宙之大，俯察品类之盛，所以游目骋怀，足以极视听之娱，信可乐也。”于是我们学会了一种宽容，我们接受了把“猫熊”误读成“熊猫”也不至于影响我们的心情；当北京人讲“盒饭”，而台湾人讲“便当”时，大家也没觉得多么别扭；“Long”在英语里是“长”的意思，在中文里就变成了“龙”，那又怎么样呢？莎士比亚还说：“玫瑰即使我们不叫它玫瑰，不也一样芬芳吗？”

五、先者优化→先优进化

优是怎样进化的？帝王将相宁有种乎？

---

① 凯文·凯利：《失控》，东西文库译，新星出版社2010年版，第148页。

② Holmes Rolston：《基因、创世纪和上帝》，范岱年等译，湖南科学技术出版社2003年版，第5页。

蜂王和工蜂同样是雌体，蜂王的寿命是5—8年，而工蜂的寿命只能活40—60天；蜂王日产卵1 500—2 000粒，相当于自身体重的数倍，而工蜂没有产卵能力。但奇怪的是，如果蜂王被鸟类捕食，蜂群会选出一个工蜂每天喂食蜂王浆，该工蜂的生殖器会二次发育，体形会长到原来的数倍，成为一个蜂王！

科学研究发现，造成巨大差异的根源就在于食物，蜂王一生都以蜂王浆为食，而工蜂只吃三天蜂王浆，其余时间吃蜂蜜和花粉。就像鳄鱼的性别很可能是由孵化的后天温度决定的①。

这就令人思考几个问题——

其一，蜂王和工蜂的生物学本质在开始阶段没有根本的区别，正因为当初她的姐妹们意外地选择了她，才使她从"村姑"渐渐变成了女王。当全世界的媒体对伊丽莎白女王蜂拥而至，当包括教皇在内的各式人等对女王恭敬有加时，我们实际上看到的是一种象征、一个特定的符号，在这符号的背后，是整个英国累积千年，更是工业革命以后英国为人类近代史所作的贡献，甚至在这尊重的背后潜藏着整个世界对包括牛顿、达尔文等英国公民的认可。其实，归根结底，女王只是因为后天政治和意识形态"蜂王浆"特供而造就的象征符号。因为毕竟，在一个小儿科医生眼里，当年摇篮里的伊丽莎白女王和苏格兰农场那位将来的养牛姑娘在生物学的本质上没有任何不同。

不仅个体间的社会学差异不是由生物学差异造成的，群体间的历史差异也一样与基因无关。正如加利福尼亚大学洛杉矶分校生物学教授贾雷德·戴蒙德在其著作《枪炮、疾病与钢铁》一书的前言中写的："新闻记者总是要求作者用一句话把篇幅很长的书加以概括。

① 鳄鱼的卵是利用太阳热和杂草受湿发酵的热量进行孵化的。幼鳄的性别由孵化的温度决定，但母鳄会平衡所产儿女的比例。它们会把有的巢建在温度较高的向阳坡，有的巢建在温度较低的低凹遮蔽处。每一次会产20—90枚蛋。鳄鱼之所以存活了1亿年至今是因为它大概是迄今为止对环境适应能力最强的动物。

对本书来说，这样的一句话就是——‘不同民族的历史遵循不同的道路前进，其原因是民族环境的差异，而不是民族自身在生物学上的差异’。”①

其二，优，是在众多可能性中被选择下来的，有一定的随机性。当某一种可能因凸显而被选中，进化就将锁定。在一些特殊情况下，甚至某些经不起推敲的随机选择，也可能会无可奈何地被历史保留下来。比如，举世震惊的2008年“汶川地震”，其名称可能并不科学。地震仅仅过去六天，5月18日，四川省政协副主席、成都理工大学副校长、地质灾害防治与地质环境保护国家重点实验室主任黄润秋在接受采访时就建议，“汶川地震”应更名为“映秀北川地震”。他说学界已经初步认定，本次地震成因是印度洋板块挤压欧亚板块所致，地震并非仅发生在汶川境内，而且汶川县城不是灾害最严重的地区。科学地讲，这次地震应当命名为“映秀北川地震”，因为映秀是本次地震的震中；北川处于地震的主震带上，且受灾情况更为严重。无论从科学角度还是对地震死难者的尊重以及经得起子孙后代检验看，都应该更名②。但是，仅仅因为地震发生后的最初几天全世界媒体的报道，趋势就已不可逆转。图4-4、4-5为笔者2016年5月30日在百度上输入“映秀北川地震”和“汶川地震”搜索的首页截图，两者相关结果分别为82.7万、1420万。

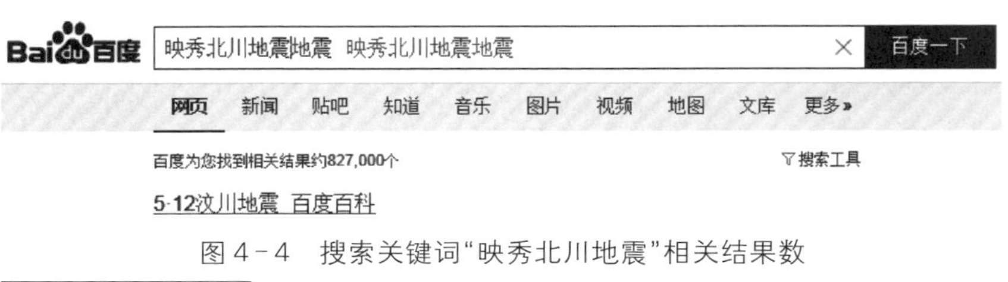

图4-4 搜索关键词“映秀北川地震”相关结果数

① 贾雷德·戴蒙德：《枪炮、病菌与钢铁——人类社会的命运》，谢延光译，上海译文出版社2006年版，第16页。

② 国土资源部新闻网，2008年5月19日。

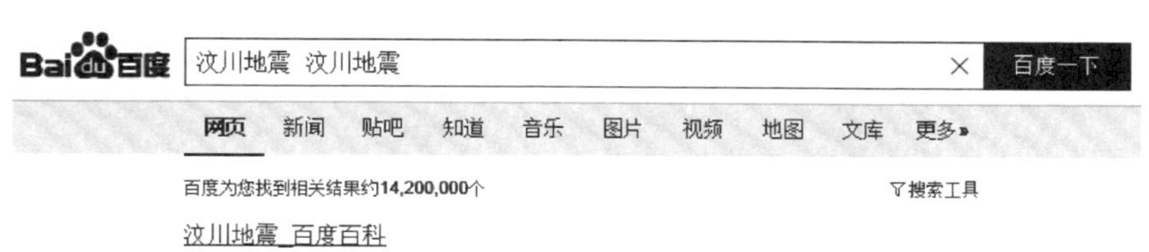

图 4-5 搜索关键词“汶川地震”相关结果数

令人啼笑皆非的是，明明输入的是“映秀北川地震”关键词，搜索结果的首页和首条竟然是“512 汶川地震”。可见，仅仅几天的领先传播，惯性和积累的力量就开始了南辕北辙的旅程。

普遍的情况是，某种选项一旦确认，进化就将开始漫长的自我催化过程，各种资源都将或迟或早、或主动或被动地向其聚集。一种新的产品、新的制度、新的权力、新的组织一旦确立，周围的资源便会迅速发生适应性变迁。

新王朝一旦建立，所有的权力、制度、组织都将发生“适变”①，然后是经济、社会、文化等利益体的进一步“适变”，再接着是观念和意识形态以及人们心理的“适变”，最后形成一个新的平衡系统和标准系统。这就是通常所说的一条规则被激活后，很可能会引起全部规则的连锁反应。

希伯在《行为组织》一书中所描述的脑神经细胞的形成过程很有象征意义。他的基本思想是，假设大脑经常在突触上做些微妙变化，这些变化会具有累加的进化效果。“突触”是神经冲动从这个细胞跳到那个细胞的连接点。比如，眼睛视觉的感官冲动会通过加强沿途所有突触的方式在它的神经网络上留下痕迹。结果是，随意启动的神经网络会迅速将自己组织起来。通过某种正反馈，经验被积累起来：强健的、经

① 意指适应性变迁、趋附性变化。唐刘禹锡《贺除虔王等表》：“弘爱人屈己之道，酌因时适变之宜。”宋曾巩《救灾议》：“疆内安辑，里无嚣声，岂不适变於可为之时，消患於无形之内乎？”清恽敬《博妇》：“虽然二君子者，委蛇以适变，坚忍以藏用，期於复汉唐之祚而已。”

常被使用的突触变得更坚强，而弱小的、不经常使用的突触就会萎缩。被经常使用的突触强健到一定的程度后，记忆就被锁定了，而这些记忆反过来又会布满整个大脑。

这种情形很像化学和生物学中的“自动催化”。少数化学物质的浓度自发地、大幅度地超过其平均温度，就会使其周边的化学物质发生适应性变化，然后引出更大范围的适应性变化，这就是一个连锁的自动催化发育过程。生命的诞生，也许就得益于这一随机突起和累加催化的宇宙机制。

中国从汉朝董仲舒“独尊儒术”开始，由于儒家思想占有强大而又合法的政治资源，使其他学术思想和社会理论被强行遏制。在近两千年的过程中，儒家思想不断被各朝政治和学术力量强化，导致长期以来，再难出现春秋战国诸子百家各展其雄的学术匀值竞争状态。即便有零星抵抗，也被视为异端邪说而难以为继。

微软的崛起也一样。1980 年，微软与 IBM 签订了一份合同，为 IBM PC 开发操作系统，于是 DOS 问世了，在头一两年中，与其他操作系统优劣难辨、雌雄未决，可随着 IBM PC 用户群的增加，一些软件商如 Lotus 开始开发 DOS 下的应用软件，优势富集的趋势开始呈现。后来的故事是大家熟知的，DOS 成为 PC 操作系统的代名词。

这一个案中，有一个特别有意思的现象：最后胜出的微软 DOS 并不是技术上最好的，计算机高手常常嘲弄 DOS 的幼稚，但它搭上了 IBM 的早班车，利用了 IBM 的品牌和客户群，进而吸引了其他的软件开发商、硬件制造商，逐渐促成了报酬递增式的正反馈机制，从而造就了微软的霸业。因此，微软的成功，与其说是技术的成功，不如说是战略的成功、善于利用初始决定性机会的成功。

这种进化的“奇观”，正如王选所说：“你做了一个与 IBM 不兼容的东西，但你不可能花几十亿美元来上自己的操作系统，更不可能花几十亿美元和精力去做应用软件。这样，一点点创新就变成了祸害。”

换句话说，如果你没有能力逆转潮流，最好的策略就只能随大流，这似乎是进化给大多数后来者留下的一条通路。当你在荧屏上看着几百万头野牛潮水般往一个方向奔涌时，你不得不感慨这背后的趋同力量，你也同样会担心少数叛逆者的悲惨命运。你也就特别理解刘易斯·托马斯对隐藏在人性中的自然力量的悲观：

> 有一些特别的信息好像有趋同性，一旦出现什么蛛丝马迹，人们的脖子后的感受系统就立即颤动起来，一大群能动的头脑便汇聚一处，如群鸭噪起，迎风飞去，团团围住信息的来源，这是一种智力的浸润，是一种炎症。①

其三，人的巨大潜质和广阔的可塑阈值决定了随机选择的合理性。1964 年 10 月 13 日，苏联中央政治局干净利落地完成了一次宫廷政变，赫鲁晓夫被软禁，接替他的是列昂尼德·伊里奇·勃列日涅夫。可当时勃列日涅夫是苏联共产党党内公认的最没有能力的人物，几乎所有的人都认为这个任命只是临时过渡，再过几年，总书记这个职务就会被党内那些强有力的人物，比如曾经的克格勃主席谢列平接手。然而，正如当初大家小看了斯大林和赫鲁晓夫一样，这次大家又没有估计到勃列日涅夫不仅成功地保住了自己至高无上的位置，挤走了几乎所有挑战的对手，还成为继斯大林之后在位时间最长的苏联领导人，从 1964 年到 1982 年，苏联进入了漫长的勃列日涅夫时代。这一个案所内涵的信息也许非常复杂，但至少可以引出一个结论：最优者绝非必然获得相应的最高位，社会不会绝对地按照争夺者的智能优劣顺序进

① 刘易斯·托马斯：《细胞生命的礼赞——一个生物学观察者的手记》，李绍明等译，湖南科学技术出版社 1992 年版，第 116 页。

行简单的线性排列，在更多情况下，“优”是一个宽容度很大的区间，在这个阈值区间内，在备选者众多的情况下，随机选择和初始领先就具有了极大的机动空间。

更重要的是，最先凸显者不但可以借助于“领地”资源强化领先者的地位，更能够在这一过程中激发出前所未有的巨大潜能。心理学告诉我们，人的很多潜能未被激发时，一般处于潜伏状态，这些处于潜伏状态的特殊能力只有在最必要的生存危机时刻，或者良性的心理自信的暗示下才可能被异常触发和点燃。所以人们不必惊讶于马云既是个商业成功者，还是一个难得的演说家，说到底，如果马云没有获得如此巨大的商业成就，他的演讲潜能也许就会被无情地掩埋。当中国“达人秀”第一季总冠军刘伟，用一般人想象中自己那无比愚笨的十个脚丫弹钢琴时，那流淌出的美妙旋律，实际上是在向全世界宣告，笨拙的脚丫背后，有着伟大的灵动本能。正是在这一点上，我们才敢说“人皆可以为尧舜”。

为什么中国历史上军事、政治人物常常不遵循均衡的地理分布，而是以“群”的形式涌现的？汉朝的沛县、明朝的凤阳、民国的湖南……这种与人口不成比例的领袖人物突发性随机喷涌的背后，归根结底是人才伟大的可塑性。可见，苏联西蒙罗夫认为“军人不是天生的”，一定有他进化上的理由。当一个具有无限潜能的种子放进一个适当的环境里，总会发芽。

其四，如果以短周期为特征的非理性市场选择更倾向当下经验，则领先凸显就更具有可操作性。就个体而言，不仅卡尼曼①已经证明消费者的理性很可能是有限的，个体的选择就只能是短周期的有限理性，也就是路易十五说的“我死了以后管它洪水滔天”。

---

① 卡尼曼，2002年诺贝尔经济学奖获得者，分析了不确定状态下人的非理性选择因素。

更重要的是，单个人总是根据自己有限的生命周期之利益最大化来决策的。假如我们每个人的平均寿命可以长达五万年，甚至五百万年，那么，那些导致死刑的犯罪成本就太高了，更多的自暴自弃者也会寻找新的发展空间，毕竟，有太多的时间让我们后悔和修正自己的人生，尝试完全不同的生命轨迹。

事实上，所谓的理性也永远只能是局部最优。我们当下的理解其实都是局部最优，就像孩子谈恋爱，追求的是短期局部最优，而父母可以根据自己的经验为孩子考虑长期，似乎看到了整体最优。同样推理，我们每一代只能看到局部的最优，而时代的总和才可能接近理性最优；可是，在无限的时间面前，我们又陷入了局部，正如数千年在数亿年面前依然是局部短期，所以，终极最优几乎是不存在的。适者生存只是解决了当下的最优，也是局部的最优，因为在不可预知的遥远时间内，它不能提供"向上"的方案。这已经远远超出了科学应有的能力和魅力。

而且我们永远不能天真地认为，具有长周期特征的"集体生命"(集体是不会死的)就一定是理性的，如果是这样，那纽交所的股票交易大厅应该是个安静的地方。第二次世界大战时期的德国，也许每一个个体都应该是相对理性的，可结构起来的"整体"怎会表现出巨大的非理性？某种情况下，"集体行为"天生就存在非理性的偏向和冲动。就如美国曾经有过一次行为艺术展，在一个巨大的玻璃罩里，几百万只蚂蚁紧密地缠绕在一起，跟随那不断翻搅、没有方向的食物蠕动，形成一个巨大的非理性怪物，这等于是在间接述说着人类的故事、市场的故事。犹如全世界的手机充电器各自为战，这带来了很大的麻烦和资源浪费，整体的非理性是显而易见的。但统一标准就一定是朝着理性迈步吗？专制社会的意识形态统一那么有效地扼杀了多样化创新，看上去是在维持自己定义的稳定，到头来，不还是在努力从反面促使专制体的衰败和崩解吗？

如果我们真的意识到，市场选择确实存在着多种可能性，甚至出现偏离理性的选择，那么，就不能一厢情愿地认为，只要我做到最优就可以“酒香不怕巷子深”。因为历史没有耐心等你 20 年后再推出自认为最优的操作系统，历史只会在最需要的时刻，选择“当下”最先凸显出来的应用系统。正像单晶体的结晶过程，它需要一些原子“先”形成晶核，而且只需要一个晶核，晶核形成后，其他原子即便不是出于自己的本意，也必须聚集到晶核的周围，使晶核不断长大，最后形成晶体。形成晶体的原子与其他原子没有本质的区别，可能就是因为它领先了一步，最后才成为中心。

所以，当一个重要的时间之窗开启，当一个重要的战略机遇期出现时，历史会青睐最先在它面前凸显出来的选项，而不是耐心等待遥远的所谓最优选项。只有等这些选项发展到接近垄断的程度时，不断升级以达到最优才是接下来的工作。

第五章

先动优势的博弈和概率分析

宁失一子,不失一先。

——《棋经》

生活中所有的博弈都有一个先后选择的问题，有人说过这样一句话：谁都可以争取先进门，谁先进了门，谁就可能关上门。所以我们总是会看到先入者对壁垒的设置，无论是安理会5个常任理事国对日本、印度等非常任理事国准入的更高要求，还是院士们对新申请院士日趋严格的考核标准，无论是核国家对非核国家试验核武器的态度，还是先发工业化国家集团对后发国家特定壁垒的设置，都在述说一个利益攸关的事实——最先未必最优，但最先肯定占优。这就是生活的逻辑——先下手为强。作为对现实生活的抽象，博弈中的很多游戏即使在初始设计时，已经兼顾到博弈双方的利益均衡，但在实际的操作过程中，仍难以避免先手的微妙优势。（不喜欢枯燥数字游戏的读者跳过这一章也无妨。）

一、游戏中的先动优势

比如下面这例我们小时候很熟悉的报数游戏：

博弈规则为：甲、乙两人每人每次只能顺报一个数或者两个数（不能不报数），后者接着前者的数继续报，比如甲报了1、2，乙可以报3，或者3、4。两人交替报数，谁报到10，谁就赢。甲先报数。

我们来分析这个模型（图5-1模型一），采用怎样的策略，甲才能确保取胜？可以倒着来思考：如果甲想确保报到10，那么甲就必须先报到7，这样，无论乙报8还是8、9，甲都能确保报到10。如果甲想确保报到 7,那么就要确保让乙报数是 6 或者 5,因此,甲必须确保自己能报到 4。同理,甲需要确保自己报数报到 1。

现在进行比赛,甲报 1,乙若报 2,甲就报 3、4;乙若报 2、3,甲就报 4。接下来,乙如果报 5 或者 5、6,甲就可报 6、7 或者 7,无论乙如何报数,都只能到达 8 或者 9,而甲就可以到 10。则 1、4、7、10 为甲必须争取的节点。

同样的游戏规则,我们看谁先到达 20。那么甲就需要确保每次可以报到 20、17、14、11、8、5、2。

图 5-1 模型三中的底色数字,就是节点,如果甲想获胜,就必须先手拿到节点。而每次如果想确保拿到一个节点,那么必须拿到这个节点之前的节点。依次类推,得到结论:要想赢得比赛,必须拿到第一个节点。并且每次报的个数和对方合起来是三个,即对方报 a($1\leqslant a\leqslant 2$)个数字,你就报($3-a$)个数,但最重要的是拿到第一个节点。

如果改变条件,在 10 和 20 以外设定最终节点又会怎么样呢?在多数情况下也能发现先报者同样占优。比如把 11 设为终点,则 8、5、2 分别是每一个关键的节点。2 是第一个节点,也就是说,如果掌握了这个博弈的规律,甲第一次走两格,之后每次都踩着节点来走,那么最后就能到达 11(见图 5-1 模型四)。

再比如设 16 为终点,甲依然可以抓到节点并取胜(见图 5-1 模型五)。

但难道后动的乙就完全没有成功的希望了吗?当然不是,假如设定终点为 15,则情况如图 5-1 模型六。

可以看到,如设 15 为终点。则 12、9、6、3 分别是节点。甲先走,但因为每次只能走一步或者两步,也就是说,甲无论怎样都无法踩到第一个节点。只要乙也知道这个博弈的规律,那么乙就会踩到 3,即第一个节点。之后步步为营,乙就可以达到 15。

模型一：	1	2	3	4	5	6	7	8	9	10

模型二：	**1**	2	3	**4**	5	6	**7**	8	9	**10**

模型三：	1	**2**	3	4	**5**	6	7	**8**	9	10
	11	12	13	**14**	15	16	**17**	18	19	**20**

模型四：	1	**2**	3	4	**5**	6	7	**8**	9	10
										11

模型五：	**1**	2	3	**4**	5	6	**7**	8	9	**10**
					11	12	**13**	14	15	**16**

模型六：	1	2	**3**	4	5	**6**	7	8	**9**	10
						11	**12**	13	14	**15**

模型七：	1	2	3	4	5	6	7	8	9	10
	11	12	13	14	15	16	17	18	19	20

图 5－1　报数游戏

问题的本质是，甲和乙在第一个关键节点的争夺上并不是均衡的，先动者抢到第一个节点的概率大于后动者。

假设一：以 20 个数字为例，如果依次将每一个数字分别设定为终点，那么，甲和乙可能各占有多少节点优势呢？

甲：20、19、17、16、14、13、11、10、8、7、5、4、2、1(共 14 个节点)

乙：18、15、12、9、6、3(共 6 个节点)

甲、乙获胜的机会比是：7/3

假设二：如果改变规则，每次可选数字扩大为 1—3 个数，也就是说甲可以选 1 或者 1、2 或者 1、2、3，那么，甲和乙在节点争夺上的胜率又是如何分布的呢？

甲：19、18、17、15、14、13、11、10、9、7、6、5、3、2、1(共 15 个节点)

乙：20、16、12、8、4(共 5 个节点)

甲、乙获胜的机会比是：3/1

我们从上述过程中，可以得到哪些结论呢？

① 如果能把握每一个节点，就能掌握整个游戏的主动权。

② 透过现象看本质，其实我们途中标出来的节点，都是显性的节点；最重要的点，还是起点，也就是第一个节点。

③ 无数游戏规则的设计中，先动者在概率上总是占优。

二、先动优势的博弈分析

纳什开创的均衡博弈模型在很多方面都给人以惊雷般的启发，博弈论的很多经典模型以及它们的衍生模型都或多或少含有对先动者的奖赏。比如好些博弈论著作中都会有关于路径依赖的案例，即初始的路径选择会对之后的发展和最后的结果产生影响。

请看图 5－2 博弈矩阵(1)。在这次博弈中，参与人甲和乙各有三个纯策略[①]，而左上、右上和右下的三个粗体且加了下划线的收益组合则是这一博弈的三个纳什均衡[②]。在这种情况下，最后的博弈结果究竟会是哪一个均衡呢？这就要看双方具体是怎样把劣势策略逐次消去的。我们发现，对于甲来说，“中”和“下”是相对于上的两个劣势策略，如果他先消去“下”的话，博弈矩阵变成(2)的情况。

---

① 在完全信息博弈中，如果在每个给定信息下，只能选择一种特定策略，这个策略为纯策略。——作者注

② 假设有 n 个局中人参与博弈，给定其他人策略的条件下，每个局中人选择自己的最优策略(个人最优策略可能依赖于也可能不依赖于他人的战略)，从而使自己利益最大化。所有局中人策略构成一个策略组合(strategy profile)。纳什均衡指的是这样一种战略组合，这种策略组合由所有参与人最优策略组成，即在给定别人策略的情况下，没有人有足够理由打破这种均衡。纳什均衡，从实质上说，是一种非合作博弈状态。——作者注

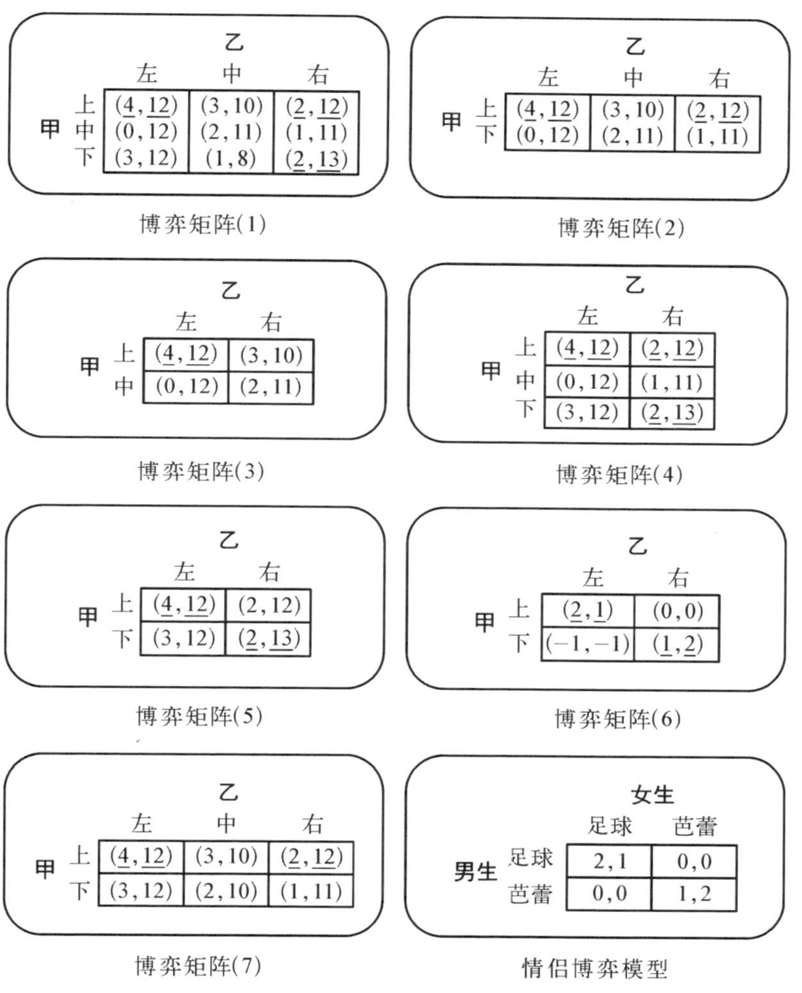

乙		左	中	右
甲	上	(4,12)	(3,10)	(2,12)
	中	(0,12)	(2,11)	(1,11)
	下	(3,12)	(1,8)	(2,13)

博弈矩阵(1)

乙		左	中	右
甲	上	(4,12)	(3,10)	(2,12)
	下	(0,12)	(2,11)	(1,11)

博弈矩阵(2)

乙		左	右
甲	上	(4,12)	(3,10)
	中	(0,12)	(2,11)

博弈矩阵(3)

乙		左	右
甲	上	(4,12)	(2,12)
	中	(0,12)	(1,11)
	下	(3,12)	(2,13)

博弈矩阵(4)

乙		左	右
甲	上	(4,12)	(2,12)
	下	(3,12)	(2,13)

博弈矩阵(5)

乙		左	右
甲	上	(2,1)	(0,0)
	下	(−1,−1)	(1,2)

博弈矩阵(6)

乙		左	中	右
甲	上	(4,12)	(3,10)	(2,12)
	下	(3,12)	(2,10)	(1,11)

博弈矩阵(7)

女生		足球	芭蕾
男生	足球	2,1	0,0
	芭蕾	0,0	1,2

情侣博弈模型

图5-2　博弈矩阵例图

这对于乙来说，“中”和“右”就是他的劣势策略，如果乙消去“右”，博弈矩阵变成(3)的情况。

这时只剩下一个纳什均衡(4,12)，当然就是最后的均衡了。

而如果乙一开始先消去它的劣势策略——“中”的话，情况就会有变化了，博弈矩阵会变成(4)的情况。

接着甲消去“中”这个劣势策略，得博弈矩阵(5)。

乙消去“左”，就剩下(2,12)和(2,13)了，对甲来说，无论怎样收益都是2，也就无所谓选择“上”或者“下”了。

当然，还有另外几种路径，最后所得到的均衡也各不相同，这个例子清楚地展示了路径依赖的作用形式，也就是从一开始就让情况向难以更改的方向发展下去。于是，率先找到可能会发生的路径依赖，并利用这一点让自己占据优势或者尽量避免陷入不利的境地就很重要了，尽管这并不容易。

探讨了路径依赖的现象，那么先者占优也就不难理解了。因为既然一开始的路径选择如此重要，很显然，抢先决策并选择对本方有利的路径就应当是最好的策略。在博弈论中，很多情况下都不止一个纳什均衡，而先决策的一方往往是占有优势的，因为他可以利用路径依赖把博弈的结果引向对自己有利的均衡。让我们看看(6)的博弈矩阵。

很明显，博弈矩阵(6)中有两个纳什均衡，(2，1)和(1，2)。对甲来说，前一个显然更好，而乙当然更倾向于后一个。这时矛盾就出现了，双方都希望达到对自己更有利的一个均衡，而最终结果如何就要看谁抢先决策了。这里我们仍然是在完全信息条件下进行讨论的，也就是后决策者是完全了解先决策一方的策略的。这样的话，甲如果抢先选择了“上”，乙为了自己的利益当然只能选择“左”了。同样，如果乙抢先选择了“右”，甲也就只能去选“下”了。

我们发现，这个例子所展示的情况中，两个纳什均衡分别对两个参与者有利，也就是说，这种博弈可以被我们看成是在起点处争夺优势。如果有一方的起点优势已经确立了，情况就不一样了，让我们看看博弈矩阵(7)。

这个博弈中甲的最优选择是让乙先决策，这样可以最大限度地保证自己的收益最大。但是我们发现，在这种情况里，无论哪一个结局，乙的收益总是大大超过甲的,也就是说,乙比甲更有动力追求一个更好的结局。这种情况往往有一个前提,就是乙方已经是占优一方了,所以甲的最优选择就是追随,最后分到一杯羹。这更证明了,起点处的优势一旦建立,由于路径依赖的存在,处在相对弱势地位的一方就很难改变局面了。在这种情况下,虽然还会有不甘心者挑战权威,但多数情况下,落后者还是会选择追随领先者,因为多数人都倾向于规避风险。

在博弈矩阵(7)的博弈中,是什么决定了甲的命运呢？毫无疑问,就是他在起步阶段的落后。在如今这个竞争近乎惨烈的经济环境中,先者占优的规律在很大程度上起着主导作用。一步滞后就可能沦为次要厂商,而其与主要厂商之间的竞争天平就会彻底倾斜,因此只能选择追随主要厂商的决策,以此决定自己的相关行动,所获的收益也往往远低于主要厂商,更残酷的是,除非主动退出或环境发生大的变化,否则这种被动的局面注定是次要厂商的最优决策[①]。

博弈论中,情侣博弈是大家熟悉的,如图5-2中的情侣博弈模型,说的是一对热恋中的男女生,男生当晚更想看足球比赛,女生则更喜欢看芭蕾演出,而且两人当晚都不愿意分开各自行动,那就出现了两个均衡的优势策略:要么一起看足球,要么一起看芭蕾。有意思的是双方根本不需要费尽心力猜摸对方的想法,最后的结果其实很简单,那就是:谁先提出动议或者先斩后奏干脆把票买好。无论这其中还有多少复杂的情感和微妙的信任分析,先行决策者总是获得了当下的相对最优。

事实上,在博弈论的大量案例中,比较多的情况是,当多个纳什均衡情况同时出现,往往是先出手决策的一方占优。

即使像流行的"强盗分赃"游戏,那种一眼看上去先选者注定吃大亏的博弈,也未必如此,博弈论研究者白波在他的论述中就很好地阐述

① 王则柯:《新编博弈论评话》,中信出版社2003年版,第164页。

了这一点。如果读者对自己的头脑很有自信，不妨也来看看这个问题：

有五个强盗抢得100枚金币，在如何分赃问题上争吵不休。于是他们决定：① 抽签决定各人的号码(1，2，3，4，5)；② 由1号提出分配方案，然后五人表决，如果方案超过半数同意就被通过，否则他将被扔进大海喂鲨鱼；③ 1号死后，由2号提方案，四人表决，当且仅当超过半数同意时方案通过，否则2号同样被扔进大海；④ 依次类推，直到找到一个每个人都接受的方案(当然，如果只剩下5号，他当然接受一人独吞的结果)。

假定每个强盗都是经济学假设的"自私的理性人"，都能很理智地判断得失、作出选择。为了避免不必要的争执，我们还假定每个判决都能顺利执行。那么，如果你是第一个强盗，你该如何提出分配方案才能够使自己的收益最大化?

这个严酷的规定给人的第一印象是：如果自己抽到了1号，那将是一件不幸的事。因为作为头一个提出方案的人，仅仅能活下来的机会都微乎其微。即使他自己一分不要，把钱全部送给另外四人，那些人可能也不赞同他的分配方案，那么他只有死路一条。

如果你也这样想，那么答案会大大出乎你意料。许多人公认的标准答案是：1号强盗分给3号1枚金币，4号或5号强盗2枚，独得97枚，分配方案可写成(97，0，1，2，0)或(97，0，1，0，2)。

只要你没被吓坏，你就可能站在这四人的角度分析：显然，5号是最不合作的，因为他没有被扔下海的风险，从直觉上说，每扔下去一个，潜在的对手就少一个；4号正好相反，他生存的机会完全取决于前面还有人活着，因此此人似乎值得争取；3号对前两个的命运完全不同情，他只需要4号支持就可以了；2号则需要3票才能活，那么，你……

思路对头，但是太笼统了，不要忘了我们的假设前提：每个人都十足理性，都不可能犯逻辑错误。所以，你应该按照严格的逻辑思维去推想他们的决定。

从哪儿开始呢？前面我们提过“向前展望，倒后推理”，推理过程应该是从后向前，因为越往后策略越容易看清。5 号不用说了，他的策略最简单：巴不得把所有人都送去喂鲨鱼（但要注意：这并不意味着他要对每个人投反对票，他也要考虑其他人方案通过的情况）。来看 4 号：如果 1—3 号强盗都喂了鲨鱼，只剩 4 号和 5 号的话，5 号一定投反对票让 4 号喂鲨鱼，以独吞全部金币。所以，4 号惟有支持 3 号才能保命。

3 号知道这个策略，就会提（100，0，0）的分配方案，对 4 号、5 号一毛不拔而将全部金币归为己有，因为他知道 4 号一无所获但还是会投赞成票，再加上自己的一票，他的方案即可通过。

不过，2 号推知 3 号的方案，就会提出（98，0，1，1）的方案，即放弃 3 号，而给予 4 号和 5 号各 1 枚金币。由于该方案对于 4 号和 5 号来说比在 3 号分配时更为有利，他们将支持他而不希望他出局而由 3 号来分配。这样，2 号将拿走 98 枚金币。不过，2 号的方案会被 1 号所洞悉，1 号将提出（97，0，1，2，0）或（97，0，1，0，2）的方案，即放弃 2 号，而给 3 号 1 枚金币，同时给 4 号或 5 号 2 枚金币。由于 1 号的这一方案对于 3 号和 4 号（或 5 号）来说，相比 2 号分配时更优，他们将投 1 号的赞成票，再加上 1 号自己的票，1 号的方案可获通过，97 枚金币可轻松落入腰包。这无疑是 1 号能够获取最大收益的方案了！

难以置信，是不是？难道上面的推理真是毫无破绽吗？

应该说，还真有一个模糊不清之处：其实，除了无条件支持 3 号之外，4 号还有一个策略（这是许多专家都没有考虑到的）：那就是提出（0，100）的方案，让 5 号独吞金币，换取自己的活命。如果这个可能成立的话（不要忘了“完全理性”的假定，既然可以得到所有钱，5 号其实并不必杀死 4 号），那么 3 号前面的策略就显然失败了，4 号如果一文不得，他就有可能投票反对 3 号，让他喂鲨鱼。

你可能要反对：作为理性人，4 号干嘛要做“损人不利己”的事呢？而且，这多少还要冒可能被扔下海的风险？是呀，有道理。可是，如果大家都是理性人，5 号在得钱后可以不杀死 4 号，那么对 4 号来说，投票赞成和投票反对 3 号都是一样的，也就是说，无论他怎么选择都可以。3 号当然不应该把希望寄托在 4 号的随机选择上。

如果我们允许有一点点“非理性”存在，即 5 号还是可能在不必要的情况下杀死 4 号，那么 4 号是不该冒这个风险；可是同理，3 号也不该冒没有必要的风险。无论是哪种情况，他都应该给 4 号 1 枚金币，使其得到甜头，支持自己。这样他的“保险方案”就是（99，1，0）；相应的，2 号的方案也要修改一点，比 3 号多给 4 号 1 枚，使其支持自己，也就是（97，0，2，1）。对于 1 号来说，倒是不必多掏钱，而是减少了两枚金币收买 4 号这一种可能性，也就是说，前面所说的“标准答案”只剩下了一种，即（97，0，1，0，2）。当然，他也可以选（96，0，1，3，0），但是由于收买 4 号要比收买 5 号多花 1 枚金币，所以也就算不上“最佳”方案了。

对这一案例，我们当然可以从很多方面得到启示，但无论如何都回避不了一个事实，那就是“先动优势”（First-mover advantages，FMA）的存在。

这与我们具体生活中的博弈态势也是相符的，即使不考虑雨果式的枪战决斗中，领先扳动枪机的分秒先手之争究竟有何等的胜率，仅仅以剑术等武林高手的博弈观之，特别在大量的信息不对称的博弈中，过招双方究竟是先发制人有利，还是后发制人有利？

坚信后发有利的最重要理由是：先发可能会被对方看出破绽，然后找到破解之道。但问题的本质是，先发者完全可以先发佯攻，即先发出一个误导对方的信息，等接招者对误导信息做出应对后，先发者立刻可以真正击出致命之招。所以，后发者必须对先发者的意图作出多种不同的判断，他得到的信息准确率最多是50%（真或者假），但先发者在第二次攻击时，信息的准确率将远远高于50%，因为对方必须对佯攻做出有针对性的回应，而这一回应在大概率上是可预测的。

正由于先发的优势明显，在很多博弈游戏中，无论把规则设计到怎样的均衡，先发仍然具有无可辩驳的概率优势。就像《炉石传说》首席技术设计师本・布罗德在推特中承认的，先手才是具备优势的一方。即使加入幸运币来弥补，但从大量统计数据来看先手依旧占据上风。而且针对一些人认为优势可能只对菜鸟有用，对于高端玩家而言出牌先后没有任何影响的说法，本・布罗德表示："先手优势对所有玩家均有影响，哪怕是最顶尖的1%的玩家也不例外。当然，开发团队仍将继续想办法尽可能消除先手优势。"

其实，彻底消除也许难度极大，因为即使是经历了千年演化的一些棋类的博弈中，先行优势也难以根除，所以，在中国象棋博弈中，红子（先走）必须贴时①，在围棋博弈中，黑子（先走）必须贴目②。而市场的博弈中因为无需"贴时""贴目"，优势自然就明显存在。

也正由于日常的博弈中，无论怎样设定游戏规则，都难以避免哪怕是最最细微的先手优势，所以在乒乓球、篮球等很多比赛中往往就采取扔硬币的办法决定谁是先手，而在更多的场合，最直接的办法就是博弈双方用"石头剪刀布"的办法抉择出先动者。

然而，有趣的是，即使"石头剪刀布"这种最具原始意义的平等博弈，可能也存在着极细微的不均衡。一项由浙江大学、浙江工商大学、

① 2007年3月6日至7日，中国象棋协会在上海召开中国象棋规则修改会议，针对谁都愿意执红，有先行之利，可以按照自己的风格及对手的特点选择开局，也为了增加竞争性而避免和局，特别是先走的红方蓄意和棋，则黑方非常难走，于是对象棋规则做了较大修改，其中最大的修改是实行"贴时贴分制"。2008年全国最高级别中国象棋"五羊杯"大赛，除继续执行红方贴时的竞赛规则外，比赛在对局用时方面做了新的改变——每局棋红方用时60分钟，黑方用时80分钟，双方每走一着均加30秒。

② 围棋术语。指黑方由于先手，在布局上占有一定的优势，为了公平起见，在最后计算双方所占地的多少时，黑棋必须扣减一定的目数或子数。——笔者注

中国科学院组成的研究小组用实验经济学的方法定量研究了360个大学生样本，发现在这“元博弈”状态下一个可能涉及心理学、物理学、神经科学的综合现象——每次博弈失败的一方更倾向于改变策略。据此，先胜的一方比较好的制胜策略应该考虑：如果你是输家，下一轮换用能打败对手的出手；如果你是赢家，下一轮不要再使用原来的出手。换句话说，你用石头打败了对手的剪刀，那么下一轮你不能再出石头，而应该出剪刀，因为对方很有可能会出布。

2014年4月21日，该成果已上传至康奈尔大学的预印本库arXiv。4月30日，《麻省理工科技评论》即以“如何在‘石头剪刀布’中胜出”为题推荐，认为这项研究是对人们玩“石头剪刀布”的方法的第一次大规模测量，揭示了隐藏的行为模式，聪明的人可以利用这个模式来提高自己的胜算。2014年5月2日，BBC新闻也以同名标题报道了该项研究，之后，国内外100多家新闻媒体以及包括自然哲学、数学、心理学和物理学在内的专业网站跟踪报道。

不管人们对这一研究结果有怎样的争议和好奇，有一点可以让我们对初始博弈进行思考：无论双方怎样无穷地在预测对方出手的策略上循环较劲，事实上，有概率支持的统计结果仍然是偏向首先胜利者的。

三、先发优势的概率统计

概率，是对不可预测的预测，是人类重大的发现之一。查尔斯·默里说：

> 不可确定性可以测量的发现从根本上改变了人类获取和管理知识的能力。在科学方面，这一发现不仅建立了一切硬科学、社会科学、工程和各种产业流程不可或缺的统计分析大厦，还揭开了只

有从概率角度才能理解的奥秘。量子力学论就是一个例子。经济学方面，有了不仅从简单的"是"或"不是"的角度，而从两者之间精确数字角度分析现实的能力后，管理风险成为可能。这反过来又产生了现代经济学。①

先发优势也像"吸烟有害健康"一样，可以从很多方面被证明是大概率事件，表 5－1 为《美国新闻与世界报道》发布的 2013 年美国大学综合排名。

表 5－1　2013 年美国大学综合排名

排名	大学英文名称	大学中文名称	所属州	地点都市
1	Harvard University	哈佛大学	MA	Cambridge
1	Princeton University	普林斯顿大学	NJ	Princeton
3	Yale University	耶鲁大学	CT	New haven
4	Columbia University	哥伦比亚大学	NY	New York
4	University of Chicago	芝加哥大学	IL	Chicago
6	Massachusetts Institute of Technology	麻省理工学院	MA	Cambridge
6	Stanford University	斯坦福大学	CA	Stanford
8	Duke University	杜克大学	NC	Durham
8	University of Pennaylvania	宾夕法尼亚大学	PA	Philadelphia
10	California Institute of Technology	加州理工学院	CA	Pasadena
10	Dartmouth College	达特茅斯学院	NH	Hanover
12	Northwestern University	西北大学	IL	Evanston

① 查尔斯·默里：《文明的解析：人类的艺术与科学成就》，胡利平译，上海人民出版社 2008 年版，第 260 页。

续 表

排名	大学英文名称	大学中文名称	所属州	地点都市
13	Johns Hopkins University	约翰霍普金斯大学	MD	Baltimore
14	Washington University in St. Louis	华盛顿大学圣路易斯分校	MO	St Louis
15	Brown University	布朗大学	RI	Providence
15	Cornell University	康奈尔大学	NY	Ithaca
17	Rice University	莱斯大学	TX	Houston
17	University of Notre Dame	圣母大学	IN	Notre Dame
17	Vanderbilt University	范德堡大学	TN	Nashville
20	Emory University	埃默里大学	GA	Atlanta
21	Georgetown University	乔治城大学	DC	Washington
21	University of California — Berkeley	加州大学伯克利分校	CA	Berkeley
23	Carnegie Mellon University	卡耐基梅隆大学	PA	Pittsburgh
24	University of California — Los Angeles	加州大学洛杉矶分校	CA	Los Angeles
24	University of Southern California	南加州大学	CA	Los Angeles
24	University of Virginia	弗吉尼亚大学	VA	Charlottesville
27	Wake Forest University	维克森林大学	NC	Winston-Salem
28	Tufts University	塔夫斯大学	MA	Medford
29	University of Michigan — Ann Arbor	密歇根大学安娜堡分校	MI	Ann Arbor
30	University of North Carolina — Chapel Hill	北卡罗来纳大学教堂山分校	NC	ChAPel Hill
31	Boston College	波士顿学院	MA	Boston
32	New York University	纽约大学	NY	New York

续　表

排名	大学英文名称	大学中文名称	所属州	地点都市
33	Brandeis University	布兰迪斯大学	MA	Waltham
33	College of William and Mary	威廉玛丽学院	VA	Williamsburg
33	University of Rochester	罗彻斯特大学	NY	Rochester
36	Georgia Institute of Technology	佐治亚理工学院	GA	Atlanta
37	Case Western Reserve University	凯斯西储大学	OH	Cleveland
38	Lehigh University	里海大学	PA	Bethlehem
38	University of California — Davis	加州大学戴维斯分校	CA	Davis
38	University of California — San Diego	加州大学圣地亚哥分校	CA	San Diego
41	Rensselaer Polytechnic Institute	伦斯勒理工学院	NY	Troy
41	University of California — Santa Barbara	加州大学圣芭芭拉分校	CA	Santa Barbara
41	University of Wisconsin — Madison	威斯康辛大学麦迪逊分校	WI	Madison
44	University of California — Irvine	加州大学欧文分校	CA	Irvine
44	University of Miani	迈阿密大学	FL	Miami
46	Pennsylvania State University — University Park	宾州州立大学帕克分校	PA	University Park
46	University of Illinois — Urbana-Champaign	伊利诺伊大学香槟分校	IL	Champaign
46	University of Texas — Austin	德州大学奥斯丁分校	TX	Austin
46	University of Washington	华盛顿大学	WA	Seattle
46	Yeshiva University	叶史瓦大学	NY	New York
51	Boston University	波士顿大学	MA	Boston

为了证明美国大学排名顺序与大学建校年代具有概率上的相关性，也即，相对而言，越早成立的大学综合排名可能越靠前，根据这个思路，我请研究生杨献宇为我认真细致地查阅了上述各大学的诞生年代，然后把这 50 个大学分成五组，每组十所，分别计算出每组的平均诞生年代，然后点到相应的坐标位置，见图 5－3。

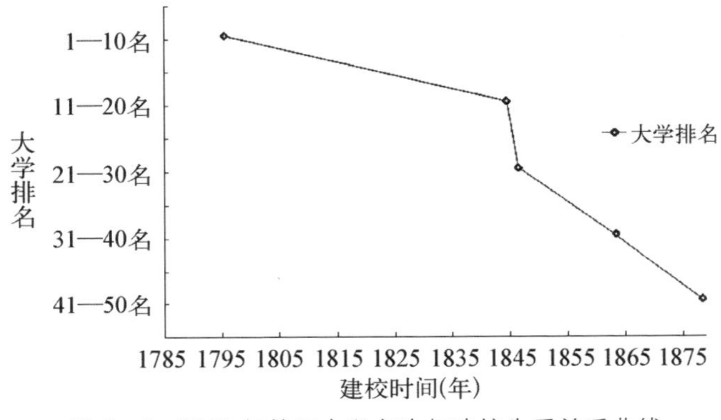

图 5－3　2013 年美国大学名次与建校先后关系曲线

组分的方法可以使我们排除个别大学的异常波动，于是我们就得到一条非常稳定的趋势线，在概率图谱上很清晰地显示出大学建校时间与当今综合排名顺序的高度相关性。不仅美国，放眼全球各国大学的排序，应该都具有这一概率上的统计事实。甚至从英国 800 年前到今天，即便再过 800 年，剑桥大学和牛津大学依然可能遥遥领先。历史的锁定是如此的坚固，知识和名望在缓慢的积累中稳步向前。

值得重视的是，当我们用这种组分的概率统计方法对钢铁、化工、汽车、互联网等更多行业进行考察时，都能发现这一稳定下滑的趋势线，证明先动优势在概率上是成立的。

1. “先者”的市场占有率优势

如图 5－4 所示，美国 PSI（战略规划研究所）的研究揭示，在 500 个成熟的行业中，第一个进入者的平均市场占有率达 29%，早期跟进者的平均市场占有率为 21%，而其余平均占有率为 15%。可见，抢先进入市场的企业一般能够获得较高的市场占有率。

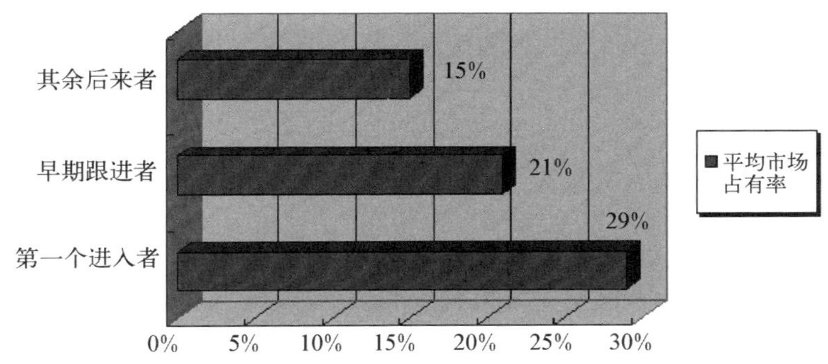

图 5－4　企业的市场进入顺序与平均市场占有率的关系①

图 5－5 显示的是一个市场中企业的市场占有率随时间变化的情况。很明显，率先进入产业的企业在很长一段时间内都可以保持市场占有率的领先；追随企业进入得越晚，要赶上先锋企业的市场占有率所需的时间就越长。

显然，抢先进入新的产业或细分市场，为企业带来的市场收益率优势是最大的，可以让企业在新的产业或细分市场中占据领导地位。

2. “先者”的投资收益率优势

投资收益率作为现代企业的一个核心经济效益目标，在衡量企业战略的成功与否上具有重要的参考意义。而实际上，市场占有率与企业利润率又是相关的，因此“先者”在市场占有率上的优势，又会带来投资收益率上的优势。20 世纪 60 年代后期，通用电气公司的战略规划

① 美国 PSI 对 500 个成熟的行业的调查数据，转引自施国琴：《先者生存——基于进入时机的竞争优势研究》，百度学术检索系统。

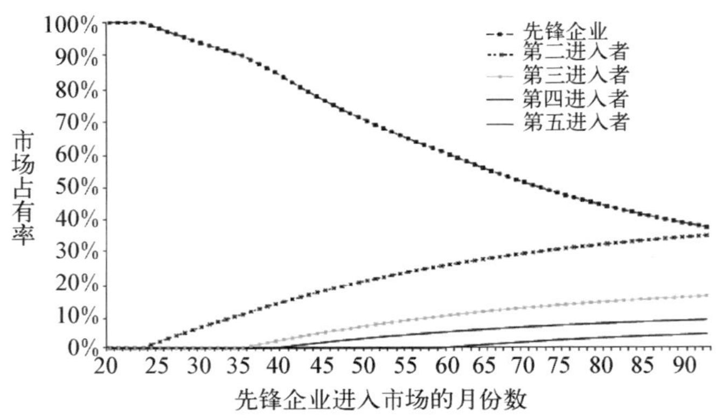

图 5-5　企业的平均市场占有率随时间变化的趋势①

研究所(SPI)通过对 3 000 家北美洲及欧洲的企业(包括制造业和服务业)的研究发现,市场占有率与企业的利润率是相互关联的,如图 5-6 所示。从图 5-6A 中可以看出,企业的投资收益率(ROI)随着市场占有率的增长而增长;而图 5-6B 则说明投资收益率随相对市场份额的上升而稳定地增长。因此,“先者”抢先进入产业或细分市场所带来的市场占有率的优势,也就意味着更高的投资回报率。

3. “先者”有较高的存活率

任何一个产业或市场中的企业,要想获得长远的持续发展,首先必须保证足够的生存寿命和较高的存活率。因此,存活率这一指标,是对“先者生存”战略的重要考量标准之一。从表 5-2 中可以看到,在衍生新产品市场中,先锋企业的存活率在 4 年、8 年、12 年后,分别领先早期跟随企业 16%、27%和 22%。也就是说,进行通常意义的企业战略转型后,成为市场领先者的企业能获得非常明显的存活率优势。

① Golder Peter N., Tellis Gerard J., Pioneer advantage, Marketing logic or marketing legend? *Journal of Marketing Research*, 1993, 30(2): 160.

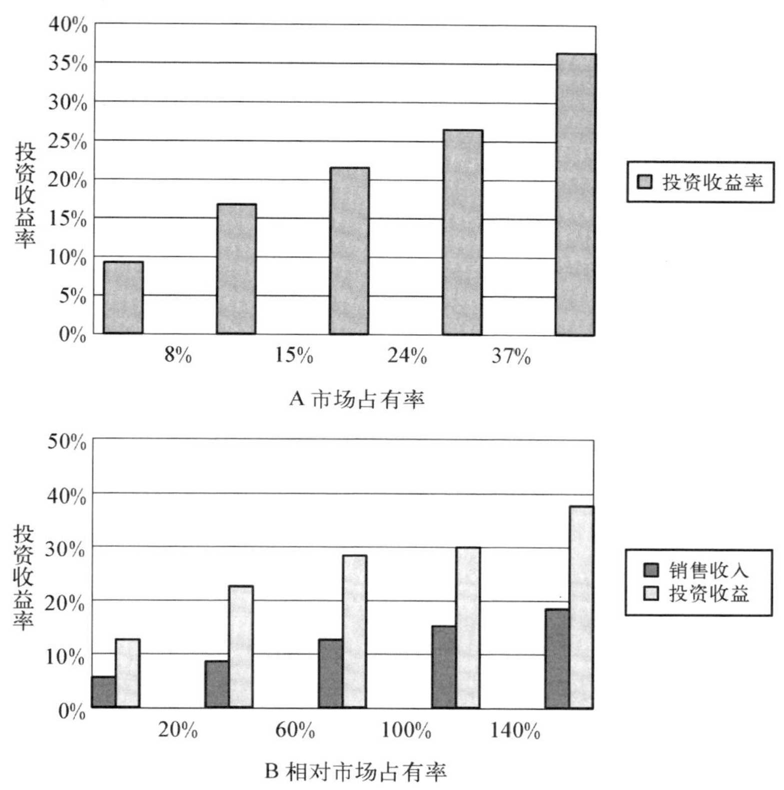

图 5－6　市场占有率与投资收益率的关系①

表 5－2　先锋企业和早期跟随企业的存活率比较②

	初始数量	4 年后存活率	8 年后存活率	12 年后存活率
完全新产品市场				
先锋企业	66	76%	53%	23%
早期跟随企业	146	74%	50%	38%

① 格里·约翰逊、凯万·斯科尔斯,《公司战略教程》,北京华夏出版社 1998 年版,第 171 页。

② Sungwook Min, Manohar U Kalwani, Market Pioneer and Early Follower Survival Risks, A Contingency Analysis of Really New versus Incrementally New Product-Markets, http://www. csulb.edu/—smin2/Survival%20Analysis%20Final.pdf.

续　表

	初始数量	4年后存活率	8年后存活率	12年后存活率
衍生新产品市场				
先锋企业	198	92%	79%	61%
早期跟随企业	340	76%	52%	39%

表5-3列出了1946—2001年,新产品市场的“先者”的生存状态,表格第二列的小括号内的数字是率先进入者进入市场的年份,表格第三列中“失败”旁边的小括号内的数字是率先进入者退出市场的年份,表格第四列中的资料是当前该产品的市场领先者的名称和进入市场的时间(其中带“★”的品牌是经过多年市场竞争,截至2001年年底依然保持市场领导地位的率先进入者)。

表5-3　新产品市场的“先者”生存状态①

新产品名称	率先进入者(进入市场的时间)	生存状态(退出市场的时间)	当前市场领先者(进入市场的时间)
3.5英寸软盘驱动器	Sony(1981)	生存	LG(1989)
杀毒软件	Symantec(1982)	生存	Symantec ★
盒式音带播放机	Philips(1962)	生存	Panasonic
自动取款机	Docutel(1967)	失败(1986)	Diebold(1970)
CAD软件	Autodesk(1982)	生存	Autodesk ★
便携式摄像机	Kodak(1984)	失败(1987)	Sony(1985)
CD播放机	索尼(1982)	生存	Sony ★
CD-ROM驱动器	索尼(1984)	生存	LG(1989)
便携式电话	AT & T(1979)	生存	Verizon(2000)

① 此表数据由我的研究生施国琴独立调查以及采自国际著名学术期刊、公司历史简介和在线商业数据,数据截至2001年年底。

续 表

新产品名称	率先进入者（进入市场的时间）	生存状态（退出市场的时间）	当前市场领先者（进入市场的时间）
彩色电视机	RCA(1953)	生存	RCA ★
无绳电话	Keytronics(1975)	失败(1979)	Vtech(1991)
数据库软件	Ashton-Tale(1981)	失败(1991)	Microsoft(1992)
台式电脑出版软件	Aldus(1984)	生存(改为 Adobe)	QuarkExpress (1987)
数码相机	Logitech(1991)	生存	Sony(1997)
点阵打印机	Seikosha(1964)	失败(1979)	Okidata(1972)
DVD 播放机	Toshiba(1996)	生存	Sony(1997)
电动牙刷	Squibb(1960)	失败(1968)	欧乐- B(1978)
传真机	Magnovox(1960)	失败(1965)	Sharp(20 世纪 80 年代早期)
平板扫描仪	Kurzweil(1978)	失败(1979)	Visioneer(1994)
食品加工机	Cuisinart(1972)	生存	Hamilton-Beach (1975)
高清晰度电视	Zenith(1998)	生存	Zenith ★
家用微波炉	Tappan(1955)	失败(1985)	Sharp(1974)
家用录像机	Sony(1975)	生存	RCA/Matsushita (1977)
喷墨打印机	HP(1984)	生存	HP ★
拍立得摄影	Polaroid(1984)	生存	Polaroid ★
英特网浏览器	Mosaic(1993)	失败(1998)	Microsoft(1995)
英特网服务提供者	Compuserve (1980)	失败(1997)	美国在线(1985)
激光打印机	IBM(1975)	生存	HP(1984)
大型计算机	Univac(1946)	失败(1986)	IBM(1953)
笔记本电脑	Teleram Communications (1980)	失败(1985)	Dell(1984)

续 表

新产品名称	率先进入者（进入市场的时间）	生存状态（退出市场的时间）	当前市场领先者（进入市场的时间）
个人电脑操作系统	CP/M-Digital Research(1976)	失败(1996)	Microsoft(1981)
PDA个人数字助理	Amstrad(1993)	失败(1995)	Palm(1996)
寻呼机	摩托罗拉(1974)	生存	Cobra
个人电脑	MITS(1975)	失败(1979)	Dell(1984)
个人金融软件	Dollars and Sense (1982)	失败(1986)	Quicken(1984)
影印机	3M Thermofax (1950)	失败(1962)	Canon(1969)
口袋计算器	Bowmar(1971)	失败(1975)	Texas Instruments (1972)
Presentation 软件	Harvard Presentation Graphics(1986)	生存	PowerPoint(1993)
投影电视	Advent(1973)	失败(1981)	InFocus(1986)
一次性照相机	Fujifilm(1986)	生存	Fujifilm ★
电子制表软件	Software Arts (1979)	失败(1983)	Microsoft(1985)
电话答录机	Code-A-Phone (1958)	失败(1993)	Panasonic(20 世纪 70 代早期)
视频游戏	Magnavox(1971)	失败(1980)	Sony(1991)
字处理软件	MicroPro International (1979)	失败(1995)	Microsoft(1989)
工作站	Three Rivers (1980)	失败(1983)	Sun(1982)
英特网搜索器	Yahoo(1995)	生存	Yahoo ★

该项调查的样本总数是 46。根据上表数据资料统计，总共 46 个“率先进入者”中有 21 个生存下来（截至 2001 年年底），“率先进入者”的生存率是 45.65%。在 21 个生存的“率先进入者”中，有 9 家（42.86%）仍然处于市场领先地位。“率先进入者”的市场平均领先时间长达 18.11 年。可见，“先者”在存活率方面具有显著优势。相对其他千千万万个市场跟随者来说，“先者”的存活率高达 45.65%。

4. “先者”有较高的品牌回忆率

在“先者”品牌回忆测试中，被访者得到一个品牌列表，其中共有四个产品类别，每个产品类别分别由 5 个品牌组成。被访者根据自己的经验判断，分别勾选出每个产品类别的“先者”品牌。为了减少随意猜测的成分，问卷设置了“无法确定”这个选项。如表 5－4 所示，在四个产品类别中，“先者”的平均正确辨认率高达 77.6%，说明消费者都能较准确地回忆起各类产品中的“先者”品牌，可见消费者较易记住“先者”品牌的地位。

表 5－4 “先者”品牌回忆测试结果①

类别/品牌	被认为“先者”品牌的次数	“先者”品牌正确辨认率(%)
个人立体声音响		
Sony(“先者”)	250	69.6
Bush	35	9.7
Panasonic	18	5.0
Alba	8	2.2
Aiwa	2	0.6
无法确定	46	12.8

① Ruth Rettie, Simon Hilliar' & Frank Alpert, Pioneer brand advantage with UK Consumers, *European Journal of Marketing*, Vol.36, No.7/8, 2002: 903.

续　表

类别/品牌	被认为“先者”品牌的次数	“先者”品牌正确辨认率(%)
二合一香波		
Wash & Go(“先者”)	233	71.9
Head & Shoulders	75	23.1
Pantene	9	2.8
Organics	6	1.9
Nutralia	1	0.3
无法确定	35	9.7
汽酒饮料		
Hooch(“先者”)	225	84.0
Two Dogs	28	10.4
Woody's	8	3.0
Lemonhead	4	1.5
Shotts	3	1.1
无法确定	91	25.3
泡沫矿泉水		
Perrier(“先者”)	280	84.9
Buxton	32	9.7
Highland Spring	9	2.7
Strathmore	5	1.5
Aqua Pura	4	1.2
无法确定	29	8.1

接着,我们再观察一下各个产品类别中其他品牌被误认为“先者”的平均概率(以下简称“误指率”①),个人立体声音响的误指率为4.38%,二合一香波的误指率为7.28%,汽酒饮料的误指率为4%,泡沫矿泉水的

① 本文所指“误指率”主要说明正确辨认率的宽容系数,比如70%的人知道某种商品,但其中5%的人可能认错,70%需要打一定折扣,故人为设计一定的“误指率”。

误指率为3.78%,所有产品类别的平均误指率仅有4.86%左右。再看四类产品中,被访者无法确定“先者”品牌的平均概率是13.98%。

如果品牌的“先者”地位与消费者的购买选择过程关系不大,那么在本项测试结果中被访者对“先者”品牌的平均辨认率就不可能高达77.6%。这些数据表明,对消费者来说,品牌的“先者”地位是一个显著的特征,比较容易记忆。绝大多数消费者在接受品牌信息的时候,是非常注意它们的“先者”地位的。

5. “先者”有较高的名称复述率

为了测试“先者”品牌(即使已经不再是品牌领导者)能否被回忆起来,“先者”名称复述测试选择了四类产品,它们的“先者”品牌已经不再是市场的领导品牌。被访者在没有任何提示的情况下,复述出所有与这四类产品相关的品牌名称。

表5-5中罗列了各类产品中被复述出来的主要品牌名称。在三类产品(个人电脑、冰啤和水果酸乳酪)中,“先者”的品牌名称被复述出来的频率远远高于其余的品牌名称,而只有在CD播放器这类产品中,“先者”品牌名称的复述频率屈居第四位。

表5-5 “先者”名称复述测试结果①

类别/品牌	市场排名	名称复述次数	被复述率(%)
个人电脑			
Apple(“先者”)	8	175	24.4
IBM	3	169	23.5
Amstrad	15	76	10.6
Compaq	1	51	7.1

① Ruth Rettie, Simon Hilliar & Frank Alpert, Pioneer Brand Advantage with UK Consumers, *European Journal of Marketing*, Vol.36, No.7/8, 2002: 904.

续 表

类别/品牌	市场排名	名称复述次数	被复述率(%)
Packard Bell	4	41	5.7
其他品牌(16 种)	—	206	28.7
无法确定	—	67	—
冰啤			
Labatts(“先者”)	3	104	35.9
Fosters	1	89	30.7
Budweiser	2	57	19.7
Carlsberg	4	18	6.2
Coors(非冰啤)	—	8	2.8
其他品牌(4 种)	—	14	4.7
无法确定	—	186	—
CD 播放器			
Sony	1	265	31.1
Panasonic	6	126	14.8
Aiwa	—	98	11.5
Philips(“先者”)	7	82	9.6
Alba	—	48	5.6
其他品牌(11 种)	—	233	27.4
无法确定	—	53	—
水果酸乳酪			
Ski(先锋品牌)	2	270	36.6
Muller	1	143	19.4
Store brand	—	117	15.9
Shape	3	66	9.0
StIvel	—	53	7.2
其他品牌(8 种)	—	88	11.9
无法确定	—	28	—

四类产品的“先者”品牌名称的平均被复述率达到26.63%。与此相对的是，个人电脑产品的其余品牌（除“先者”品牌以外的品牌）的平均被复述率是3.78%，冰啤产品的其余品牌的平均被复述率是8.01%，CD播放器产品的其余品牌的平均被复述率是6.03%，水果酸乳酪产品的其余品牌的平均被复述率是5.28%。四类产品中其余品牌的平均被复述率是5.78%。

从品牌名称的被复述频率看，“先者”的26.63%远远高于其余品牌的5.78%。由此可见，即便“先者”品牌已经不再是市场的领导者，但是它们的品牌名称仍然具有很高的被复述率。

6. “先者”产品更容易被购买

本项调查要求被访者指出他们曾经实际购买过的品牌的名称，然后比较能正确指认“先者”品牌地位的和不能正确指认“先者”品牌地位的两类消费者中分别购买“先者”品牌的概率。

表5-6显示，在能正确指认Sony是“先者”品牌的消费者群体中，有51%的人购买过Sony；在不能正确指认Sony是“先者”品牌的消费者群体中，只有37%的人购买过Sony。可以发现，那些能正确指认“先者”品牌地位的消费者群体对该“先者”品牌的实际购买率，明显高于不能正确指认“先者”品牌地位的消费者。能正确指认“先者”品牌地位的消费者中，实际购买过“先者”产品的平均比率是58%；而不能正确指认“先者”品牌地位的消费者群体对该“先者”品牌的平均购买率为43.5%，比前者低了14.5个百分点。

可见，能够正确指认“先者”品牌地位的消费者，往往更可能是曾经购买过该品牌产品的人。这意味着对品牌的“先者”地位的认知会促进实际购买。虽然导致消费者实际购买一个品牌的影响因素很多，但是本项测试的结论说明，能否正确指认“先者”品牌地位，确实是影响消费

表 5-6 购买行为和回忆"先者"品牌地位之间的关系测试结果[①]

"先者"品牌	能正确指认"先者"品牌地位的购买者比例	不能正确指认"先者"品牌地位的购买者比例
Sony	51%	37%
Wash & Go	62%	37%
Hooch	36%	25%
Perrier	83%	75%

者实际购买行为的一个重要因素。由此可以得出以下推论:"先者"品牌地位更容易被消费者记忆和回忆,而能回忆起"先者"品牌地位的消费者更可能对"先者"产品采取实际购买行为,所以"先者"品牌在消费者购买过程中具有明显优势,"先者"产品更容易被购买。

先者的占优似乎让我们看到一条比推动科学进步强大动力更严酷的规律:

> 谁先抢到鸡蛋谁是赢家,而不是谁先看到鸡蛋谁是赢家。几乎人人都听说过贝尔这个人,但鲜有人知道格雷是何许人也。贝尔和格雷分别独自发明了通过电线传递话音的类似装置,然而格雷申请专利时比贝尔晚了两个小时。[②]

---

① Ruth Rettie, Simon Hilliar & Frank Alpert, Pioneer Brand Advantage with UK Consumers, *European Journal of Marketing*, Vol.36, No.7/8, 2002: 905.

② 查尔斯·默里:《文明的解析:人类的艺术与科学成就》,胡利平译,上海人民出版社 2008 年版,第 138 页。

第六章

“先者生存”的进化逻辑

不知什么缘故，我对爱因斯坦大脑的重量及脑回鲜有兴趣；相反，我思考的是这样一个事实：那些具有同样天赋的人却注定要在棉花地和血汗工厂里辛苦一辈子，直到死。

——斯蒂芬·杰伊·古尔德《熊猫的拇指》

从成建制的连锁响应角度而言，工业革命应该是地质史上最具戏剧性的节目，英格兰中部又幸运地成了这个革命的舞台中心。到1851年5月1日世界上第一次规模空前的世博会（万国工业博览会）在伦敦“水晶宫”开幕（图6－1），近百年的工业革命不仅以令人眼花缭乱的丰硕成果检阅了人类历史的“质变”，更把整个世界裹挟到以英国为核心的新的历史起点上。共有600多万人参观了博览会，英国维多利亚女王在开幕当晚的日记中，心潮澎湃地写道：“把地球上所有国家的工业联合起来——确实让人感动，永远值得纪念。”①

图6－1　1851年盛况空前的水晶宫万国工业博览会

① 赫胥黎：《进化论与伦理学（全译本）》，宋启林等译，北京大学出版社2010年版，卷首。

英国以及整个欧美率先互联成了一个“进化”的核心圈，人类发明和创造史上无数的“第一”在持续孕育和高速裂变。值得注意的是，随着与核心圈的物理距离和文化亲疏在全球范围的渐次递减，东方和西方、南方和北方开始了漫长的不均衡演变，直至 2015 年 10 月 5 日奥巴马向全世界宣布：“我们不能让像中国这样的国家书写全球经济规则。”不管这段话具有什么样的实际效用，我们依然可以从中窥见在几乎两个半世纪的长周期中，最初抢先者的“领地意识”和由此而产生的内生性恐惧会怎样忌惮甚至阻遏后发者的步伐。国家和国家集团在物质文明进化上的先进与落后之差跟种姓无关，其真正的要害也许就是“先”与“后”之差，进化的奥秘常常就隐藏在对关键节点的先取上。

一、蚯蚓发育战略与前摄干扰

据说作为雌雄同体的寡毛纲陆生环节动物的蚯蚓在全球有 4 500 多种，有一类蚯蚓在刚出生时，两端都有可能发育成头部，而一旦某一端先发育成头部雏形，这个“头部”就会向尾端不断发射某种“物质”和信息，抑制尾部形成头的趋势，直至其成为一个死疙瘩。大自然这样做的目的可能是它知道两个头不仅是不经济的，而且是危险的。说到底，就像自行车把手或汽车的方向盘绝不能由两人同时操控。这样，蚯蚓的战略就应该是尽可能在均衡的初期抢先发育成形，从而确立颠覆性优势。

所以，从很多方面看，大自然的真正残酷并不在于食物链上弱肉强食的撕咬和血肉横飞的吞噬，而在于同类之间仅因毫厘之差最终命悬一线、江山尽失。

20 世纪 90 年代，上海白玉兰电视节曾经播出过一部美国拍的科学纪录片《致命的抚养》，描述的是一种叫鹩哥的鸟，喜欢把蛋下在别的鸟巢里，让别人承担抚养义务。影片里某一只鹩哥首先破壳而出，这时候它就占有了先者生存的机遇，幼鸟的父母在毫不知情的情况下很专心地给它喂食（鸟类的喂食习惯一般是先到先喂，而不是均衡地给予每一个雏鸟，这可能是在资源稀缺条件下相对有利于基因保存的进化选择）。随着它渐渐长大，为了能独吞鸟食，它竟然做出了最恐怖的行动——趁大鸟不在的时候，不断地用自己颤颤巍巍的雏鸟肢体，极其费力地把鸟巢里其他几个鸟蛋一个一个拱挤出鸟巢，从高高的树上坠地而粉身碎骨。这一触目惊心场面的设计者不是别人，正是自然，自然以这种最残酷的方式向人们传达了一个道理——最先者得益。

生死存亡的争夺是宇宙中永不停歇的大剧，最先的破土而出总会衍生更大的优势，甚至连植物也不例外。植物顶端优势就是一个鲜明的案例，它是指主茎顶芽的生长能抑制侧芽的生长，调控侧枝的生长速度和生长角度的现象。作为自然界普遍存在的一个现象，顶端优势在苔藓、蕨类、种子植物中更突出，向日葵、烟草、麻类等属于强顶端优势，生长方式是侧芽终生潜伏，只有当顶芽受损时，侧芽才萌发生长；雪松、桧柏、水杉、银杏等是较强顶端优势，生长方式为主茎生长快、侧枝生长慢，而且主茎对侧枝的抑制生长作用是由上而下递减，距茎尖越近的侧枝受顶芽抑制强度就越烈，生长就越慢。更有甚者，植物的地下部位——根部也一样存在着顶端优势，主根在生长过程中会严重抑制侧根的生长。

植物顶端优势的形成原因和内源激素的平衡调控与营养的定向运输有关，顶芽由于发芽早，输导组织发达，自身又是生长素的合成部位，因此不仅成为生长中心，而且还是强代谢中心，又能获得较好的阳光，在竞争中就能优先获得营养，从而更进一步加强了顶芽生长的绝对优势地位；侧芽发育迟，与主茎没有维管束[①]，因此在竞争中处于有机物

① 维管束是维管植物（蕨类植物、裸子植物和被子植物）的叶和幼茎等器官中，由初生木质部和初生韧皮部共同组成的束状结构。维管束彼此交织连接，构成初生植物体输导水分，无机盐及有机物质的一种输导系统——维管系统，并兼有支持植物体的作用。——笔者注

运输主流之外，由于缺乏养分而导致生长完全或部分受抑。

令人惊讶的是，上述整个过程简直就像是在演绎商业社会的不变法则，更像是在讲权力斗争的永恒规律。当工业革命率先在英国和欧洲其他国家兴起时，它们可以肆无忌惮地用批量化的机器和螺帽建立自己的世界市场，甚至不惜以战争作为载体，强行炸开落后国家的城墙，大肆掠夺当地的各种资源。等它们挖完了第一桶金后，落后国家开始发展工业时，关税等贸易壁垒以及绿色、低碳、环保等新规则和新观念层出不穷，作为西方主流文明的侧芽，发展中国家又开始承受新一轮打压。关键是，这一切都天衣无缝地具有连对手都无法抗拒的道德和文明进化上的合理性（比如绿色排放）。

大自然在先后顺序的设置上总是倾向于褒前抑后，也就是“先”总是会想方设法干扰“后”。心理学上的“前摄干扰”就是一个有意思的现象。前摄干扰也称前摄抑制，在认知心理学上指之前学习过的材料对以后学习的材料的干扰。可以这样比喻：当我们学习英语单词时，我们以前学习过的汉语拼音对我们的记忆有干扰。换句话说，一些项目的提取可能会干扰其他项目的学习，特别是当项目间存在相似性时。如果某个人告诉你他的电话号码，那么你很可能会记住它。但是如果有两个人同时告诉你他们的电话号码，那么对你来说要把后面的一个电话号码记住就显得很困难了。当你第一次将车泊在购物中心的停车位时，你可以很容易地找到它。但是泊车多次后，你就不会那么容易找到它了[①]。这种对最先知觉到的信息具有更大权重的认知特点与心理学的“首因效应”很类似，首因效应由美国心理学家洛钦斯首先提出，也叫首次效应、优先效应或第一印象效应，指交往双方形成的第一次印象对今后交往关系的影响，也即“先入为主”带来的效果。最先输入的信息对客体以后的认知产生的影响作用，即因信息输入顺序而产生的效

① 戴维·迈尔斯：《心理学（第七版）》，黄希庭等译，人民邮电出版社 2006 年版，第 313 页。

应的现象，洛钦斯在1957年的实验中已经证实，他用两段杜撰的故事做实验材料，描写的是一个叫詹姆的学生生活片断。一段故事中把詹姆描写成一个热情并且外向的人，另一段故事则把他写成一个冷淡而内向的人。两段故事分别为：

> 詹姆走出家门去买文具，他和他的两个朋友一起走在充满阳光的马路上，他们一边走一边晒太阳。詹姆走进一家文具店，店里挤满了人，他一边等待着店员对他的注意，一边和一个熟人聊天。他买好文具在向外走的途中遇到了熟人，就停下来和朋友打招呼，后来告别了朋友就走向学校。在路上他又遇到了一个前天晚上刚认识的女孩子，他们说了几句话后就分手告别了。
>
> 放学后，詹姆独自离开教室走出了校门，他走在回家的路上，路上阳光非常耀眼，詹姆走在马路阴凉的一边，他看见路上迎面而来的是前天晚上遇到过的那个漂亮的女孩。詹姆穿过马路进了一家饮食店，店里挤满了学生，他注意到那儿有几张熟悉的面孔，詹姆安静地等待着，直到引起柜台服务员的注意之后才买了饮料，他坐在一张靠墙边的椅子上喝着饮料，喝完之后他就回家去了。

洛钦斯把这两段故事进行了排列组合：一种是将描述詹姆性格热情外向的材料放在前面，描写他性格内向的材料放在后面；一种是将描述詹姆性格冷淡内向的材料放在前面，描写他性格外向的材料放在后面；一种是只出示那段描写热情外向的詹姆的故事；一种是只出示那段描写冷淡内向的詹姆的故事。

洛钦斯将组合不同的材料，分别让水平相当的中学生阅读，并让他们对詹姆的性格进行评价。结果表明：第一组被试者中有78%的人认为詹姆是个比较热情而外向的人；第二组被试者中只有18%的人认为詹姆是个外向的人；第三组被试者中有95%的人认为詹姆是内向的人；第四组只有3%的人认为詹姆是外向的人。

研究证明第一印象对认知的影响具有概率上的确定性。

有一位心理学家也曾做过一个有趣的实验：把被试者分为两组，同看一张照片。对甲组说，这是一位屡教不改的罪犯。对乙组说：这是位著名的科学家。看完后让被试者根据这个人的外貌来分析其性格特征。结果甲组说：深陷的眼睛藏着险恶，高耸的额头表明了他死不改悔的决心。乙组说：深沉的目光表明他思维深邃，高耸的额头说明了科学家探索的意志。

这个实验在某种程度上证明了“理论先于观察”“偏见是理解的前见”，而“前见”又往往与信息进入顺序密切相关。图6-2的自然环境中有一只带有保护色伪装的大竹叶虫，一旦你看到了竹叶虫，你就再也不可能看不到它了。但如果你是一个之前从未看到过竹叶虫的盲人，即使你复明了，你也不可能看到图中的竹叶虫，因为你没有竹叶虫的“前见”①。

图6-2　竹叶虫视觉实验

也许正因为有这种认知和记忆上的“序列位置效应”，很多实战工作者就对排序的先后具有一种特别的职业敏感，三星的“先见、先手、先制、先占”之四先战略就是一种精到的体现，这也与《汉书·息夫躬传》对圣上的劝喻相吻合：“唯陛下观览古戒，反覆参考，无以先入之语为主。”

① Dennis Coom、John O·Mitterer：《心理学导论》，郑钢等译，中国轻工业出版社2008年版，第14页。

二、先入偏见与锚定

在证明先者有利的思考中，有一个案例能很好地说明信息进入人类记忆的优先效果，那些排序靠前的符号和信息总是具有先天的优越性：你认为，字母 k 经常出现在英文单词的第 1 个字母位置还是第 3 个字母位置？

这完全是一个猝不及防的问题，因为几乎没有什么人会在之前认真地思考过这个问题，因此，对这个问题的回答就特别具有一种认知和记忆上的原生态意义。实验的结果既是意料之外又在情理之中：绝大多数人认为字母 k 常出现于英文单词的开头。但实际上，在英文里，第 3 个字母是 k 的单词数是以 k 字母开头的单词数的 3 倍。人们之所以认为字母 k 常出现在英文单词的开头，显然是由于人们更容易回忆出以某个特定字母开头的单词，而不容易回忆出有特定的第 3 个字母的单词。被置于最前部的符号竟然像“初恋”一样在人们特定的记忆系统中占有不容置疑的优先地位，这也许是进化在生命之初就已经设定的默认程序，经历了几十亿年正反两方面的经验教训，这一“先入”权重依然没有衰减。

2002 年诺贝尔经济学奖获得者卡尼曼用概率性试验探讨了作为有限理性的经济人在不确定状态下是如何选择的，其中一些核心思想如锚定效应、框架效应等，都涉及了决策过程中人的心理是怎样被“先入信息”误导的。换句话说，精心设计的起始信息会极大地诱导人的选择行为。比如在锚定与调整性启发式的实验中，有这样一道设计。对两组被试者分别提出下列两个问题：

$$8\times7\times6\times5\times4\times3\times2\times1=?$$

$$1\times2\times3\times4\times5\times6\times7\times8=?$$

要求被试者在 5 秒内估计出其乘积。结果发现，被试者对第一道题估计的中数是 2 250，对第二道题估计的中数是 512。两者的差别很大，并都远远小于正确答案 40 320。可以设想，被试者在对问题做了最初的几步运算以后，产生锚定效应，就以获得的初步结果为参照来调整对整个乘积的估计。由于两道题的乘数数字排列不同，第一道题最初几步的运算结果远远大于第二道题的最初运算结果，因而其整个乘积估计也较大。

这一试验结果表明，人们对于不确定数值的估计往往是基于对初始值或者起始点进行适当调整的结果。起始点可以是事件本身提供的，也可以是在估计过程中局部发生的。但是无论哪一种情况，起始点都会对估计值产生决定性影响。

另一个卡尼曼非常欣赏的、由他的一些德国学生设计的实验好像更能说明排序先后的影响力，这个调查实验包括下面两个问题：

你最近觉得幸福吗？

你上个月有多少次约会？

实验人员对这两个问题的答案的关联度很感兴趣。那些回答自己有很多次约会的学生会比那些约会次数少的人更幸福吗？令人吃惊的是，答案是否定的，两个答案的关联度几乎为零。显然，学生在评价自己的幸福感时，首先想到的并不是约会。

另一组学生也看到了这两个问题，但秩序正好相反：

你上个月有多少次约会？

你最近觉得幸福吗？

这一次的结果完全不同。在这种顺序下，约会的次数和幸福感之间的关联度能达到心理测试的最高水平。可见，信息出现的顺序对人们的联想产生的影响[①]。

卡尼曼非常得意的案例是他和阿莫斯关于幸运轮盘的实验，这是先发锚定的最具说服力的案例之一。

> 阿莫斯和我曾临时赶制过一个幸运轮盘，上面刻有0—100的标记，但我们对它进行了改装，使指针只能停在10或者65的位置上。我们从俄勒冈大学招募了一些学生做这项实验。我们两人中有一个会站在一个小组的前面转动这个幸运轮盘，并让小组成员记下转盘停下时指向的数字，当然啦，这些数字只可能是10或者65。之后，我们问了他们两个问题：
>
> 你刚才写下的关于非洲国家占联合国(所有成员国)的百分比的数字大还是小？
>
> 你认为联合国中非洲国家所占比重最有可能是多少？
>
> 幸运轮盘的转动根本不可能为任何事情提供有用的信息，即使没有经过改装的轮盘也不可能，实验的被试者应该忽略它的影响，但是他们没有做到这一点。那些看到10和65的人的平均估值分别为25%和45%。
>
> 我们研究的现象在日常生活中很普遍，也很重要，因此你应该记住它的名字：锚定效应。人们在对某一未知量的特殊价值进行评估之前，总会事先对这个量进行一番考量，此时锚定效应就会发生。这一效应是实验心理学中最可靠也最稳健的结果，即估测结果和人们思考的结果很相近，就好比沉入海底的锚一样。如果有人问你甘地死时年龄是否大于114岁，

① 丹尼尔·卡尼曼：《思考，快与慢》，胡晓娇等译，中信出版社2012年版，第85页。

你在估测他的死亡年龄时会比锚定问题是35岁（死亡）时更高。

我们不是最先观测锚定效应的人，但我们的实验是第一个揭示其荒谬性的实证研究：人们的判断明显受到没有任何信息价值的数字的影响。若想解释轮盘的锚定效应是合理的，这似乎不太可能。阿莫斯和我在《科学》杂志上发表的论文中提到了我们的实验，我们在这份杂志上发表的所有研究成果中，这是最著名的一个。[①]

人在很大程度上是情景动物，人的判断会受到各种因素的暗示和干扰，即便对没有任何因果联系的信息关系，仅仅由于出现了先后顺序，亦会激活内置在我们心灵深处的因果联想，从而产生先入为主的偏见。最先抵达我们大脑皮层的信息关联会牢牢地盘踞在那片处女地上，并残酷地抗拒着无数的后来者，这就是为什么当你听到刘德华唱《东风破》、周杰伦唱《忘情水》会觉得别扭，最先进入我们大脑的信息不仅像洪水漫进仓库的每一个角落那样肆无忌惮，更像人生的仲夏夜从天而降的初吻一样无可赎回。

最初进入我们大脑的价值也像出生在某一特定宗教派系的家庭和社会氛围那样影响甚至决定了我们的终极关怀，它像祖辈用过的水缸那样深深地嵌入了我们的记忆。无论那些被我们接受了的信仰在别人眼里是怎样的不合理，无可挽回的是，被锚定了的信仰总会有能力坚定地说服自己。从这些信仰里派生出来的理由，就像“洛伦兹变换”修补牛顿那样来维护我们大脑里的旧秩序。这就是社会性的锚定，偏爱决定偏爱，偏见影响偏见。

① 丹尼尔·卡尼曼：《思考，快与慢》，胡晓娇等译，中信出版社2012年版，第102页。

三、最先的进化和识别价值

有一个进化生物学的奇怪现象，人类为什么怀胎时间短而幼态时间长？换句话说，为什么相较于别的高等哺乳动物，人类胎儿分娩明显偏早？当我们在电视中看到那些小牛犊、小马驹被分娩出来不久，竟然能颤颤巍巍站起身时，不得不感叹人类也许都算是早产儿，往往要等到出生 12 个月以后才能勉强站起来走几步，为什么？

一种可能是直立行走本来就比四肢着地行走更难平衡，因此提早分娩可以尽早进入适应期；第二种可能是由于人类长期稳定的社群生活对婴幼儿的集体性保护，相比于弱肉强食的野生环境中频繁迁徙的食草动物更有效，导致自体能力相对孱弱的早产儿成活概率大大提高；第三种比较普遍的说法是，人类单位脑容量远远大于其他哺乳动物，因此过大的头颅尺寸与相对不足的妇女产道口径的矛盾导致以早产的形式实现进化妥协。20 世纪最出色的灵长类解剖学家舒尔茨说：“当选择肯定有利于具有大盆腔的雌性时，选择无疑也不会有利于孕期的延长，或者至少不利于无限大的新生儿。”利基说：骨盆开口增大以适应脑子的增大，但两足行走的工程学的需要为此设定了限度。实际上人类生产的胎儿已经过大，因而成为分娩最艰难的动物，它只好在婴儿远未成熟时生产。

第四种可能也许更具有“先者优势”的意味，也就是说，适当的早产是人类这一特殊的社会性灵长类动物有利的选择。因为大脑的发育需要外部信号的刺激，这就要求接收信号的感官尽早发育，于是尽早走出“黑暗”的子宫，开放性地、全面地通过触觉、听觉、嗅觉、视觉等所有感受器官接受外部丰富的信号就成为必要，人脑就在这一过程中获得了超越一般哺乳动物的特殊发育条件，从而为人类接收极为复杂的社会规则和信念准备物质容器。所以达尔文才会在《人类的由来》中说：“值得注意的是在生命的早期，正当脑子的感受性强时，将某种信念反复不断地灌输就可以达到几乎是本能的性质。”也许正因为这种灌输的需要，人类这一支系的发育就普遍出现“幼态延续”[①]现象。博金说：如果生长中的儿童和成人的身体尺寸有大的差别，则儿童可以更好地向成人学习，可以建立起师生关系。如果幼儿的身材是按照与猿类相似的生长曲线所能达到的高度，则可能产生对抗而不是师生关系。利基说：“人类通过强化的学习变成人，人类不止是学习维持生存的技能，而且还学习传统家族关系和社会规律，也就是文化。文化可以说是人类的适应，儿童和成熟期的不寻常的形式使这种适应成为可能。”迈尔说：“人和一切其他动物的区别在于其行为程序的开放性。道德规范铭记在幼婴的开放性行为程序内。人类的这一开放程序的巨大容量才使道德的形成成为可能。在幼年期奠定的基础在正常情况下可以维持一生。”[②]

看来，幼态延续是人的社会化的必要条件。因为幼态延续所导致的依赖性会使幼儿甘愿接受社会化训导，接受道德、规范的长期植入。这在进化上是一种交换，弱小的代价是依赖，依赖的结果是被强行教化。

“先入”在进化上的意义可以有极为丰富的案例解释，即使从苍蝇对某一特定腐肉的先占上，也能发现令人惊愕的效果。苍蝇具有惊人的繁殖力，具有一次交配终身产卵的生理特点。据观察，实验室中的家

---

① 幼态延续是指一个物种把幼年的甚至胎儿期的特征保留到幼年以后甚至成年期的现象。它可能是某些控制个体发育的调控基因发生突变引起的，使得人类的整个发育速度变慢、发育过程延缓。这一点很重要，它让人类的大脑在出生后相当长的一段时间内还会继续增大、发育，并让人的一生一直像小孩一样有学习的能力；而黑猩猩虽然在幼年时有极强的学习能力，但是一旦成年，这种能力就基本丧失了。所以人类体毛不发达，可能只是幼态延续的产物。猿类的新生儿，多半内唇外翻，体毛稀疏，大脑学习能力强，这是幼态。而很快它们的嘴唇就收了进去，毛发变得浓密，大脑也停止发育，这是成年态。人类则一直保持着猿类的幼态，嘴唇都是丰润的，体毛都遮不住皮肤，大脑也一直在学习，这便是人类的幼态延续。（在德斯蒙德·莫利斯的著作《裸猿》和专门针对女性的《裸女》中，有详细的解释。）

② 郑也夫：《阅读生物学杂记》，中国青年出版社 2004 年版，第 44 页。

蝇每批产卵100粒左右,每只雌蝇终生能产卵10—20批。在自然界,每只雌蝇一生也能产卵4—6批,每批间隔3—4天,每批产卵量约100粒,终生产卵量为400—600粒。即使在中国华北地区,家蝇一年也能繁殖10—12代。按照最保守的估计,每只雌蝇能产生200个后代,则100只雌蝇只需经过10个世代,理论上繁殖的总蝇数将达到2万亿亿只!至少能以五米以上的厚度将整个地球覆盖。如此可怕的以指数泛滥的繁殖力,就必然强化了繁殖时间的敏感性。假设第一批率先到达某块腐肉的苍蝇一旦开始迅猛繁殖,只需两代时间,被蝇卵覆盖的腐肉就将彻底阻断第二批苍蝇的机会,这是一个看似奇葩但真实得非常可怕的逻辑。就像某个藏有一批极高文物价值的古墓,假设有两批同样专业却又贪婪无比的盗墓者先后进入,即使时间仅相隔一天,但心灵的落差将是毁灭性的。

于是我们就能理解为什么全世界会将20世纪,甚至“人类有史以来最伟大的考古发现”之桂冠给予图坦卡蒙墓穴的发掘,因为数千年来帝王谷几乎被洗劫一空的法老墓葬群中,被贼惦记了3 000年的埃及少年法老图坦卡蒙墓穴终于在1922年11月26日被首次打开了(图6-3)。包括黄金面罩在内的5 000多件保存完好的文物出土,完全震惊了全世界。设想3 000年间只要有任意一次盗墓者先行进入墓穴,其价值将一落千丈。

图6-3　霍华德·卡特在墓穴现场

可见,最初的资源具有无与伦比的唯一性。我们都熟悉这样的场景:小时候几个同学一起在海滩上散步,几乎同时看到一个漂亮的海螺,大家就会抢着说“我先发现的”;聊天时，不约而同说出同一句话，就有人会说“我先说的”。

这些脱口而出的话语，其实是亿万年进化内置在我们大脑里的对“先”的条件反射，是进化经过无数的经验教训传递给我们的“礼物”。

伟大的卢梭在他那本惊世骇俗的《社会契约论》中所提出的“最初占有者的权利”，其指向性应该大大超越土地资源本身，它所暗示的社会内容远远超越我们的想象。事实上，迄今为止人类的一切法令、法规、道德、习俗、宗教、制度都在维护这个“权利”。

当资源有限时，最先占有者与后来者永远不可能平均分配。当云南省迪庆州的中甸县在 1999 年抢先申请并被中央命名为“香格里拉”后，觊觎这个品牌多年的其他省份各县市后悔不迭，比如当四川省政府认识到这一品牌对带动旅游经济如此重要的时候，香格里拉名称的归属已经不可更改了，于是四川政府只得把四川境内的稻城亚丁的日瓦乡更名为“香格里拉乡”。这还不够，还将稻城亚丁加个前缀——最后的香格里拉。这仍然还不够，还干脆把最原汁原味的“香巴拉”名称授予稻城亚丁。因为县级城市的更名需要中央政府的批准而不好擅自更改，于是就在四川境内以香巴拉的名称来称呼稻城亚丁。在这纷争的背后，我们看到的是稀缺资源的唯一性和最初占有者的天然权利。

这样我们就发现了一个很有趣的进化秘密，那就是“最先”在进化上的意义是：它具有最经济的识别价值。因为最初占有者、最初发现者、最先抵达者、最早发明者、最先签约者等等是有明确而公认的时间标准的，这个标准具有唯一性，它甚至可以像上海汽车拍牌的最后几秒钟那样量化到最锋利的毫秒之间。它不会像其他所有审美以及价值判断那样，因为标准的多元而产生无休止的争议，这就是“先”的识别价值。“最初占有者的权利”之所以被几乎全世界所有不同的民族、部落、人种、政治制度、宗教人群共同发现并遵守，一定有它深刻的进化价值，那就是识别的简单性以及内在的进取性。

于是我们看到，只要程序合法，专利归属和论著权属的唯一判断原则就是时间先后，它就像域名注册一样在全世界范围内被争夺和秒杀。事实上在漫长的历史中，各民族大都采取的长子继承制就是一种用出生先后来冲抵兄弟间残酷争斗的理性识别策略，以至于在中国特殊的文化中，长幼之间的传统礼让排序甚至影响到杨振宁和李政道在发表“关于弱相互作用中宇称不守恒定律”①论文的排名先后。

第一和第二的先后差距是那么的撕心裂肺，正像茨威格在《人类的群星闪耀时》一书中用甚至比罗曼·罗兰还要悲壮的语言描述斯科特的南极发现之旅。斯科特率领的团队用他们九死一生的肉体前往南极的极点——那个他们的灵魂早已在那里等待他们的圣地，他们想成为人类第一个到达极点的人。但是，在即将达到极点的最后一刻：

> 1912 年 1 月 16 日，他们热情高涨地行走在荒无人迹的白色雪原上，……可是忽然之间，同伴之一的鲍尔斯变得不安起来。他的眼睛紧紧盯着无垠雪地上的一个小小的黑点。他不敢把自己的猜想说出来：可能已经有人在这里树立了一个路标。但现在其他人也都可怕地想到了这一点。他们的心在战栗，只不过还想尽量安慰自己罢了——就像鲁滨逊在荒岛上刚发现陌生人的脚印时竭力想把它看作是自己的脚印一样，这当然纯属徒劳——他们对自己说，这一定是冰的一条缝隙，或者是某件东西投下的影子，也说不定。他们神经紧张地越走越近，一边不断地自欺欺人，其实他们心中早已明白：以阿蒙森为首的挪威人已经在他们之前先到过这里了。

---

① 杨振宁与李政道分道扬镳殊为可惜，杨振宁曾引用苏东坡与其弟诗“与君世世为兄弟，又结来生不了因”，来表达他对苏轼兄弟情谊的羡慕，他说：“很遗憾，我和李政道没能做到这点。”李政道始终认为当年论文发表时，杨振宁的名字排在他前面仅仅是因为杨比自己年长（四岁）。直到 2003 年 7 月的一封公开信中也说道：“我和杨振宁的分裂，无疑是中华民族的一个很大的悲剧，但它是事实，无法回避。”同时对真相作了公开说明：“我和杨振宁争论的主要焦点是：在 1956 年我们合作发表、1957 年获得诺贝尔奖的论文中，有关宇称不守恒的思想突破是谁首先提出来的。”

没有多久，他们发现雪地上插着一根滑雪杆，上面绑着一面黑旗，周围是扎过营的残迹和许多狗的足迹。在这严酷的事实面前也就不必再怀疑：阿蒙森在这里扎过营地了。千万年来人迹未至，或者说自远古以来从未被世人瞧见过的地球的南极点，竟在一个分子量的时间之内，即 15 天[①]内两次被人发现，这在人类历史上是闻所未闻的、不可思议的事。而他们恰恰又是第二批到达南极点的人，他们仅仅迟到了一个月，虽然昔日逝去的光阴以几百万个月计，但现在迟到的这一个月，却显得太晚了——对人类来说，第一个到达者拥有一切，第二个到达者什么也不是。而他们正是人类到达南极点的第二批人。斯科特的泪水夺眶而出……

挪威国旗耀武扬威地、洋洋得意地在这座被人类冲破的堡垒上猎猎作响。它的占领者还在这里留下了一封信等待这个不相识的第二名的到来，他相信这第二名一定会随他之后到达这里，所以阿蒙森请他把那封信带给挪威的厚康国王[②]。斯科特接受了这项任务，他要忠实地去完成这项最冷酷无情的职责：在世界面前为另一个人完成的事业作证，而这项事业正是他自己所热烈追求的。

他们怏怏不乐地在阿蒙森的胜利旗帜旁边插上英国国旗——这面姗姗来迟的“不列颠联合王国的国旗”，然后离开了这块“辜负了他们雄心壮志”的地方。在他们身后刮来凛冽的寒风。斯科特怀着不详的预感在自己的日记中写到：“回去的路让我感到非常可怕。”

斯科特的预感不幸应验了，他们全体五个人在零下 40 度千里冰封的南极大地，往家的方向艰难行走了整整 8 天 8 夜。1912 年 3 月 29 日，他们永远地以自己的姿势代表全人类的不懈精神躺在了皑皑白雪

① 此处英文原文是 15 天，可能是指阿蒙森比斯科特早 15 天到达南极点，但据文献记载，斯科特比阿蒙森约晚一个月到达南极点。

② 厚康七世，丹麦王子，1905 年挪威从瑞典分离出来后任瑞典国王。

之上，躺在一起的还有斯科特在生命的最后阶段用冻僵的手指写给自己妻子和朋友们的温暖无比的信和日记。他提醒妻子，要照看好儿子，不要让儿子懒散，同时，仍然为自己的这次行动感到光荣，“我不知道，我算不算是一个伟大的发现者。但是我们的结局将证明，我们的民族还没有丧失那种勇敢精神和忍耐力量”。半年后，他们被另一支寻找他们的探险队发现了，随之，他们那躺在永恒冰封大地上的不朽雕塑和斯科特的遗言、书信中充满人性之光的话语通过电波温暖了全世界那么多角落。人们的心被一种超越世俗的崇高又一次聚集在一起，甚至“在英国国家主教堂里，国王跪下来悼念这几位英雄。所以说，看来徒劳的事情会再次结出果实，一件耽误了的事情会成为人类的大声疾呼：要求人类把自己的力量集中到尚未到达的目标；壮丽的毁灭，虽死犹生，失败中会产生攀登无限高峰的意志”①。

四、领地意识与损失厌恶

领先者为什么更容易保持领先？除了外部因素，内生性的动力可能与领地意识和禀赋效应以及损失厌恶有关。

> 哈佛是美国第一所大学，至今仍旧被视为领导者。《时代》杂志仍旧是超越《新闻周刊》的领导者，《人物》领先于《人们》，而《花花公子》超过《阁楼》。惠普在激光打印领域处于领先地位，太阳是工作站领域的领先者，施乐是复印机领先者。这个名单还可以继续列举下去。在人们的头脑中，某个类别或产品开创者的事实使得他们有别于跟随者。他们之所以能占有特殊地位，是因为他们最先登上了该山峦的顶峰。②

① 斯蒂芬·茨威格：《人类的群星闪耀时》，舒昌善译，生活·读书·新知三联书店2009年版，第266页。

② 杰克·特劳特、史蒂夫·里夫金：《与众不同——极度竞争时代的生存》，屈陆民译，华夏出版社2005年版，第72页。

这很可能是因为先锋企业和先锋产品非常像头生子女——充满自信,主动积极,而且常常居高临下。麻省理工学院的弗兰克·萨洛韦博士是一位科学史学家,他花了 20 年时间进行了 2 000 项有关出生顺序及其影响方面的独立研究。萨洛韦令人信服地证明了头生子女——无论其性别、阶层或国籍——视自己处在当权地位,因此就会竭力维护现状。某一类别的头生公司和产品也是如此[①]。

肯德基在中国的影响力就是这种特殊类别之一。与在美国本土和全世界快餐业具有霸主地位的麦当劳相比,肯德基几乎毫无还手之力,但因为独独在中国这一市场上肯德基率先进入,并已经取得了无可争议的领先地位,所以,即便麦当劳随后也进入中国市场,但由于肯德基那尊严般的领地意识,将不惜与巨无霸的麦当劳在中国市场上拼死一战,直至今天,麦当劳依然没有取得决定性的压倒胜利。在这现代商战背后,涌动着的仍然是人类早期的领地之争所依循的不变法则——原有领地的拥有者在争斗中被激发出的肾上腺素总是比后来者更高涨。就这个意义而言,王石与姚振华的万科之争也暗合了这一自然法则。

这一自然法则的另一种表述,就像比尔·盖茨私人图书馆里,抬头往天花板看,可以看到一句来自《了不起的盖茨比》里的话:

当一个人奋斗了很久
看到梦想如此之近
他是不会轻易放弃的

这就涉及"禀赋效应"。禀赋效应是指当个人一旦拥有某项物品,那么他对该物品价值的评价要比未拥有之前大大增加。它是由理查

① 杰克·特劳特、史蒂夫·里夫金:《与众不同——极度竞争时代的生存》,屈陆民译,华夏出版社 2005 年版,第 72 页。

德·塞勒提出的。这一现象可以用行为金融学中的“损失厌恶”理论来解释，该理论认为一定量的损失给人们带来的效用降低要多过相同的收益给人们带来的效用增加。因此人们在决策过程中对利害的权衡是不均衡的，对“避害”的考虑远大于对“趋利”的考虑。出于对损失的畏惧，人们在出卖商品时往往索要过高的价格。

下面的实验可以满足禀赋效应的实证，这是一个关于咖啡杯和瑞士糖的有趣实验。

将实验参与者分为三组，第一组初始时每人都拥有实验组织者给他们的一个咖啡杯，第二组初始状态为每个人手中有400克的瑞士糖，而第三组实验参与者初始状态为两手空空。

在物品分发完毕后，实验正式开始。第一组的实验参与者被告知他们可以用手中的咖啡杯来交换400克的瑞士糖，也可以不做任何交换，保持原有状态不变；第二组的实验参与者则可以用手中的瑞士糖交换咖啡杯，或者保持手中的瑞士糖不变；第三组的任务是从瑞士糖和咖啡杯中做出自己的选择。实验的结果如表6-1。

表6-1　经典的禀赋效应实验案例①

组　　别	最终手中拥有的物品		
	咖啡杯	瑞士糖	参与人数
第一组：用咖啡杯交换瑞士糖	89%	11%	76人
第二组：用瑞士糖交换咖啡杯	10%	90%	87人
第三组：从瑞士糖和咖啡杯中做出选择	56%	44%	55人

从实验结果可以看出，对于第三组，由于初始状态是两手空空，所以他们对咖啡杯和瑞士糖的选择完全没有拥有者的心态，他们可以纯粹按照自己正常的审美和价值判断在两者之间进行理性选择，56%和

① 黄志勇：《行为经济学》，北京大学出版社2008年版，第53页。

44%的波动结果基本反映了这两种物品间可以忽略不计的差异。

如果我们假设试验程序是相对科学和公正的，也假设第二组和第三组在社会等级序列中的位差、在审美和收入状况上的区别也是忽略不计的，那么作为经济学理性人的选择偏好，选咖啡杯和选瑞士糖的比例应当处于56%和44%的中轴线附近。

但实际情况是第一组和第二组的选择都远远偏离了价值中轴，正负达到将近90%的偏离究竟可以用什么来解释呢？在现有的主流经济学关于理性人假设的框架中似乎找不出令人满意的理由。用排除法将一切可能的随机变量消除后，我们唯一只能得出这样的结论：两组之间的差异点，即两组初始拥有的物品与最终的选择形成了正相关，而且高度吻合。也就是说，他们都受到了初始状态的影响，两组实验者手中拥有的物品已经被他们赋予了更高的价值权重，已经有一些超越理性的东西被打进了他们的内心，开始参与选择。这些被打进心灵的东西可能会随他们拥有的时间和特殊的际遇而发生变化，但变化的总体方向很可能是拥有的时间越长，偏好权重越大。

如果把问题推到极端，当有机会把一些只拥有过五分钟的狗和共同生活了五年的狗，在同样的实验条件下进行再选择时，会产生什么样的结果？相信那些狗之间原本陌生的、生物学的、冷血的纯市场交换价值将完全不复存在。的确，一颗泪别于几十年前的南国红豆，在阴阳之隔的情人眼里，将具有远远超越其物理属性的无上价值。

更极端的比喻是，设想甲和乙两人当下的情况为：甲有一个女儿，乙有两个女儿。对甲说："要求你必须再生育第二个孩子，你愿意获得的最大补偿是多少？五万，五十万，五百万还是五千万美元？"对乙说："如果必须失去一个女儿，因此而补偿你的最大代价是多少？五百万，五亿还是五百亿美元？"

请问：甲乙两人愿意接受的美元数值是相等的吗？差值多大？对

于甲来说，也许总能找到一个相对可接受的数值。但对乙而言，以失去女儿为代价获得的补偿根本不是百亿、千亿美元所能交易的，即便用整个世界作为成本也无法补偿，因为与此相联系的不仅有感情、道德和人性，更将牵涉对金钱和生命本体意义的终极理解。于是我们应该更容易理解伟大的帕斯卡尔在沉思中的醒悟：

> 心有自己的逻辑，这是理性所无法知晓的。①

对于拥有者情结，卡尼曼曾经饶有兴味地列举过一个几乎会得罪人的案例，说的是芝加哥大学商学院院长理查德·罗塞特，一位对标准经济学理论深信不疑的人，也就是说他很可能对行为经济学那种把情感因素渗入到严肃的经济学的理论看不上眼。但他恰好又那么地喜欢收藏葡萄酒，不但非常不愿意卖掉自己收藏的葡萄酒，更特别的是，“即使对方出价高达 100 美元(当时可是 1975 年)，一瓶也不行。他也会从拍卖会上买葡萄酒，但无论质量如何，他出价从不会高过 35 美元一瓶。若价格在 35—100 美元，他就既不买也不卖。这个巨大的价格差在经济理论上看是互相矛盾的，人们希望这位教授能在这个价格区间为某瓶酒定一个值。如果在他看来某瓶酒值 50 美元，那么只要出价超过 50 美元，他就应该卖掉它；如果这瓶酒本来不是他的，那么他也应该愿意花 50 美元买下它。这个可以接受的买价和可以接受的卖价应该相同，但事实上，最低卖价(100 美元)比最高买价(35 美元)高出很多，拥有这件物品似乎会提升它的价值”②。真不知罗塞特夫人会怎么看他的这个行为。

可见，强烈的禀赋效应可能会导致有些吝啬的人产生“一用钱就等同于损失”的错觉。这就涉及另一个相关问题——损失厌恶。“损失厌

---

① 戴维·迈尔斯：《心理学(第七版)》，黄希庭等译，人民邮电出版社 2006 年版，第 161 页。
② 丹尼尔·卡尼曼：《思考，快与慢》，胡晓娇等译，中信出版社 2012 年版，第 267 页。

恶这一概念绝对是心理学对行为经济学最重要的贡献。"[①]损失厌恶一般而言是指对同等的损失比对同等的收益更敏感，极端地说，可以用保罗·罗津观察到的事实来说明：一只蟑螂可以使一碗樱桃不再诱人，而一个樱桃对一碗蟑螂却不会起任何作用。

也即通常情况下，人们对可能造成损失或者危害的信号总是比可能获得收益或者安全的信号更敏感。有一个实验是这样的，见图6-4。

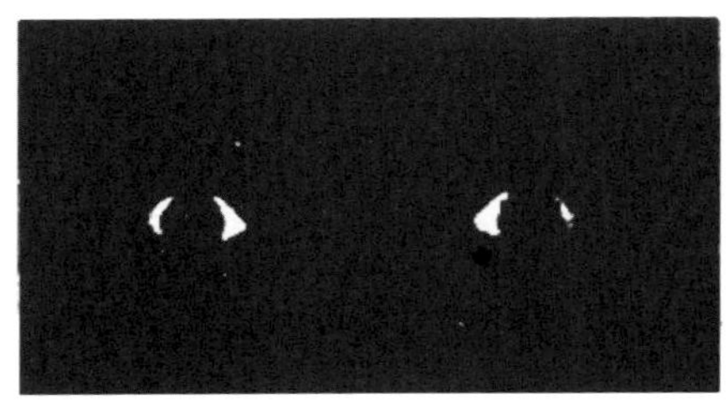
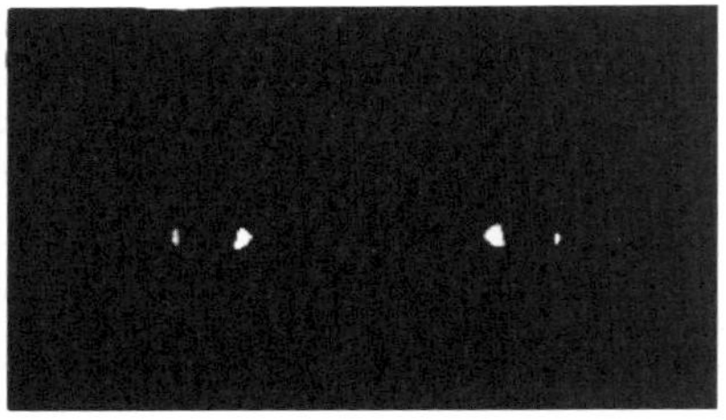

图6-4　卡尼曼恐惧敏感试验

对这幅图，全世界第一个心理学教授、诺贝尔经济学奖得主卡尼曼描述道："在看到左边的图时，你的心跳会加速，也许在你还不清楚那张图有何怪异之处之前，心跳就已经加速了。过了一会儿，你也许就会认出那是双受到惊吓的人的眼睛。右边的图则表达了一种愉悦之感，微笑的脸颊上扬使眼睛变小了——当然这双眼睛还没有达到兴奋的程度。我们把这两幅图拿给做脑CT的人看。每幅图展示的时间都不到0.02秒，之后会被'视觉噪声'掩盖，这个'视觉噪声'是随机展示的黑白图片。这些观看者中没有人意识到自己曾看过那幅眼睛的图片，但他们大脑的一个部分显然意识到了：这个部分即为小脑扁桃核，尽管它在其他情绪状态下也会被激发起来，但其主要角色是担任大脑的'风险中心'。脑部影像显示，小脑扁桃核对观看者无法识别出来的有威胁性的图片有强烈反应。关于威胁的感觉很可能是通过一个非常快的神

① 丹尼尔·卡尼曼：《思考，快与慢》，胡晓娇等译，中信出版社2012年版，第274页。

经通道传递的，这种感觉会直接传到大脑处理情感的区域，绕过产生‘视觉’意识的视觉皮质。同样的通道还会使得生气的面孔（一种潜在的威胁）比快乐的面孔更快、更有效地得到处理。有些实验人员描述到，生气的面孔在众多快乐的面孔中会‘凸显出来’，但快乐的面孔在众多生气的面孔中却不会很突出。人类的大脑和其他动物的大脑都包含一种机制，这种机制总会优先考虑不好的消息。将察觉掠食者所需的时间减少百分之几秒，通过这种做法，提高了动物的生存概率，使其得以繁衍生息。”①

如果我们把“不好的消息”看成对目前现状可能的损失，把好消息看成对目前现状可能的增益，就能理解损失厌恶在生物行为中的偏向，也就能理解为什么原有领地的占有者（现状拥有者）会比该领地的争夺者更加敏感、更加具有战斗力。因为避免损失的动机和获得收益的动机强度并不对称，这就部分地解释了最先占有者更容易成功的奥秘。事实上，一位动物学家观察到，“拥有领地的动物受到对手的挑战时几乎总会获胜，而且往往就是几秒钟的事”②。

在研究进化稳定策略（ESS）时，有一个实例是很能说明问题的：有这么一座夏日森林，阳光在树林地表上投下斑斑点点的光影。在每一块亮地上，都有一只雄性斑点森林蝶随着太阳的脚步移动，它们正在守护一项有利的资源：位于光束中的雄蝶能更好地追求到雌蝶。因此，只要有对手飞进光束之中，占有该领地的雄蝶便会扑上来抵抗，直到对手飞离。戴维斯曾追踪观察互相遭遇的斑点森林蝶，他发觉，奇怪的是一次又一次，故事的版本都一样：原来的领主总是会赢。这是怎么回事？如果是个头较大的入侵者应该也能赢，但事实却不是这样。那是不是飞蝶们在遵循某种所有权的习俗？而这一习俗已经内化到飞蝶的

① 丹尼尔·卡尼曼：《思考，快与慢》，胡晓娇等译，中信出版社 2012 年版，第 275 页。
② 同上书，第 278 页。

ESS 中了？戴维斯发现果然是这样。当他网到一只领主，先让其他雄蝶占据好该光束区，接着再把原先的那位领主放出来，结果新领主总能保住领土，而它们之间争斗的飞行时间也并不比平常更久：即使只抢先了几秒钟，就足够奠定所有权。戴维斯又再度把新领主移出光束之外，并让老领主占有它，结果还是一样，当时占有者有权保住领地，不论它占据的时间有多短。

最后一项实验是，如果设法使两只蝴蝶都“认为”自己是领主，会发生什么情况呢？根据 ESS 预测，他们的交手应该更加激烈才对。戴维斯好几次设法捉弄两只雄蝶，使他们同时成为领主，结果他的预测大获成功：两只雄蝶的盘桓飞行时间持续了平常的 10 倍之久——40 秒钟，而非一般的 3—4 秒①。

可见，除了领地的占有者对后来争夺者的“意志差值”决定了两者的胜率外，还因为这一“胜率”会在长期的争斗实践中被进化保留下来，逐渐内化为一种稳定策略，以便减少因为无谓的争斗而加大不必要的伤害。正是这一点，又进一步拉大了两者的“差值”，使后来者需要付出成倍的成本。诚如 Yankee 集团的安德森说：“如果你是市场的第二进入者，你的产品必须是对现有产品的十倍的改进，比它快捷十倍、便利十倍，如果你做到了，市场自然会给你让路。”

特别值得深思的是，领地意识可能会分泌出心理上特殊的自信暗示，也即初始的成功会极大地被刻画在心理深处，从而形成一种罕见的内生性强大意识，这种意识会在最危险的时刻毫无征兆地被激活。正如马龙与水足隼在 2016 年里约奥运会乒乓球男单半决赛的关键时刻，中央电视台直播解说员那段即兴而出的话：“童子功重要，有的人从小发球好，他就对自己的发球有信心，马龙就是正手的拉球，他非常有信

① 海伦娜·克罗宁：《蚂蚁与孔雀——耀眼羽毛背后的性选择之争》，杨玉龄译，上海科学技术出版社 2001 年版，第 426 页。

心，心里有底，所以关键的时候敢用。”①

综上所述，竞争中的某一方一旦获得了资源先取的优势，就同时会产生相应的领地意识，领地意识与自然进化中的禀赋效应以及心理上的损失厌恶结合，又有利于产生对后来者形成巨大震慑的战斗意志，从而对决战的成功造成更大的内生性的“势能”，因而加大了成功者成功的概率。

① 央视网，2016年8月11日。

第七章

优势富集与“圈层”现象

人们自己创造自己的历史，但是他们并不是随心所欲地创造，并不是在他们自己选定的条件下创造，而是在直接碰到的、既定的、从过去继承下来的条件下创造。

——卡尔·马克思

一个人的发展究竟在多大程度上有赖于他的生物学“天资”？后天的社会学“圈子”到底能起什么作用？这个看似形而上的问题其实很容易在我们的日常生活中找到一些解释。我20世纪70年代在中国南方的江西省进贤县钟陵公社钟陵大队李家生产队插队，长达八年的农耕生活让我有机会深入接触祖祖辈辈繁衍在那片红土地上的农民朋友，我发自内心地感知到：就智力天赋而言，杨细水、李自行、杨高利等几位与我年龄相仿的农村青年丝毫不亚于我日后学术生涯中遇到的那些有极高学术成就的教授。有时候我真的会假设，如果杨细水们也是上海或北京知青[①]，如果他们的父母是高级知识分子，当他们回到自己特定的生活圈后，也许同样有机会获得与自己的智力水平相应的发展。可是今天，作为一个整天扛着锄头的江西农民，当他们仰观那些在北大或哈佛讲坛上慷慨激昂的教授时，会作何感想？

当他们听到“大多数人的努力程度之低，根本轮不到拼天赋”时，又会作何感慨？尽管生活的确没有对哪个不甘心的“灵魂”彻底截断眼前的每一条河流，没有绝对封死每一条可以看得见亮光的缝隙，但是，在大多数情况下，人们总会或多或少受制于自己置身于其中的生活半径。如果你出生在英格兰肯特郡，作为达尔文的邻居，你成为伊斯兰圣战主义者的可能性大概很小；假使你诞生在安徽凤阳，一个唱花鼓的家庭让

① 指1949年以后特别是20世纪70年代，中国从城市去到农村或者农场以从事农耕为主的有一定文化知识的青年人。

你成为华尔街巨商的概率也许很低。很多情况下不是因为我们不努力，也不是因为我们的天资不够，而是我们努力的初始方向不是由我们的天资决定的。甚至努力还是不努力、努力到什么程度，这种由意识形态决定的倾向性在很大程度上也受制于我们生活于其间的圈层，当我们试图这样去思考时，至少可以让我们对那些从世俗的眼光看上去远远不如我们的人，保持一分本该有的侥幸和谦卑。

一、巴西果效应与圈层集聚

圈子，通常指具有相对稳定性的“群”，人们手机中的“微信群”某种意义上就是圈子的一个显性缩影，家族、同学、同事、同乡、志趣同好者等，都可以结构成既开放又有一定边界的圈子。一个社会人，与其说生活在社会中，不如说生活在相应的圈子中，因为在很大程度上，人性中的快乐与痛苦、同情与嫉妒、理想与信念、自私与大方、颓废与奋发、焦虑与淡定、摆拽与谦和、攀比与争锋等几乎一切纠结，都首先会在特定的圈子中获得意义，毕竟远在天边的比尔·盖茨即使再富足千亿，也不会比村里的某个人意外中彩五千元大奖更扰动邻居们的心绪。可见，一个人心理曲线的波动幅度总是与可比性的程度正相关。正因为圈子在很大程度上是人们物质和精神活动的第一现场，人对整个世界的反应往往是通过特定圈子来折射的，所以，某个圈子的平均质量就会在很大程度上显影一个人的基本特质。

圈层，一般指有一定层次差别的圈子，一个人可以生活在很多类别完全迥异的圈子中（图 7－1）。

但每一种类别的圈子又都具有不同的层次，大多数人通常只活跃在与自己的状况相适应的某一特定圈层中，比如同样是生意圈，小商小贩的圈层与大卖场经理的圈层明显不同，小企业老板的圈层与世界五百强企业董事长的圈层亦有难以逾越的差异。

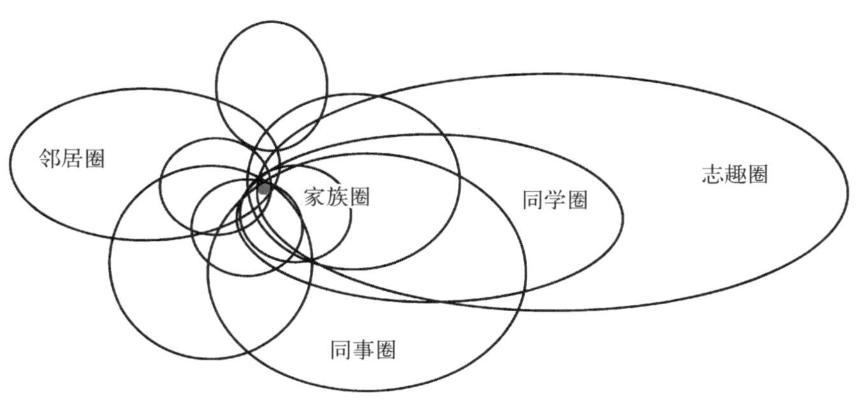

图 7-1　一个人可以同时存在于诸多圈子中

这些差异不仅仅是社会分层的自然结果，更在相当程度上导致了差异的扩大化，换句话说，分层导致差异，差异加重分化。

动态震荡会天然地导致差异与分层，就像竞争天然地会导出区别。这有点像巴西果效应，那是欧洲人在吃早餐时常常能发现的一个现象："穆兹利"是欧洲人常用的早餐——用没有烤过的卷状燕麦和干果混在一起的简便食物，但每天第一个从盒子里倒出穆兹利的人总会得到更多的巴西果，而最后一个倒出穆兹利的人则只能看到更多的燕麦片。因为在这些干果中，巴西果是最大的，虽然在放入盒子时各种用料经过了充分的拌匀，但震荡会使他们“自觉”分层。所以巴西果效应是指如果把两种颗粒的混合物置于容器中，然后施以外加的振荡，体积比较大的颗粒会上升到表层，而较小的颗粒会沉降到底部。1998 年又发现了与之相反的反巴西果效应，即某些体积大的颗粒下沉而体积小的颗粒上升。关于这种古老效应的动力学机制至今仍众说纷纭，这也是颗粒物理学中一个非常热门的话题。但不管怎么说，有一个结论是确定的：运动会使物体出现分化和归类。

也就是说，资源会自发地在一定的条件下出现分层。“物以类聚，人以群分”，这一流传千年的古老谚语永远不乏新鲜的例证。更蹊跷的是，运动（竞争）越激烈，分层越明朗。比如中国学生对优质教育资源的争夺，从高考对名校的争夺一直往下传导到甚至学前蒙读阶段，尽管有九年制义务教育和素质教育等无数规限，依然难以抵挡如洪水般筛选和分层的大潮，从所谓名牌幼儿园、名牌小学、重点中学、重点高中，每一个不同梯次的区分都是一次残酷的圈层进阶，都将在更深的综合要素上拉开学生之间的差距，让原本微小的人与人之间的差距最后出现巴西果效应般逐级加大的分化。即使高耸入云的天价学区房都难以均衡愈演愈烈的圈层争夺，甚至更加大了学生天赋以外的资源血拼。

这背后，是所有人都很清楚的逻辑：进入每一进化节点上较高层次的圈子（比如最优质的某类小学），将会给下一轮竞争带来无可争议的累积优势，这一累积优势在日后，甚至会逐级演化到博士后的工作安排以及学术圈的准入秩序。此类“黑暗的小秘密”[①]无论是在学术圈还是商业圈以及社会生活的各个领域都顽强地存在着。

问题的关键是，一旦进入某一高阶圈层，则进一步的成功率将显著提升。这与我们经常能从励志神话中看到的“寒门出贵子”形成了概率上的对比。比如中国古代进阶系统中的秀才、贡生、举人、进士各层，不仅下一圈层能为进入上一圈层提供有利的资源供给，而且不同的圈层梯度也显性地拉大了各自的成才概率，并且越到高端，越显示出“成才”的冥率分布特征。有研究显示，清朝有科举功名者（包括秀才、贡生、举人、进士）的成功率是普通人的500倍，而进士的成功率是普通人的8.5万倍。魏科进士（全国前三名进士，即状元、榜眼、探花）则是普通人的85万倍[②]。这个成功率的背后当然有其自身的天资禀赋和学问深浅的

① 学术圈的门阀化现象被美国“石板”网站称为“学术圈黑暗的小秘密”。参见张慧：《门阀化现象——美国学术圈“黑暗的小秘密”》，《青年参考》2015年3月11日第18版。

② 本文所指“人才”，主要指明清时期一流的专家和学者。统计以权威的《中国大百科全书》凡有明清人物的43个学科所收的明清专家学者（含有成果或著作条目的作者）为主要依据。参见沈登苗：《明清全国进士与人才的时空分布及其相互关系》，《中国文化研究》1999年，第59—66页。

原因，但达到某一层级的圈子后所获得的额外优势富集同样是不可忽略的。

这可以被理解为圈层成功的正相关效应。也就是说，不同层次的圈层生活会对一个人的发展产生很强的锁定性影响。英国BBC曾播放过一个重要的纪录片《56UP》，影片导演想用极大的耐心探索在看似尊重公平竞争的社会，社会圈层对一个人的影响到底有多大？纪录片选择了14个不同圈层的孩子进行跟踪拍摄，每七年记录一次：从7岁开始，14岁，21岁，28岁，35岁，42岁，49岁，一直到2012年的56岁。几十年过去了，还是那个导演——从青年到老年，还是那群人——从儿童步入老年。让人唏嘘不已的是，那些跟着年轻导演一起随着岁月慢慢变老的“样本”在缓慢地、一点一点地朝着似乎一开始就预定的方向演变着。初始阶段不同的圈层生活像蚀刻一样一秒一秒地形塑着这14个生命，大多数人没能逾越自己一开始的圈层，他们几乎像行星一样行走在自己固定的轨道上，令人感慨地想到莎士比亚的名言：“诸天的星辰，在运行的时候，谁都恪守着自己的等级和地位，遵循各自的不变轨道。”[①]很多年以后，甚至他们的气质也像他们的谈吐、举止、服饰一样折射出各自生活的圈层色泽。

在纪录片中，精英圈层的安德鲁和约翰老到56岁依然还保持着相对不错的体形和身材。原中产圈层中的美国教授尼克夫妻晋升为精英圈层，公务员彼得夫妻作为中层里面的佼佼者，体形也明显较好，有几个甚至说得上修长精干。而底部圈层长大变老的男人们，几乎都成了胖子、秃顶，虽然他们年轻的时候有几个甚至说得上相当英俊帅气，可今天尤其是她们的妻子，每个体形都走形得相当厉害。也许，精英圈层从身形锻炼到饮食控制等修行，不仅仅发源于他们所在圈层早期的价值灌输，更因为他们置身其间的当前圈层所暗示的社会地位，内生性地

① 埃里克·麦克卢汉：《麦克卢汉精选》，南京大学出版社2000年版，第95页。

对他们体形有一种规约，以符合他们赖以生存的圈层环境和最大化地获取自己理解的生活质量。

特别有意思的是，影片中那些底部圈层“样本”生的第二代孩子们，人数众多，绝大部分都是肥胖的，虽然现在他们还只有20来岁，但似乎让我们再次窥见到：大自然正在日复一日进行着波澜不惊的轮回。

圈层与个体发展的正相关效应可以在几乎所有领域得到验证，比如MIT（美国麻省理工学院），进入这个圈层的一些学生和教职人员仿佛中毒一样染上了创业的嗜好，夜以继日的耳濡目染和同窗效应，使MIT变成了一座肥沃的创业秧田。1997年波士顿银行发布的一份《MIT对创新的影响》研究报告说：“如果把MIT校友或教师创建的公司集合成一个独立的国家，那么这个国家的经济实力会排名世界第24位。MIT的毕业生和教师在全世界一共创建了4 000多家企业。”①

事实上，一旦形成特定的高端圈子，则这些圈子就会像欧洲古老贵族城堡的特定小社会那样保持着自己的传统，蔓延着自己的格调，代代相传，似铁打的营盘流水的兵。比如著名的卡文迪许实验室，即剑桥大学物理系，由电磁学之父詹姆斯·克拉克·麦克斯韦于1871年创立，1874年建成实验室。麦克斯韦随之获聘为剑桥大学第一任卡文迪许物理教授（即实验室主任）。第三位主任是J·J·汤姆逊，第四任主任是伟大的卢瑟福。作为剑桥大学物理科学院的一个系，1904—1989年的85年间一共产生了29位诺贝尔奖得主，占剑桥大学诺奖总数的三分之一。若将其视为一所大学，则其获奖人数可列全球第20位，与斯坦福大学并列。其科研效率之惊人、成果之丰硕，举世无双。在鼎盛时期甚至获誉“全世界二分之一的物理学发现都来自卡文迪许实验室”②。与卡文迪许实验室相类似的还有后起的冷泉港实验室和洛斯

① 吴晓晶：《剑桥—麻省理工研究院跨国产学研合作新模式研究》，《世界教育信息》2014年第20期。

② 维基百科“卡文迪许实验室”。

阿拉莫斯国家实验室等。特定的圈子像磁铁一样富集着无数的智慧，复制着一代又一代的野心。

二、富集圈的虹吸与共振

这个社会，资源到底是怎么安排的？人际圈子对资源的共享式占有对一些人到底有什么样的好处？有一则故事是这样展开的：

> 在美国乡村住着一个老头，他有个和他在一起相依为命的儿子。有一天，他的老同学基辛格路过此地，前来拜访他。基辛格看到朋友的儿子已经长大成人，于是就对他说：“亲爱的朋友，我想把你的儿子带到城里去工作。”没想到这农民朋友连连摇头：“不行，绝对不行！”基辛格笑了笑说：“如果我在城里给你的儿子找个对象，可以吗？”他的朋友还是摇头：“不行！我从来不干涉我儿子的事。”基辛格又说：“可这姑娘是罗斯柴尔德伯爵的女儿（罗斯柴尔德是欧洲最有名望的银行家）。”老农说：“嗯，如果是这样的话……”
>
> 基辛格找到罗斯柴尔德伯爵说：“尊敬的伯爵先生，我为你女儿找了一个万里挑一的好丈夫。”罗斯柴尔德伯爵忙婉拒道：“可我女儿太年轻。”基辛格说：“可这位年轻小伙子是世界银行的副行长。”“嗯……如果是这样……”
>
> 又过了几天，基辛格又找到了世界银行总裁对他说：“尊敬的总裁先生，你应该马上任命一个副总裁！”总裁先生摇着头说：“不可能，这里这么多副总裁，我为什么还要任命一个副总裁呢，而且必须马上？”这个人说：“如果你任命的这个副总裁是罗斯柴尔德的女婿，可以吗？”总裁先生当然同意：“嗯……如果是这样的话，我绝对欢迎。”①

---

① 王健：《不，可能：反常规思考力的力量》，北京大学出版社 2012 年版，第 62 页。

对这则故事当然可以有很多不同的解读，但有一点一定是人们心知肚明的，那就是同类总是很容易自我集聚，因为这与人的某种本性是那么的合拍，而凡是与人的本性高度吻合的利益驱动总会自发生成，从而产生超越法律和道德的冲动。利益共享背后是更大的利益集聚，这有点像帕尼林哈现象①，即那种看似特指巴西但其实全世界很多地方都或明或暗存在的特殊圈子现象。

帕尼林哈，它的原意是指一种长柄平底锅，却引申为一个特殊类型的利益集团的代名词。这种利益集团之所以特殊，在于它的构成方式与众不同，它不是按照行业，而是跨行业组成的。典型的帕尼林哈由以下成员组成：关税官员，国会议员，州或市的官员，银行家，律师，保险公司职员，经纪人或会计师。这种跨行业的利益集团在牟取自身利益时具有十分独特的作用，那就是同一帕尼林哈的成员能够相互为对方提供方便：议员在立法时为银行家的利益讲话，关税官员为经纪人提供方便，银行家则为他们的活动提供资金，律师则为他们的一切合法或者非法的活动提供辩护。

与美国等发达国家的利益集团的公开游说活动不同，这些帕尼林哈的成员活动规则是完全隐秘的或者是心照不宣的，他们的游戏规则是，如果集团中谁拒绝为同伴提供此类帮助，那么他也就失去了别人的帮助。举例来说，一个帕尼林哈的成员可能享受到很多法律上的豁免，因为来自法律的压力可能由与他们有关联的警察或法官分担。而这些警察或法官如果受到有关部门的追究，则可以由银行家或律师去打通关节。其中的任何一个人都离不开其他人的协助，假如一个银行家离开他的帕尼林哈，他就将失去与他地位相当的人的储蓄，这笔财产往往是很可观的，而银行家则很难寻找到替代人选，因为几乎所有的有财产的人都已经与其他的帕尼林哈联系在一起了。又如，一个议员在某种程度上依靠他的竞选伙伴们为其提供弄来的选票，这些选票可能来自

① 陈晓律：《发展过程中的“帕尼林哈”现象》，《解放日报》2007年10月13日。

与他的伙伴们有关的雇员、佃户、债务人以及其他的私人或集团，他们都不得不以某种方式依附于该帕尼林哈的成员。反过来，这些提供了选票的伙伴们，也会依靠这个议员为自己提供大量的利益。因为这个议员与政府不同部门之间的联系在解决种种问题时是极为重要的，比如得到进口许可证、弄到建筑执照、获得可靠的情报以及诸如此类的东西。这样巴西社会就形成了一个网状的蜂巢结构，其成员因为渴望从相互之间的联系而获利的心理而紧紧捆在了一起。

然而，这种帕尼林哈一个最本质的特点却是，任何一个帕尼林哈成员，都必须占有某种资源，无论是财富、知识、权力乃至关系。结果，普通农民和工人就被排除在外，因为他们几乎无法提供任何可以交换的利益。因而，帕尼林哈完全是一种权势者联盟，由于其成员既无正式的承诺，也不举行正式会议，一般人纵有不满也无可奈何。然而，它却实实在在地存在，存在于巴西社会生活的所有领域之中，甚至包括娱乐、文化、文学与学术领域。也就是说，在这样一种特殊利益圈子存在的情况下，多数人被剥夺了“充分”进入巴西社会生活的权利。

帕尼林哈现象具有一种典型的资源虹吸特征，它通过对不同资源的高端占有所导致的共振，形成一个巨大的虹吸中心，凡是能进入这一圈子，就能分享到不均衡的利益，使资源配比出现更大的倾斜，致使社会整体各圈层间机会的不均衡分布加剧。有一个实验很能说明问题：老师先是给每个人发了一张纸，然后让大家把纸都揉成纸团。

紧接着老师把教室的垃圾桶挪到讲台前，然后开始对大家说：咱们玩个游戏，规则很简单，我们班现在就是一个国家，你们是国家里的公民，谁能把纸团扔进垃圾桶，谁就是有钱人，就是上流社会；扔不进的就还是普通老百姓。

唯一需要注意的是，每个人都必须坐在自己的位子上扔纸团。不能转移到教室的其他地方。教室后排的学生立刻开始抗议：这不公平！我们离垃圾桶这么远，前排的同学离垃圾桶那么近！等到所有人都扔过纸团以后，前排的大多数同学显然和大家预想的一样，成功扔进去了，虽然也有几个前排同学没能扔进去。而后排的同学尽管还是有几个成功地将纸团扔进了垃圾桶，但不出大家所料的是大多数没扔进去。尽管老师最后的结论是励志地希望大家懂得，在任何情况下都需要自己的努力，前排也会有失误，后排照样有希望。

让后排少量同学有机会把纸团扔进垃圾桶可能是进化的一个圈套，是通过细微的阶层流动性开放诱使更多的人加倍努力以促进整体效益的理性狡诈。但毋庸置疑的是，前排同学真实地享受到了先天地位带给他们的概率溢价。

不出所料的是，这个现实社会几乎在所有的方面都对人们预设了"垃圾桶"的远近。一个很有意思的"近水楼台"事例是我亲身经历的，那天我带妻子去华山医院看脑神经外科专家门诊，想不到大清早整个院部大楼几乎每个层面、每个窗口都人满为患。仔细分辨后发现其中大多数的排队者都不是上海本地人，他们大老远从全国各地甚至极偏远的乡镇赶来看病的成本当然远远高于我们上海本地居民，那为什么他们舍近求远要到上海来看病呢？华山医院大厅的一个墙面告诉了我其中的奥秘(图 7－2)。

原来华山医院有如此众多的顶级专家教授，他们很多是国内神经内科和神经外科的著名医生，全国以及世界各医学组织的理事、秘书长，某某重要医学杂志的编委等等，更值得他们夸耀的是，一个医院竟然拥有三个院士(图中肖像尺寸特别大的)。

那为什么这么多高端的医学专家要集中在一个医院或者一个城市呢？边远地区的病人为什么就难以享受就近的高质量医疗服务呢？如果以公平的原则假设：华山医院的高水平医生必须按人口比例均衡地分布到地表的每一个需求点。但麻烦立刻接踵而至，医生们愿不愿意

图 7-2　上海华山医院专家介绍栏①

去边远地区？医生的家人和孩子要不要一起去？最关键的是那些高端设备怎么拆分？毕竟一个医院的顶级设备应当是很多学科共享的。所以马上就遇到了一个棘手的问题——效率。原来，很多不均衡背后有一个效率和公平的关系问题。显然，一个追求长周期效益最大化的社会不可能任由市场自发力量在效率的利诱下无限制地产生不均衡分化，社会也支付不起仅仅靠自发的市场力量对这种不均衡进行滞后调节的巨大成本。但是，一定程度的不均衡之所以会出现，当然也是反映了以人性为基础的市场自然本性，而凡是符合自然本性的事物总有其相对的合理性，因此，某种程度的集聚和等差恰恰是效率的源泉。

华山医院对高端医学资源的虹吸和集聚一方面可以产生高效率的学术共振，另一方面在客观上可能逼使圈外学术力量产生赶超的冲动，从而形成你追我赶的竞争格局。因此，圈层差异和社会不平等在某种程度上也有着客观的积极功能，换句话说，一定的等差在进化上也许有好处。早在 1945 年戴维斯和莫尔就发现，收益分布不平等贯穿整个人类社会。这就意味着，不平等从某种程度上是一种功能上的必须，有助于社会的生存。戴维斯和莫尔试图通过援引两个要素来解释这种文化上的普遍性：社会结构中每一个岗位在功能上都有其重要性，可供填

① 笔者拍摄的上海华山医院底层大厅墙面专家介绍。

充这些岗位的人员稀缺。他们的推论是，社会要维系，总有一些岗位在功能上更重要些。不是每个人都具备才干或受过训练能胜任这些岗位，因此对那些拥有技能、乐得尽其所能、甘于牺牲而去充实这些岗位的人来说，有必要给予更多的回报。

同理，当某一个圈层获得了超额回报时，理所当然可能激发出圈外的骚动，也就是前排同学先天的优势会激发后排同学后天的奋发，促使社会流动的出现。

一个刻意消灭一切差别的社会，可能会牺牲国民长远的进取心；而一个无节制拉大等差的社会，同样会导致进取心的绝望。全部的问题只在于度。

三、家族圈与代际传导现象

如果 2016 年美国总统竞选的胜出者是希拉里·克林顿，那么又会是一个家族传承的经典案例，克林顿家族将与肯尼迪家族和布什家族并列为三大政治家族，特别是在当今时代短短半个世纪的时间段，三个家族竟然可能出现五个美国总统①。如果以美国有一亿个家庭计算，从 1961 年肯尼迪开始，到 2016 年奥巴马，一共仅 10 位总统，那么，三个家庭所贡献的总统数与美国户均总统的概率是一个什么样的比值？特别值得思考的是，美国总统必须是公开竞选，而不是黑幕世袭。所以，家族圈到底是一种什么样的现象？就生物学的本质而言，小布什继承的绝不仅仅是其父亲的智商，希拉里与克林顿也没有丝毫的血缘关系，但家族一旦有机会凸显，整个程序就会发生令常人难以想象的质变。换言之，家族的核心传承关系不仅是一种古老的铁律，更是一种源自生命初始阶段就被默认的利益转移方式，这一基因内部自发的需要是如此强大，以至于人类无论设计出怎样的包括最开明的民主和最嗜

① 最后虽然是川普获胜，但希拉里离总统也仅一步之遥。——笔者注

血的专制等一切政治制度，都无法彻底阻断这一利益输送管道。

放大了看，家族不仅仅是一两个峰状人物，而是一个被激活了的峰状系统。以肯尼迪家族为例，约翰·肯尼迪（美国第 35 任总统）的父亲约瑟夫·P·肯尼迪是美国波士顿银行总裁、美国驻英国大使，他娶了波士顿市市长的女儿。约瑟夫有一个深深的总统之梦，他有一次在教堂里祈祷时就暗暗发誓：我已登上了财富的最高峰，我要让儿子登上权力的最高峰，这个家族中一定要有人成为美国总统。根据他自己的经验，约瑟夫知道要让儿子有地位，必须先有钱，让他们永远不必为生活担忧。他设立了一些信托基金，提供给孩子们和妻子每人 2 000 万美元。最终的结果是，不但家族里产生了美国最年轻的总统，还产生了一组政治人物（图7－3），包括罗伯特·肯尼迪，1964 年当选为纽约州参议员；尤尼斯·肯尼迪·施莱佛，国际特奥会创始人、名誉主席；爱德华·肯尼迪，1962 年当选为马萨诸塞州参议员等数十人。这个家族即

图 7－3　1963 年 7 月 9 日肯尼迪家族成员合影[①]

① 图片来源于 Sipa Photo。

使在两人遇刺、多人非正常死亡的恐怖阴影下，依然政治人物辈出，2013 年年底奥巴马还任命约翰·肯尼迪总统的女儿卡洛琳·肯尼迪为美国驻日本首任女大使。

家族是一个具有遗传性征的生命系统，具有很强的代际延续性。有研究表明，过去 400 年，英格兰基本控制在 1 000 个家庭手中，2 500 个家庭操纵着整个英国。而美国作家费尔南德·伦德博格在《美国六十个家族》一书中指出，美国政治很大程度上是由最富有的 60 个家族控制着。在英国，埃奇坎伯家族在 1945 年之前几乎从未间断地向国会输送了 20 多名议员；曾三度出任保守党首相的索尔兹伯里勋爵，其家族从 1868 年至 1955 年间向英国政府贡献了 1/10 的内阁大臣。在美国，有 700 多个家族每个至少向国会输送了 2 名家族成员。BBC 著名主持人帕克斯曼在其专著《政治动物》中指出：在英美，政治上成功的第一法则是选好父母。亚当斯、汉密尔顿、塔夫脱、哈里森、罗斯福、肯尼迪、洛克菲勒，这些大名鼎鼎的姓氏贯穿于美国 200 年历史中①。

尽管上面的数据看上去有点耸人听闻，但确凿的是，在日本，鸠山家族、小泉家族、安倍家族、麻生家族和福田家族被称为日本政坛“五大家族”。20 世纪 90 年代以来，历任日本首相中，除村山富市、菅直人和野田佳彦之外，其余 11 人均出自显赫的政治世家。现任日本首相安倍晋三，来自三代从政的安倍家族，弟弟岸信夫是众议员，父亲是前外相安倍晋太郎，祖父安倍宽是帝国议会众议员，外祖父、外叔祖父分别是前首相岸信介和佐藤荣作。冷战后历任内阁中，平均约有一半的阁僚来自不同的政治世家。

在经济生活中，家族企业也非常普遍。据统计，西方国家的二级市场中 3/4 以上的企业、初级市场中 2/3 以上的企业都是家族企业，美国的家族企业占美国企业总数的 96%。罗斯柴尔德家族、杜邦家族、奥

① 金灿荣、董春岭：《西方选举政治的“圈子”现象》，《北京日报》2015 年 4 月 27 日。

纳西斯家族、洛克菲勒家族、IBM 沃森家族、高尔文家族、福特家族、马克斯家族、迪斯尼家族、摩根家族这十大家族深深地影响着西方的经济命脉。

家族是社会圈子最基础的单元，家族现象是人类族群研究的一个非常基本的、边界较为清晰的组织遗传现象，主要是以血缘为纽带的具有极强继承关系的代际遗传。这种遗传的真正本质不是由基因决定的，而是以血缘关系为连接的社会学传承，即上一代把自己的资源[①]以无偿的形式转移给下一代。这种转移在资源分布和资源配置权力越来越两极分化的今天，对公平的社会流动而言，其局限性开始显现[②]。然而，即使征收再高额的遗产税也难以彻底均衡财富的高度集中趋势，安格斯·迪顿说：“与其他的富裕国家相比，尽管人们相信美国梦就是人人都可以成功，但实际上，美国人所获得的机会并非特别均等。衡量机会是否均等，上下两代之间的收入关联度是一个常用的指标。在一个完全流动的社会，人人享有均等的机会，你的收入和你父亲收入的高低不会有任何关系。而在一个阶级世袭的社会，工作岗位也是一代一代继承的，则父亲和儿子之间的收入关联就是 50%。这样的关联度在经济合作与发展组织国家中是最高的，在世界范围内，只有中国以及一些拉美国家的这种收入关联度高于美国。”[③]

陈志武在一篇文章中也量化地涉及了家族姓氏中代际传承的事实，其中说到：如果把过去七个世纪分成不同时间段，英国社会财富阶层的连贯性基本没有变化，富有的姓氏有 70%—80%的可能性在一代后继续富有，有 50%左右的概率在两代后仍然富有。文章还介绍了克

---

① 包括财富、地位、经验、社交圈等一切有利于子代发展的全部资源。——笔者注

② 比如今天出生在上海的孩子与偏远的内地农村孩子相比，因房产价格的巨大差距，25 年后，两者的家庭总资产差距可能达到近百倍(上海孩子继承的三代房产总额将可能达到 1 000 万—2 000 万元，农村数个孩子均分的结果可能仅仅 10 万—20 万元)。——笔者注

③ 安格斯·迪顿：《逃离不平等：健康、财富及不平等的起源》，中信出版社 2014 年版，第 170 页。

拉克教授的观点,他把1200—2012年英国剑桥大学、牛津大学历年学生名册放在一起,研究各罕见姓氏的学生占比相对于这些罕见贵族姓氏占整个英国人口比及变化。结果他发现,罕见姓氏占牛津大学、剑桥大学学生的比重在100多年前是这些姓氏占整个英国人口的8倍,到现在,这些姓氏的牛津大学、剑桥大学学生占比还是他们在整个英国人口占比的2倍。自13世纪以来,精英姓氏子女一直比一般姓氏更能进牛津大学、剑桥大学等贵族大学,今天仍然如此。如果用政治精英取代贵族大学的就学机会,那么,在英国,政治精英阶层自13世纪以来则更加固化,"官二代"有91%的可能性继续为政治精英。可见,这种"君王舅子三公位,宰相家人七品官"[①]的现象亦非中国独有。

克拉克教授也把姓氏研究方法应用到了中国。具体而言,他以长江下游的县为基本单位,如果某姓氏在1645—1905年年间考上举人的人数占本县总举人人数之比,高于本姓氏占本县总人口比的5倍以上,那么该姓氏就为本地区的精英姓氏;一旦各精英姓氏确定之后,再计算每十年里这些精英姓氏的举人占比相对于他们占样本范围总人口的比值,看前者高于后者多少倍。结果发现,在清朝初期,精英姓氏的举人占比是其在总人口中的占比的8倍多,到乾隆末期还停留在4倍左右,到民国时期下降到2倍左右,最近降到1.5倍(对民国时期和1949年后,他们以考进北大、清华等大学代替举人来定义精英)。由此可见,某一宗族姓氏一旦进入精英阶层,社会阶层可以跨越朝代、跨越体制地固化下去[②]。

研究强调,中国的情况并非孤例。瑞典从1936年推行"社会主义政策"以来,基于姓氏的社会地位代际传承系数仅从0.85下降到0.66(1相当于绝对的代际传承);英国于1944年普及免费中等教育以来,

---

① 舅子:妻兄妻弟。三公位:朝中高级命官。家人:仆人。这两句大意是:国君的妻兄妻弟都身居三公高位,宰相家的仆人也能当七品县官。

② 陈志武:《量化历史研究告诉了我们什么》,《经济观察报》2013年9月13日。

该系数值仅从 0.7—0.8 下降到 0.6—0.7；日本二战后推动民主、厉行教育均等化，但是代际传承系数值居高不下，政商财阀皆为“世家”；印度 1947 年独立以来推行民主的一个重要举措就是规定低种姓人群在大学生和选民中的最低配额，但代际传承系数值最近 50 年维持在 0.89；美国精英大学录取对少数族裔和低收入阶层的优惠也没有提高社会流动性。公共政策似乎不能提升社会流动性，而工业化、城市化和技术革命可能是更重要的降低社会阶层固化度的力量。按照克拉克门徒郝煜的话说，“文化和社会资本的代际传递比物质资本的代际传递更重要，而前者很难被累进税或高遗产税等公共政策再分配”，决定学历和劳动力市场结果的更重要因素是家庭和社会网络。

家族资源之所以在代际传承上很难被社会流动性冲淡，极可能有其功能上的进化作用，在一些较为特殊的传统技艺和家学教养等“非物质遗产”上，这种“转赠”方式可能是低成本、高效率的演化策略。所以我们就很容易看到王羲之、王献之代际书法的妙传，也更可见到苏洵、苏轼、苏辙在唐宋八大家中一门占三座的奇观。及至近代，梁启超家族①、无锡钱氏家族②更是“德积百年元气厚，书经三代雅人多”。

家学之所以能得到传扬，不仅仅是血缘的质量，更重要的是，得益于以血缘为纽带的亲情所携带的文化基因在代际间传递，这种轻质的“遗传物质”甚至可能数十代地得到富集。浙江余姚的虞氏家传就是一

① 梁启超的后代中人才辈出。其中，梁思成，梁启超的长子，是著名建筑学家，中国古建筑研究的先驱者之一，中国建筑教育的奠基人之一；梁思永，梁启超的次子，是中国杰出的考古学家，对中国考古事业的发展，特别是对新石器时代和商朝的考古有重大的贡献；梁思达，梁启超的四子，长期从事经济学研究；梁思礼，梁启超的幼子，是中国当代著名的火箭控制系统专家；梁思庄，梁启超的次女，是著名图书馆学家；梁思懿，梁启超的三女，主要从事社会活动。孙辈中，梁从诫现为全国政协常委，曾领导创建了中国第一个群众性、会员制的民间环境保护组织“自然之友”。

② 据统计，钱家大约是出院士最多的家族，仅无锡钱家便出了 10 位院士和学部委员——台湾中研院院士钱穆，中科院院士钱伟长、钱钟韩（钱钟书堂弟）、钱临照、钱令希、钱逸泰以及江阴钱保功，中国工程院院士钱易（钱穆长女）、钱鸣高，中科院学部委员钱俊瑞。

例，在两千多年的时间里出现了无数名人[①]。

这种遗传在很大程度上是近在咫尺的榜样力量，那么质感的言传身教浸透在生活里的一点一滴，“润物细无声”地塑造着一个个灵魂，因此我们更能理解早期“梨园界的四大公子”，即梅兰芳幼子梅葆玖、谭富英之子谭元寿、叶盛兰之子叶少兰和尚小云之子尚长荣，为什么那么容易子承父业，那是因为：

> 人的主要特征与其说是设计工具，不如说是从一个人向另一个人传播制造工具的知识。我们不能够用任何生物遗传过程把新近获得的器官传播下去：铁匠没有任何办法把他发达的臂膀传播给子女，但是没有任何东西能够阻挡他把自己的手艺传授给孩子。[②]

这种社会学意义的“获得性遗传”[③]无处不在地影响着我们生活的延续。

四、核心优势圈的场效应

请看图 7－4，这是 1927 年在比利时布鲁塞尔召开的第五届索尔维会议，此会发轫于爱因斯坦与玻尔两人关于量子力学的大辩论，参加会议的主要是 20 世纪初物理学几大派的核心人物。这个阵容太豪华了，也许是拉斐尔创作《雅典学院》以来直至今天人类最聪明的大脑史诗性的一次聚合，这是一个什么样的智慧圈？

---

① 虞舜，姓姚，名重华，字都君，是中国上古时代原始社会向奴隶社会过渡时期的部落联盟大酋长，即世称作“三皇五帝”之一的舜帝。

② 埃里克·麦克卢汉：《麦克卢汉精选》，南京大学出版社 2000 年版，第 427 页。

③ 获得性遗传是“后天获得性状遗传”的简称，指生物在个体生活过程中，受外界环境条件的影响，产生带有适应意义和一定方向的性状变化，并能够遗传给后代的现象。由法国进化论者拉马克（C·Lamark）于 19 世纪提出。

图 7－4　1927 年第五届索尔维会议合影

爱因斯坦、玻尔、波恩、普朗克、洛伦兹、郎之万、薛定谔、海森堡、狄拉克、居里夫人、德布罗意、泡利……这些如雷贯耳的名字早已溢出物理学界，成为全世界的智慧遗产。

这些人物，是 20 世纪物理科学的最杰出代表，他们在量子论和相对论两个方向上所作的贡献，不仅彻底改变了人们的物质生活，而且改变了人类的思维方式和时空观念。在知识界可以这样说，不懂得这些思想的人，基本上可以视为落后于这个时代。

他们都先后获得过诺贝尔物理学奖。其实说到底，不是他们以获得诺贝尔奖为荣，而是诺贝尔奖以他们为荣。今天诺贝尔奖之所以被公认为科学界的最高荣誉，实际上正是因为在 20 世纪前期，该奖年年都授予这些人，从而确立了这个奖项的崇高地位。

可以想象这是一个什么样的圈层？人类最高智慧与最高智慧相撞，有时就像超大星系与超大星系相撞，它所产生的能量级是无可估量的。看着这张照片，你心中也许能幻化出一个巨大的智慧气场，它象征着宇宙内部一个深不可测的智慧辐射中心。

说它是个圈子，也许并不合适，毕竟他们这些人并不会经常见面喝咖啡，他们在现实的物理空间并不总是坐在一起，但是，说他们是最富有磁性的思想圈子一定毫不牵强，他们结合成了真正意义上的圈子。这足以使我们对圈子产生更加丰盛的联想——

第一，圈子是自发生成并逐层筛选的，不同当量的资源会在无数偶然的碰撞过程中必然地渐渐沉淀在不同的圈层。可以想象整个社会就像一个筛子，所有的资源放在筛子上接收筛选，当细碎沙子被筛下后，又会有新一层筛子继续筛选，直到最后，筛子上只剩下个头最大的家伙，而这几个大家伙因为数量较少，他们很容易碰到一起。所以这首先是自然的选择策略，他们碰到一起，不仅取决于他们个人的意愿，更反映的是整个社会的需求，这一需求简直是本能地通过自然筛选对资源进行分门别类，以便用圈子的形式实现最高效率的碰撞。

资源的这种自我归类和适配是大自然以及社会的内生能力，在普通的生活里，“物以类聚效应”就像 MIT 著名经济学家丹·艾瑞里的“爱情配对实验”那样，无论偶然性会怎样机缘巧合地影响我们的命运，对绝大多数人而言，“门当户对”总是难以逃遁的大概率事件。

第二，当最适配的高端圈层出现之后，就可能产生大级别乘数效应，这是效率产生的重要源泉。当这么多超级天才把各自思想的锋芒高度集中在既变幻莫测又游刃有余的锐利针尖上时，那无数思想透镜集中照射下的焦点就可能被迅速点燃，那被引爆的天才们的思想火花会像闪电一样刺破夜空，一种如“惊蛇之入春草，舞燕之掠平川”的优美灵思就会像“天外之游丝”般地在他们的大脑中与经典物理概念、与运动不息的万类霜天、与来自宇宙深处的灵光乍现欲断欲连，从而产生石破天惊的伟大创生。

这种高圈层所产生的高能量乘数效应几乎在社会生活的一切方面都会留下深刻印记，比如马云所在的互联网高阶商业圈层。当某个人一旦达到了某一重要的高度后，与此等高线相应的无论是直接合作者还是潜在竞争者，相互之间都会内生出一种引力，社会的所有相干震荡

（高端会议、媒体邀请、国际合作、顶层进修、高阶俱乐部等等）会通过不以个人意志为转移的必然性形式把这些引力集聚起来。如图 7－5，这也许只是“华夏同学会”的一次普通聚会，但当媒体人看到名单里有马云、马化腾、李彦宏、古永锵、刘永好、王健林、冯仑、郭广昌、李东生、曹国伟、江南春等后，敏感的神经就会兴奋起来，甚至不惜以《揭秘中国四大顶级圈子：他们手里握着整个中国》为标题，耸人听闻地把华夏同学会[①]、泰山会、中国企业家俱乐部[②]、江南会一并写入。不过事实上，他们的聚会所碰撞出的商业当量的确不是一般的同学会所能比肩，诚如万通集团的冯仑说的，坐在华夏同学会的聚会现场，探讨的问题比所有

图 7－5　华夏同学会

① “华夏同学会”对外界来说是个神秘的组织，不见报于媒体，不张扬于商界活动。华夏同学会的成立得益于长江商学院与中欧商学院最初开设的 CEO 班。2005 年，中欧商学院与哈佛大学、西班牙 IESE 商学院合作在全国推出了为期四周的 CEO 班，前两届 CEO 班的近 60 名学员包括了蒙牛集团董事长牛根生、TCL 总裁李东生、百联总裁王宗南、红豆集团董事长周海江、万通董事局主席冯仑、汇源果汁董事长朱新礼、博时基金总裁肖风、建业集团董事长胡葆森、奥康集团总裁王振滔等多名国内商界精英人物。

② 中国企业家俱乐部成立于 2006 年，柳传志任主席，俱乐部的成员包括经济学家吴敬琏、张维迎、周其仁、许小年，企业家王石、马蔚华、马云、郭广昌、王健林、牛根生、朱新礼、俞敏洪、李书福、李东生、冯仑等人。这是一个活动频繁的圈子。企业家们经常聚在一起“疯一把”，马云抱怨式的吐槽、俞敏洪喝多了站在桌子上唱歌，都是该俱乐部里司空见惯的场景。情绪的发泄与情感的支持，在这一圈子里都能够得到满足。

媒体、商学院讲得都要深。2009 年 10 月份他参与了华夏同学会的深圳活动，听比亚迪老板王传福、腾讯 CEO 马化腾等讲故事、做评论，十分精彩。在华夏同学会，同学们“听到的是从没对媒体公开的故事”。冯仑对此感触很深，“以前好比去电影院观赏大片，这里是实实在在听制片人介绍如何制作大片”①。

高手间坐而论道，虽毫厘之差，亦能会悟之妙，存乎一心。这种骨子里发出的乘数效应看似无形却有形，并一次次以必然性的形式获得包括政治力量在内一切可能的资源（图 7－6）。

图 7－6　马云与特朗普、普京谈笑风生、坐而论道

第三，圈子是一种场，其内部有一种看不见、摸不着却不无处不在的气场，它是一种精神共同体所散发出的奇幻气息。置身于某一圈层，不仅会形成共同的话语和目标、共同的价值和追求，更可能产生共同的直觉、共同的竞争感受、共同的极其细微的荣辱体验等一切笼罩着圈层色彩的意识形态。特别对最高级别的科学圈层而言（如上述爱因斯坦圈层），一旦进入，就像踏入神秘而辉煌的殿堂，一种无比尊贵的气场和前所未有的眼界会让人远远脱离表面的谦虚和骄傲，而直接抵达事物的本源。与这个圈子的核心人物交流，就像生活在鲜活的历史中，面对面的场效应是那样的不同，就像你可以通过画报感受达利、毕加索的绘

① 腾讯科技，2015 年 12 月 1 日。

画作品，但那依然是作品，只有当你某一天直愣愣地站在巨幅的《格尔尼卡》面前时，你看到的就不仅是作品，而是连带着毕加索的全部心血透过画布上那质感的色调、和着那个时代的全部气息扑面而来的历史现场。

同样的道理，圈场就是一种无形的引力，它会神奇地把跃入这个圈层的成员牵引到圈子的价值中枢附近，使圈子成员接近和超越圈子的平均质量[①]。如前述卡文迪许实验室，第三代实验室主任汤普森，不仅自己发现了电子，获得了诺贝尔奖，而且还培养了 7 个人获得诺贝尔奖。其中的卢瑟福，即著名的原子物理的奠基人，他再次培养了 12 个人获得了诺贝尔奖。

回顾科学和艺术发展史，总能看到人才会在某个时代、某个地区超平均地涌出，这绝不因为某个时代、某个地区是人才的生物学“富矿”，也不完全是科学发现与艺术创造自身从量变到质变的节奏所致；更可能的原因是，出现了以高层圈子为核心的知识群落，特别是出现了以几个超级天才为内核的辐射中心，并以此中心形成了不同圈层的优秀人才集群，他们互相碰撞、互相砥砺，形成巨大的历史合力。

这就引出了“优秀群”的概念。也许正因为中国的理学大儒朱熹是江西婺源人，尽管他的诞生地和主要活动地并不在婺源，但冥冥之中就会产生一种特殊的“场效应”，于是，某种信心就会被激活，一个以理学为核心的优秀群就开始富集。以理坑为例，它位于江西省上饶市婺源县城 56 公里的沱川乡，建村于北宋末年，村人好读成风，崇尚“读朱子之节，服朱子之教，秉朱子之礼”，被文人学者赞为“理源”，即“理学渊源”。几百年来，这么微小而偏僻的山村，秉承勤学苦读之风，人才辈出，先后出过尚书余懋衡、大理寺正卿余启元、司马余维枢、知府余自怡

① 曾国藩认为，一个人如果整日与平庸鄙俗之人相处，就会因“鲍鱼同处”，也变得和他一样了。久而久之，心窍也会被堵塞。“一生之成败，皆关乎朋友之贤否。”

等七品以上官宦36人、进士16人、文人学士92人，著作达333部582卷之多，其中5部78卷被列入《四库全书》。

第四，优秀群一旦形成，就会出现整个集群动能的“序参量”①现象。因为在这样一个特殊的“直觉场”中，人们的思索会自觉和不自觉地向问题的终极焦点集中，从而产生类似激光的效应。激光是20世纪以来，继原子能、计算机之后，人类的又一重大发明，被称为“最快的刀”“最准的尺”“最亮的光”。激光对于灯光是一个巨大进步。灯光中，光电子受到电流激发产生光波，这些波浪和波串随着电流的增大越来越密集，形成一个光场的狂突运动。在这种狂突过程中，大部分能量损耗掉了。就像一群乌合之众总是在冲突中相互掣肘，不能成就任何事业一样。激光的情况却完全不同，它不是一些杂乱的波串，而是完全相同的、长度无穷的波浪。激光能够一致行动，却没有人在指挥，激光是通过自组织产生一种有序状态。于是灯光的无序运动转为激光的有序运动。在激光发生器中，不同长度的光波相互激荡，最后，一种波取得优势地位，成为“序参量”，带领全部光波按同样的波长、向同一个方向发射，从而获得无穷的能量。所以，优秀群一旦形成，整个群的质量将发生重要突变，被重新结构起来的元素将涌现出新的功能，被有机连接起来的智慧圈会产生全新的“集体脑”，于是，“整体大于部分的总和”现象逐渐生成，人才和成果的优势富集效应开始启动。

第五，圈层的高度决定了圈子成员的眼界和格局。某人之所以看得比别人远，除了他自身的条件外，主要取决于他站的高度，如图7-7(1)，设想a、b、c三人处于不同的圈层，假设三人的视角一样，由于所处

① 在运动中有许多控制参量，分为“快变量”和“慢变量”，而“慢变量”——序参量才是处于主导地位的。随着控制参量的不断变化，当系统靠近临界点时，子系统之间所形成的关联逐渐增强。当控制参量达到“阈值”时，子系统之间的关联起主导作用，因此在系统中出现了由关联所决定的子系统之间的协同作用，出现了宏观的结构或类型。序参量是系统相变前后所发生的质的飞跃的最突出的标志。它表示着系统的有序结构和类型，它是所有子系统对协同运动的贡献总和，是子系统介入协同运动程度的集中体现。

的高度不同，他们的视域（广义也可以理解为思域）则完全不同。直观分析，b 的高度决定了其视野 2 倍于 c，而 a 的高度又决定了其视野 8 倍于 c。

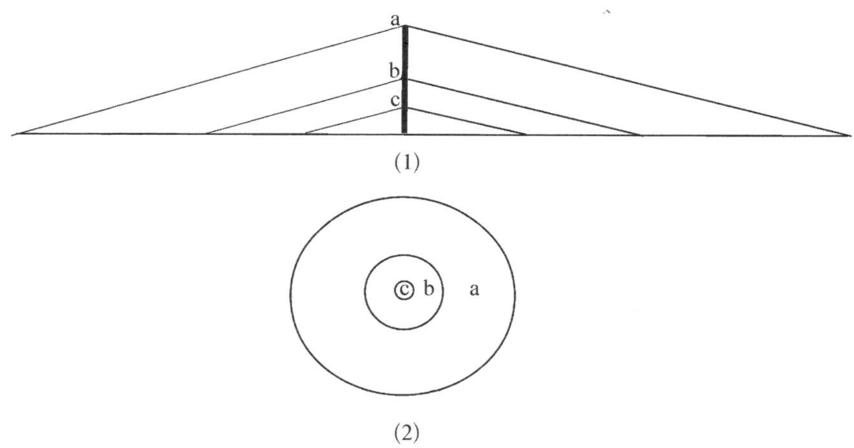

图 7－7　人的观察位置决定其观察距离

如果从空中俯瞰，他们三人的视野又将产生更大的差异，也就是说，不同的高度实际上决定了他们各自的观察半径，如图 7－7(2)。如果仅仅将观察半径理解为信息的获取量，那么，如此严重的信息不对称将会产生怎样的决策差距？

如果我们进一步把 a、b、c 的观察视域想象成一个球体，那么，三者的理论差别将会大到不可估量的程度，这样我们就更容易理解帕斯卡[①]说的，“知识就像空间中的球体，我们学到的越多，我们接触到的未知就越多”[②]。这个“未知”当然也可以想象成更加辽阔无穷的接触面，以及更加广阔的机遇与可能。

第六，高层圈内部会分泌出一种高能量的激励物质，从而加剧圈子

① 帕斯卡（1623—1662），法国数学家、哲学家、物理学家，概率论的创立者之一，著有《思想录》等。

② 斯蒂芬・杰・古尔德：《自达尔文以来——自然史沉思录》，田洺译，生活・读书・新知三联书店 1997 年版，第 213 页。

成员的良性竞争。

优秀圈子虽然在总体目标上会形成巨大的向心力和有效的合力，但这并不意味着其内部就是波澜不惊的死水一潭，它的另一个显著特点是：被激励起来的每一颗雄心可能会以更旺盛的形式燃烧。默里在《文明的解析》中非常严肃地探索过这个问题，他假设，诸如拉斐尔或者法拉第这样的名人激励了在他们的影子下长大的有抱负的年轻艺术家和科学家。再假设，在各个领域内，成功可能自我复制。于是忽然想到“攀比”，攀比是人类成就溪流潺潺流淌的动力的观点比当代社会学要悠久得多。在某个短暂的历史切片中，为什么伟大的天才和耀眼的成就会成群涌现？

> 以悲剧为例，埃斯库罗斯、索福克勒斯和欧里庇德斯的生卒年代彼此只相隔几十年。希腊的新老喜剧天才剧作家也是如此。哲学天才更是如此。继苏格拉底之后，在一个短暂的时期内涌现出了一大批哲学家……任何两个值得一提的哲学家都不可能彼此不认识。最可能的解释就是：
>
> 攀比心理孕育了天才。受时而嫉妒、时而钦佩的心理驱使，人们竭力去仿效他人。根据自然规律，受到最狂热追求的东西，必将发展到极致。[①]

虽然人们也认识到事物一旦到了极致，必然走向衰落，但我们依然能看到在走向一个又一个极致的进程中，那些高不可攀的圈子里，还有着更加高不可攀的荣耀心。

比如，产生了将近全美国一半的诺贝尔经济学奖的芝加哥大学，那

---

① 查尔斯·默里：《文明的解析：人类的艺术与科学成就》，胡利平译，上海人民出版社2008年版，第310页。

个被称为“神话般的工作之地”，其实也是竞争最为激烈的战场。美联社说，一些人认为芝加哥大学的教授冷淡无情，无论多知名的学者，无论他的理论多受欢迎，都可能遭到同事的全面批驳。戴维·博阿兹说：“在芝加哥，当你完成并提交一篇论文，聪明的人就开始攻击，试图找到其中的错误，试图找到弱点。芝加哥大学的教授必须提出好的理论，因为他们面临着许多聪明的教授，那些人会推翻不严谨的理论。”①

不得不承认，这才是有利于新理论发育的最好圈层，内在的竞争是那么的具有张力和趣味，这种竞争的残酷和由此带来的美妙是一般的圈层无法企及和享受的。理性的理解是：在性质上越相近的群体竞争越激烈。是的，一个花农可能对巴菲特的富裕无动于衷，一个木匠也不会因为哪个作家获奖而羞愧难当以至于血脉喷张。

芝加哥大学的学术争论带来的是更多的学术成就，而诺贝尔奖似乎能让这所学校吸引更多的年轻学者。诺贝尔经济学奖评委会主席约尔根·韦布尔说：“当诺贝尔奖接踵而至……对那些年轻学者而言当然是决定去那里的明显信号。”虽然诺贝尔奖绝非人们追求的极致，但那些诺奖获得者在奔向更伟大目标时的奋斗精神却应该是全人类的伟大财富。

推而广之，如果可以将欧洲文化和学术共同体看成是一个更大的圈子，那么，在这个圈子内部，除了有着共同的对理性推导的崇尚、对无穷未知的渴望、对实验和假设的偏狂、对质疑和诘难的模仿等一切深藏于心的高级约定外，一定还有一些更具人性活力的美丽的肮脏——妒忌与虚荣。正是这些人类特有的情绪，才推动着一个个原本普通的灵魂甘愿支付一生的成本来换取一个未知的荣誉期权。对欧洲大圈子中的各国科学家而言，维护某种特定的荣誉也许是从国王到平民的普遍愿望。

---

① 美国旅游网，http://usa.bytravel.cn/art/zjg/zjgdxnbejjxjdyl/。

20世纪70年代我在江西插队农耕时看过康德写的《宇宙发展史概论》，现在记忆犹新的依然是该书开宗明义第一页康德写给德国君主的话：

> 国王君主陛下：
>
> 我感到自己的微贱和王位的光辉，但这并不使我自惭形秽、畏惧不前，因为仁慈异常的国君对他的臣民的一视同仁引起了我的希望：我大胆冒失的努力将不致不受到国王的垂青。我以最恭顺、最崇敬的心情，把我这个最渺小的尝试献给君主陛下，为了它可能使陛下的科学院，通过其贤明国君的鼓舞和庇护，来同别的国家在科学上作竞争。如果我目前这个尝试能够收到一定的效果，使我这个下民全力以赴的努力多少对祖国有些用处，并能博得国王的最大的喜悦的话，我将感到无比的幸福和荣耀。我永远是国王陛下
>
> 您最忠诚的最恭顺的仆人[①]

德国那么重视自己的集体荣誉，英国当然也一样。库克发现澳大利亚前，其实有个小插曲。就在库克出航前一个世纪，英国天文学家哈雷认识到，金星凌日是精确测量地球到太阳距离的一次绝好时机，因为此时会产生所谓的视差现象，即在不同的位置看同一天体的方向之差。如果知道位移有多大，根据三角学原理即可计算出两者之间的距离。但要得到相关数据，最佳观测日那一天地球各个角落必须事先有人做好观测准备，因而有了塔希提岛之行。英国皇家协会要求本国政府赞助这次航行，理由竟然是——其他国家也会这样做。如果英国落在别国的后面有失颜面，因为

① 康德：《宇宙发展史概论》，上海外国自然科学哲学著作编译组译，上海人民出版社1972年版，前言。

……全世界各国的知识阶层一致认为，英国的天文知识水平最高。在天文领域，古今没有任何国家能超过英国，无论古代还是今天。倘若我们忽视观察这一重要现象并得出正确结论的话，会令我们蒙羞……[①]

德国与英国在很多领域都暗自较劲，就像在微积分发明权的争夺上，到底是莱布尼茨还是牛顿，两国从未妥协过，不罢休的德国人甚至不惜讽刺英国人：“只不过望远镜前面停了一只苍蝇，他们就迫不及待地向全世界宣告，自己在月亮上发现了大象。”

这么可爱的荣誉心，在长期而又默默无闻的科学探索上，对欧洲科学和文化圈层的发育和发展一定也起着不可思议的作用。也许正因为上帝在初始设计上给每个人安插了荣誉的基因，才会驱使人们愿意在远远超出物质功利回报的付出面前，能咬紧牙关继续前行。事实上，有迹象表明，越是趋近高阶圈层，以荣誉为最终回报的活动越是具有生命力。最重要的是，获得圈内真正的认同和赞扬才是奋斗者梦寐以求的奖赏。这也许才是圈子作为“类组织”[②]长期存在的功能性根据。

五、圈子的同层异构[③]现象

圈子的另一个有趣特征是，内部成员社会属性的多元化。一个人到底能结交到什么样的朋友，或者进入什么样的圈子，很大程度上并不取决于他干的是什么，而取决于他干到了什么程度。同样做互联网业

---

① 查尔斯·默里：《文明的解析：人类的艺术与科学成就》，胡利平译，上海人民出版社2008年版，第46页。

② 一种准组织、疑似组织，不具有法律强制性，但具有极大黏性的有着共同利益、共同志趣、共同需要、共同维护的人群共同体，圈内与圈外既边界相对清晰，又进出自由的开放性的自发组织。——笔者注

③ 同层，这里特指处于同样的社会等级层次，比如社会公认的行业领袖或等量级别的社会公众人物。异构，特指完全不同的行业和职业领域中的佼佼者，因为某种原因用圈子的形式结构在一起。——笔者注

务，干到了马云的程度，他的朋友圈就会发生质变，就像你一旦登上了山顶，所有其他山顶的峰状人物就有机会在现代工具的帮助下跟你连接起来。马云爱交朋友是出名的，但爱交朋友的人很多，为什么马云既能交到郭广昌、史玉柱那类可以交心的生意朋友，又能交到扎克伯格、比尔·盖茨等可以交流的远在天边的朋友，还能交到比尔·克林顿、阿诺·施瓦辛格、科比等看上去没有半毛钱关系的朋友，更能交到金庸、赵薇这样云里雾里的人生朋友？难道仅仅是马云特别好客吗？或者仅仅是马云眼睛生得漂亮吗？其中的道理众所周知。

打开互联网，你很容易搜到这样的故事：

> 2005年9月10日，克林顿应马云的邀请，去杭州做演讲。克林顿到达杭州已经是9日晚上9点多了。马云把他从机场送到酒店后，就准备离开。这时，克林顿却叫住马云说："能不能跟我聊聊中国的互联网？"马云自然不能推辞，但考虑到时间已晚，他都用最简短的话来回答克林顿的问题，还不时提醒他该休息了。可克林顿似乎兴趣正浓，一点没有停下来的意思。
>
> 午夜12点的钟声敲响了，这时克林顿突然拍了下手，房间的灯熄灭了。马云以为克林顿想休息了，准备离开。这时，房间的门打开了，克林顿的助手们捧着一个燃着蜡烛的蛋糕走进来。克林顿起身对马云说："生日快乐！"马云愣住了，这才想起今天是自己的生日。他也立刻明白，原来这位美国前总统一直不肯休息，竟是要第一时间给初次见面的自己送上生日祝福。马云非常感动，这个生日让他久久难忘。

你也许不必奇怪比利时国王菲利普和首相米歇尔会饶有兴趣地把自己与马云的合影晒到社交媒体上，以及英国首相卡梅伦特别得意自己与马云的自拍照，更不必惊讶2016年5月17日中午，马云可以突然拜访白宫约会奥巴马，然后跟奥巴马在白宫共进午餐，而该项议程原本并不在白宫公开议程中，消息透露后竟引爆互联世界。

如果你搜索“马云合影”，你一定会感慨马云怎么会交到那么多“不一样的朋友”，马云怎么有精力交那么多朋友？这虽然已经不是“我的朋友胡适之”的时代了，但你确实不必为“有一种圈子叫马云朋友圈”而诧异。

进一步想象一下，如果把马云“微信朋友圈”（不知道马云用不用微信）所有朋友的名字都罗列出来，再把这些朋友各自的朋友圈全部晒出来，可能未必需要“六度空间”[①]，只要二度空间，就可以几乎将全世界的大多数名人一网打尽了。当然，“认识”和“朋友”是两个不同性质的概念，但共同的朋友一旦结构成圈，便具有了非同寻常的意义。仅仅就“马云朋友圈”现象而言，我们似乎可以对圈子，特别是高端圈子的形成和功能多一些思考。

第一，高端圈子，特别是顶级圈子的组成逻辑，主要不看哪一行，而是看哪一排行？美国的三个迈克（迈克·乔丹、迈克·杰克逊、迈克·泰森）都曾经有过几个交往有趣的总统朋友。特别是迈克·杰克逊，更是在最广泛的领域里连接着这个差强人意的世界，甚至在遥远的大海深处、好望角那个阴冷潮湿的牢房里。2005年，一家丹麦杂志问南非前总统曼德拉在27年的牢狱生涯中如何找到力量。“当你被关在监狱的铁栏之后，没有被释放的希望时，你必须无论如何得找到一点力量……个人来说，我从MJ身上找到了力量。”曼德拉说。而拳王阿里也对挪威报纸说：“当人们问我力量何来，我告诉他们我看着MJ所看到的镜中人。”

① 一个数学领域的猜想，英文为Six Degrees of Separation，中文翻译包括六度分割理论或小世界理论等。理论指出，你和全世界任何一个陌生人之间所间隔的人不会超过六个，也就是说，最多通过五个中间人你就能够认识任何一个陌生人。

图 7-8　曼德拉与拳王阿里

并不意外的是，曼德拉与阿里这两个看似没有任何行业关系的人也发生了关联，那一年，他们互相用拳头触抵对方下巴时那份亲切感染了全世界。

2013 年 12 月 6 日，得到南非前总统曼德拉逝世的消息，拳王阿里发表声明致以沉痛的哀悼，“老虎”伍兹则几乎哽咽着回忆了他与曼德拉共进午餐的日子。2016 年 6 月 4 日阿里去世的当天，奥巴马与夫人米歇尔当天发表声明哀悼阿里逝世，称赞他是“最伟大的人”，他震撼了全世界，世界因他而变得更好。奥巴马说，他在自己书房里珍藏了一副阿里的拳击手套和一张 22 岁阿里的经典照片。美国前总统比尔・克林顿和妻子、前国务卿希拉里・克林顿在悼念阿里的声明中表示，很荣幸他们在白宫期间能够把“总统公民奖章”颁给阿里，认为阿里经历过胜利也经受了考验，最终凝结成比传奇更伟大的一生。有意思的是，当时的共和党总统竞选人、地产大亨特朗普也说：阿里是一个真正伟大的冠军，是一个好人①。

尽管阿里和阿里巴巴的马云处在不同的时空，但共同的坚韧条件下的成功业绩使他们的朋友圈大大溢出了自己的行业，从而产生了世

① 中国新闻网，2016 年 6 月 5 日。

界性的关联。而且，所有的关联方几乎都达到了他们自己人生的最高刻度。

第二，顶级圈子的同层异构现象可能是一种进化上的孤独补偿。设想不同的行业类别（比如实业类、影视类、政治类、文艺类、体育类……）都有着自己不同的圈，每一个圈都由下而上自发形成大小不同的圈层，如图 7 - 9，每一圈层大致是以级别接近、当量相符的人员构成，以实现一定程度的资源互享和抱团取暖。但是，当一个人的成就上升到了峰顶时，按当量相符的构成原则，本圈内部的顶层就会出现“高处不胜寒”的相对孤立现象。这是一种很深的心理状态，不是指那种显性的孤独，而是一种由别人对他的敬畏和绝对服从等因素所造成的心理失重，因为本圈内部已经没有相对平等的力量与之相处。

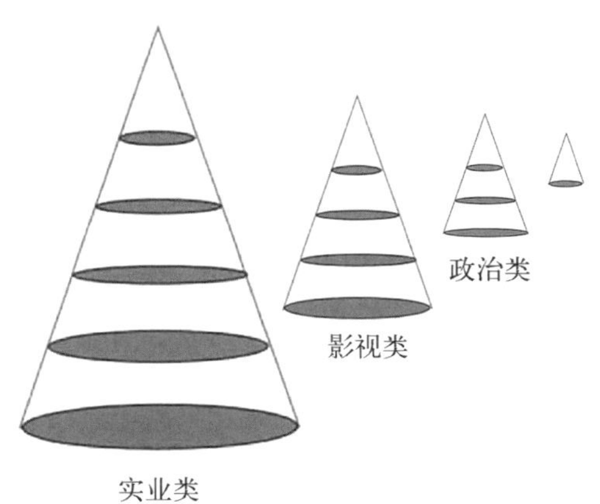

图 7 - 9　生活中大量存在的不同性质的行业圈子以及同一圈子的不同圈层

圈子之所以有存在的必要，除了分享和资源富集的浅表功能，在根本上也许是一种返祖现象，是人类早期部落意识的延续。也就是说，数万年的部落生活使人类习惯了小群体的共生状态，这是一种安全、舒适和有效率的圈子生活。近现代大型和超大型城市生活出现后，人们的行业分工和居住环境出现分化，那种数万年来习惯了的生产、生活与交流的高度合一性被打散，但过往岁月，古老的以圈子为依托的心理惯性依旧存在，即使在最现代化的分类生活中，人们灵魂深处还保有一份对小圈子生活的集体潜意识，这种部落记忆的一个功能就是内在的心理安全需求。

这样我们就看到，处于山峰之巅的行业领袖们，他们内心可能需要一种新的连接，那种山峰与山峰之间的连接，从而形成一个个同层异构圈。也许从表面看，全世界的峰顶人物之所以有可能形成关联并成为圈内朋友，是应了当年美国总统里根的一句感言："当上总统的最大好处，就是能和这个世界上每个领域里第一流的人成为朋友。"但究其本质，还有一种也许连里根、马云都未必认识到的"心理孤独"在驱使他们乐意接受不断出现在他们面前的各种"峰状人物"。

第三，高端圈子在很大程度上具有两种开放属性，一种是在同等圈层中交叉性开放，比如陈丹青曾经在一篇文章中描述过有些画家和诗人的生活圈子，说到："最近我正在读英国思想史家以赛亚·伯林传。他出身商家，二十几岁毕业牛津，先后与心理学家弗洛伊德、哲学家维特根斯坦、犹太复国主义先驱魏茨曼、作家伍尔夫夫人、诗人帕斯捷尔纳克和阿赫玛托娃、英国首相丘吉尔等等人物有过交往。加拿大传播学大师麦克卢汉的多达数十位以上的交往名单中，囊括了那个时代最杰出的人物，包括爱因斯坦、卓别林、毕加索。而与毕加索的交往也囊括了他的时代最优秀的人物：美国作家斯坦因与海明威、法国哲学家萨特与超现实主义大师阿波里奈尔，等等。"①

如果把爱因斯坦的朋友圈和海明威的朋友圈一个一个打开，你就会发现这些圈子是怎样开放式缠绕和交集的。在这个过程中各种思想不断碰撞和孕育，形成一个时代的席卷力量。

---

① 陈丹青：《退步集续编》，广西师范大学出版社 2007 年版。

另一种开放是指下层向上层的跃迁。仍旧以马云为例，当年马云在杭州创业时，他有自己相应的圈子朋友，这时，他的圈子和他的成功指数是相适配的。随着马云逐渐成功，他的最显著变化之一，就是他接触的圈子人物的平均当量在不断地向上迁移，每一个层次的跃迁都会给他带来更可观的圈子资源，这足以使他的眼界和格局发生更大改观，这是一种不知不觉的优势富集效应，它就潜藏在人们每一天的生活里，在每一个进取者的旅途中。

可见，圈子本身的封闭性不足以抵挡积极发展者的脚步，中国能进入 G20，也绝不是什么人的恩赐，而是因为日益显示出的国家当量。

对于无数的进取者来说，发展总是表现出对自己认可和向往的上一圈层的准入，这常常不是个人内心有意识的攀附，而是社会对资源的自然集中和理性归纳。

第八章

优势富集效应的形成

我有一个预感，更为有序的物质之所以出现，是因为它能够更快地吞入更多的资源。

——考夫曼[①]

① 米歇尔·沃尔德罗普：《复杂》，陈玲译，生活·读书·新知三联书店 1997 年版，第 447 页。

如果我们相信，越趋近高端，资源越是有限；

如果我们承认，人们的潜能，可以高度开发；

如果我们理解，资源的倾向，总会有效集中；

如果我们同意，生物的本性，更愿趋利避害。

那我们就不能漠视潜藏在生活表面下的资源本能，正是这种趋利本能决定了各种资源就像有着自己意志似的，有目的地流动着。某些被看好的、凸显出来的优势资源是那么的性感，它立刻会成为其他资源竞相趋附的焦点，从而导致更大优势中心的形成。无论是单个的人，还是一个巨大的组织，无论是张艺谋还是好莱坞，也无论是巴菲特还是华尔街，人们依稀可以看到无数优势的涓涓细流在向着这些已经成形的优势体[①]汇集着。

问题是，什么性质的凸显能形成优势？什么样的优势能导出富集效应？优势究竟是怎样富集和累加的？

为什么宝洁（P & G）创始人哈莱·普洛斯特要说："在新产品上市之前，我们还要做一些准备工作，一定要使它上市之后一鸣惊人，造成一种夺人的声势。"

一、双响凸显与优势富集

如前几章所述，虽然关键点的微小优势也可能产生随时间递增的累积效应，但毕竟，这类优势积累的发育期过于绵长，与我们的自然寿

① 即可能产生资源富集效应的优势主体，比如迅速崛起的第六代导演贾樟柯、微信等互联网社交工具。

命相比，时间成本过于昂贵。因此，在当今时代，由于媒体等传播资源的深度介入，面临瞬息万变的市场，一个有着强烈进取心的潜在优势体有必要在相对均衡的临界期，促进优势突发性地、集中地、大规模地产出，使优势的相对当量达到能有效激活尚处于相对静止状态的社会资源，从而获得超越均衡值的集体响应。

1988 年，中国作家王朔无意间就提供了一个样本。这一年，米家山执导的《顽主》、夏钢执导的《一半是火焰，一半是海水》、黄建新执导的《轮回》以及叶大鹰执导的《大喘气》，这四部电影均改编自王朔的作品。一个人，在如此短促有力的时间段内集中产出数部有影响的电影剧本，这也许是中国电影史的一个奇观，因此这一年被中国影视界称为“王朔电影年”。其中《顽主》又使葛优成名，获得了金鸡奖最佳男演员的提名。这一突发的优势立刻激活了影视圈和文学圈，各种资源开始向王朔倾斜。

1990 年，由王朔和郑晓龙策划的 50 集电视连续剧《渴望》，创造了中国电视剧发展史上收视率的最高纪录，被称为中国电视剧史上的里程碑，它创下的轰动效应成为一个时代的神话。由《渴望》而生的“《渴望》热”及“好人一生平安”等社会文化现象，是 1990 年全中国数亿人文化生活中无法逾越的集体记忆。该剧亦获得第六届“飞天奖”、第九届“金鹰奖”长篇电视剧一等奖。

1991 年，由王朔作为主要策划与编剧的中国大陆第一部电视情景喜剧《编辑部的故事》上映，亦造成轰动，这部电视剧后来被国内观众视作中国情景喜剧的开山鼻祖。无论收视率还是社会文化影响力，都达到了同类作品难以企及的高峰。

无论王朔本人在这两部电视剧中的贡献占比多少，有趣的是，在人们的印象中，王朔的影响力甚至像巨大的树荫，遮蔽了《渴望》编剧李晓明、《编辑部的故事》导演金炎和赵宝刚。在人们有限的记忆中，多数人首先知道这是王朔的作品。这就是神奇的优势覆盖——谁的优势更大，谁的名字就可能在社会记忆中覆盖其他参与者:“王朔的电影”是编剧覆盖导演,“张艺谋的电影”则是导演覆盖编剧。因为非专业的大众记忆在简化信息的过程中总会倾向于对最显性的强信号进行选择性记忆。

突发性的重大优势在紧凑的时间区间所产生的效应是不可忽视的,它也是高起点优势富集效应的引爆器。简单说,在人们记忆的有效时间段内如果出现两次以上紧密连接的突发业绩,则成功的概率将急剧上升,这就是一种极为特殊的“双响效应”①。

电影演员章子怡的真正凸显,绝不仅仅因为1998年主演了张艺谋的电影《我的父亲母亲》并荣获第50届柏林国际电影节银熊奖而一举成名。更具有决定性意义的是,仅仅过了一年,1999年她又一次主演了著名导演李安的《卧虎藏龙》,且影片荣获了第73届奥斯卡奖、第58届金球奖两个最佳外语片奖。短短两年时间,一个尚未毕业的学生,连获两次重大成功,双响效应确立。至此,资源开始源源富集:无论是因为章子怡高超的演技,还是出于对电影市场巨大号召力的考量,各种优质资源开始蜂拥而至,包括斯皮尔伯格在内的世界级大牌导演的片约,包括《时代周刊》在内的各种媒体高频率传播,包括奥斯卡、戛纳、金马、百花奖在内纷至沓来的各种奖项,以及投资基金和电影受众的热捧。至此,“双响效应”所导出的优势富集在章子怡身上开始了神话般的征程②。

---

① 所谓双响效应,是特指在较短的时间内,连续爆发两次或两次以上的重大业绩,导致社会评价出现质变的现象。

② 章子怡2005年主演斯皮尔伯格监制的电影《艺伎回忆录》,成为首位担任好莱坞A级制作大片女主角的华人影星,该片获得第78届奥斯卡三项大奖,章子怡成为主演电影两度荣获奥斯卡奖的华人演员,并入围美国电影金球奖、英国电影学院奖、美国演员工会奖等全部“奥斯卡三大风向标”影后;同年登上《名利物》封面,第四次登上《时代周刊》封面并上榜“影响世界的100人”,同年入选“中国电影百年百位优秀演员”。2010年被亚洲电影博览会授予“21世纪前十年亚洲最杰出女演员”称号。2013年,凭借主演的电影《一代宗师》荣获金马奖、金像奖、百花奖、亚太电影节、亚洲电影大奖等超过12座大奖,成为获得“大众电影百花奖、中国电影华表奖、中国电影金鸡奖、香港电影金像奖、台湾电影金马奖”等全部华语五大电影奖影后的女演员,并创造了华语影坛凭借一部电影荣膺影后次数最多的记录。自2005年起章子怡担任奥斯卡终身评委,并连续担任第77和78届奥斯卡颁奖嘉宾;自2006年起三次担任戛纳国际电影节评委。

其实，同样的双响效应在李安身上也演绎过。1992 年李安导演的第一部电影《推手》大获成功，一举获得金马奖最佳导演等 8 个奖项的提名，并获得最佳男主角、最佳女主角及最佳导演评审团特别奖。仅仅过了一年，1993 年，李安的第二部电影《喜宴》再次大获成功，该片在柏林电影节上荣获金熊奖，在西雅图电影节上获最佳导演奖，并获得了金球奖和奥斯卡奖最佳外语片提名。此外，该片还获得了第 30 届台湾金马奖最佳作品、导演、编剧奖以及观众投票最优秀作品奖。双响效应一旦产生，后续效应便接踵而至，无数的优质资源在富集效应的促动下迅速向李安集中，并再次成就了李安①。

双响效应的威力到底何在?

我们认为，除了这一特殊的重大凸显形式所产生的类似“闪光灯记忆”②可能带来超常态的社会轰动效应外，最原始的原因，还在于双响效应击中了人们心中本体性的逻辑——对必然性的联想。我们完全可以想象，1945 年的那些个特殊日子里，真正击中日本最高统治者心脏的还不是丢在广岛的第一颗原子弹，因为即使那颗原子弹对广岛造成了再大的损失，日本也可能抱有一丝侥幸心理——这也许是美国正在试验的唯一一颗原子弹(战后的绝密资料显示，日本军部多数人顽固地认为这仅仅是美国唯一的一颗实验性武器)。然而，当美国在三天之后，再次在长崎丢下致命的第二颗原子弹时，日本军人的侥幸心理立刻

① 在截至 2013 年的导演生涯中，李安共获得三座奥斯卡金像奖、五座英国电影学院奖、四座金球奖、两座威尼斯电影节金狮奖以及两座柏林电影节金熊奖。李安是电影史上第一位在奥斯卡奖、英国电影学院奖以及金球奖三大世界性电影颁奖礼上夺得最佳导演的华人导演。2001 年，小行星 64291 以李安的名字命名；2006 年，获评《时代周刊》“影响世界的 100 人”；2009 年，入选美国《娱乐周刊》评选的“当代最伟大的 50 位电影导演”；同年，担任威尼斯国际电影节评委会主席；2012 年，获得法国文化艺术骑士勋章；2013 年，获得第十七届国家文艺奖；2016 年，被授予“大不列颠奖”杰出导演奖。

② 心理学上的“闪光灯记忆”是指一些非常重要的事件给人留下了不可磨灭的永恒记忆，更特殊的是，人们会记住个人在第一时间接收到信息时与突发事件无关的当时所处位置、环境和心理活动的细节。如 1963 年肯尼迪遇刺、1976 年毛泽东去世，事后很多年，人们依然能回忆起当时的场景细节。这也许是进化预设给我们的某种特殊的生物学机制，它可以强化我们对重要事件的记忆，通过这种特殊的唤醒状态来保持相应的警觉。

坍塌成了绝望和崩溃。因为他们根本无法判断美国到底有多少枚原子弹，因而也就完全不能承受后继的原子弹可能对包括东京在内的整个日本进行毁灭性轰炸，从而造成亡国灭种的危险。因此，正是短期内第二次对长崎的轰炸，彻底炸开了日本对原子弹的想象，偶然的侥幸心理被必然性的民族灭绝之恐惧取代，随之天皇宣布日本无条件投降。

这就是致命的双响效应。其实，丢在长崎的“胖子”的确是美国仅剩的最后一颗原子弹了。但全世界都应该为这一空前绝后的双响策划而折服，这无疑是在用最低成本策略达到最高威慑的绝佳案例。这背后，也许是策划者对人类必然性联想偏好的真正洞穿。

双响凸显在人类日常生活中所产生的惊人效应不乏其例。即便在证券市场这一最讲理性但最可能失去理智的特殊领域，双响效应依旧在不停地演绎着自己的故事。

王亚伟，这个名字在中国股市云波诡谲的传说中，具有神话般的色彩，与他沉稳、谦逊的性格恰成鲜明对比的，是他神奇的业绩和经久不衰的市场号召力。他事业起点的“公募一哥”身份已经不能涵盖他实际的市场价值，作为中国股市的现象级人物，王亚伟在众多“资金”心目中的价值已经大大超越王亚伟本人的神机妙算能力，高超的技术已经远远抵不上市场跟风的价值，这才是“王亚伟板块”“王亚伟概念股”“王亚伟最新策略”等被市场重视的边际效用，是真正的优势富集之后的额外溢价。

但考察王亚伟在股市中异军突起，从而产生井喷般优势富集效应的最重要起点，我们赫然发现了双响凸显的关键踪迹。2007 年，王亚伟所在的“华夏大盘精选”公募基金业绩气贯长虹，以 226%的净值增长率高居国内各类型基金之首，比第二名高出 35 个百分点，其净值增长率是同期上证综指涨幅的 2.33 倍。一时间，华夏大盘成为万众瞩目的第一牛基。

然而，真正确立王亚伟江湖地位的，则是一年以后的2008年，面临世界范围的金融危机，中国股市经历了罕见的大熊市。王亚伟执导的华夏大盘竟能在中国股市最惨烈的暴跌中，再次一举成为基金抗跌的全国亚军。

在人类社会最复杂的随机系统中，特别在证券投资这一具有相当程度掷筛子般的命运筛选中，一次性的成功凸显，并不具有确认价值。毕竟，即使对规模资金而言，成功与否也一样存在着巨大的偶然性。但是，当第二年重大业绩紧随其后再次出现时，全社会的认知开始质变，人们内心深处那古老的必然性判断终于复苏，“牛市涨得比别人多，熊市跌得比别人少”，这一紧密相连的正反两个方面的辉煌业绩，竟然在同一个基金组织、同一个操盘人身上出现时，其产生的社会舆论和心理共振将是难以想象的。至此，中国股市的“王亚伟效应”开始形成①，王亚伟现象也理所当然成为优势富集效应的经典样本。

巨大的双响效应在成就一个组织和个体的初始影响方面，究竟具有多大的权重，的确还是一个有待深入研究的问题，然而，仅凭直观的连锁效应，我们决不可忽视它的现实价值。甚至在中国改革开放的早期，关于真理标准讨论的初始阶段，为了推动理论界正本清源、打破“两个凡是”，胡耀邦曾经充满自信地说：“我是追求连锁反应的。《光明日报》发表后，只要《人民日报》和《解放军报》很快转载，就会出现谁也捂不住的讨论局面。只要能引起讨论，什么也不怕了。”

---

① 对于“王亚伟效应”，业内普遍认可它的存在。一位私募基金的投资总监对《第一财经日报》表示，有相当数量规模较小的私募基金是以内部消息为生，对于基金可能重仓的股票，他们会提前驻扎以赚取利润。而王亚伟选择的股票正是这类基金钟爱的目标之一。由于王亚伟所选股票以中小盘居多，无需太多资金股价即会有所反应。一位FOF基金经理认为，鉴于王亚伟是目前中国市场中为数不多的明星基金经理，所以大家追捧他买的股票也很正常，而这种追捧在一定程度上又提升了基金的业绩。另一位公募基金经理表示，他相信“王亚伟效应”确实存在，而且“已经形成了一个很强的平台”。百度关键词搜索“王亚伟”，可出现相关结果598万条。

二、第一名效应

闻风而动的资源在寻找方向时，总能凭着自己独特的嗅觉发现那些从匀值背景上凸显出来的优势体，其中最常态的标的物，就是一定时空中可计量的第一名。高度进化中的人类社会可以根据不同的价值目标，区分出几乎所有竞争中的当下顺序，顺序的最高端就是第一。无论是时间序列上的第一发现者、第一发明者、第一提出者、第一抵达者、第一完成者、第一成功者、第一确认者、第一占领者，还是空间序列上的全球第一、全国第一、全省第一、全市第一、全行业第一、全校第一甚至全年级第一；也无论是有形的财富第一、权利第一、质量第一、规模第一、占有率第一，还是相对无形的号召力第一、知名度第一、美誉度第一、影响力第一，等等等等，所有能达到任意某种衡量的峰顶位置的最高点，就是我们所理解的第一名。虽然第一名并不会必然地被命定为永久的成功者，但与其他名次相比，第一名的成功概率应当是最高的。毕竟，第一名的荣光以及它对资源的汲取能力是一种相对特殊的社会现象，也就是说，即使相对于第二名，第一名的效应也完全是超越简单数列排序的，其性质主要表现在——

1. 第一的不可测性

第一究竟是一种什么性质的标高？第一与第二的差距到底应该怎么理解？

我们都知道，试卷的考分本应该是等效划分的，比如 50 分、60 分、70 分、80 分、90 分的差距应该是有明显等分的，甚至 96 分、97 分、98 分、99 分之间也有着相对精确的可定义差值。可是，一旦到了 100 分，它与 99 分之间却打破了等效划分的规则，某种意义上，99 分可以被 100 分定义，可谁来定义 100 分？显然，100 分与 99 分的差距，可能远远大于 99 分与 90 分的差距。与所有其他数列相比，100 分内含一种巨大的张力,它的上端高耸入云,这是一种"看不见顶的顶"。第一名的不可定义性,是因为在它之上已经没有可计量的数字限制,它完全不像第二名和其他任何数字系列那样可以由上下两个相邻的数字来精确界定,就如 95 是由 94 与 96 来定义的,但 100 之上却空如旷野,神龙见尾不见首。

可见,"第一"在很多情况下是一种没有尽头的状态、一种没有穷尽的趋势,它完全不像第二、第三那样是可测的、具体的,而"一切具体的都是有限的"。相反,第一在某种意义上具有自己的近乎哲学的规定性,那就是无限的延展性,它已经超越了线性排列的简单法则,它与所有其他序列中具体数字的一个最大差异,就是它的动态特征,它是一切不可测峰值的最高概括,它代表了不断向上的可能,它天生地含有宗教般的神秘性和可崇仰性,在数百万年人类社群的进化中,人们对"第一"已经产生了一种先入为主的自然崇拜。

2. 第一是地位性资源

第一之所以属于地位性资源,是因为在人类和动物的长期进化中,在群体内部残酷的争斗中,只有抵达第一的位置才算是竞争的成功者,第一名并不仅仅是强弱序列的一个标示点,而是争斗的最后终点,终点之前所有的争斗只是过程,只有第一名的出现才宣告一段争斗的真正结束。其结果是,第一名具有垄断几乎全部资源的权利,这就是我们看到的狮群现象——最后取胜的某个雄狮垄断了全部雌性资源,整个狮群家族开始为第一名改朝换代。这种现象也可以在狒狒、大猩猩等很多进化程度较高的灵长类群体中被观察到。

可见,在远离人类社会的野生环境中,在数亿年生命进化的旅程中,真正有意义的是第一名,只有第一名才能获得有效奖赏,甚至全部奖赏,第一名之后的名次顺序是不存在的。唯有人类理性社会出现后,当把争斗变成一种生存游戏,把竞争规约在可观测的控制中,把竞争结果安排在可计量的排序中时，才出现了第二名、第三名等序列现象，使人们对第一名之后的各种名次有了新的理解。这种细分虽然是人类社会高度发达的自然结果，有着一定的识别意义和激励价值。但是，毕竟与第一名有着完全不同的性质区别。

第一名所具有的无与伦比的象征性，以及那种古老的赢家通吃的胜利者地位依然丝毫不可撼动。那些登上奥运会冠军奖台的选手们在流泪的一刹那，不仅饱含着常人难以真正体味的艰辛，也可能透出了一种连他自己都难以察觉的对全人类的凌驾感，几十亿序列中的第一名是一种什么样的峰值体验？残存在我们灵魂深处的、最古老的、对终极胜利者荣耀的部族记忆，依然活跃在我们的集体潜意识中。

在更广泛的商业领域，第一名在很大程度上也是一种地位性商品。很多情况下，它并不是在标示行业排序，而是在定义商品和行业性质。微信工具、微软视窗都曾经在各自的领域享受过这一历史荣光。

3. 第一的永恒价值

第一在时间序列上，具有永恒的不可替代性，第一次、第一回、第一天、第一年（或称元年），具有万物的初始性质，它不仅是高度稀缺的，更具有“开始”的一切属性，是从无到有的真正起点，它的不可替代性就像初恋、初吻、初感、初心那样具有永恒的不可重复性。

第一在社会属性上，具有最后的终止性，是排序的最高终结者。第一名的替代词亦有“桂冠”①、“冠军”“状元”“榜首”②、“鳌头”③、“夺魁”④、

① 古希腊常用月桂树叶编织成帽子，授予有杰出成就的诗人或竞技比赛的优胜者，欧洲人便把桂冠作为光荣的象征，后借“桂冠”代替“第一”。

② “榜”，告示，张贴的名单。古代科举考试后，列名张榜，“榜首”即位于金榜的首位，泛指第一名。

③ 鳌是传说中的大龟，“鳌头”为最重要的部分，又指皇宫大殿前石阶上刻的“鳌”的头，考上状元的人可以踏上，后来比喻占首位或获得第一。“独占鳌头”意思是“占据第一”。

④ 指夺取第一。明冯梦龙《山歌·撇青》：“容貌娇姿奴夺魁，同郎有意只无媒。”《再生缘》卷十一：“真显耀，果光辉，女子之中可夺魁。”

“执牛耳”[①]、“问鼎”[②]等等。第一在各国文化中常常具有“元”“首”“头”“领”等含义，引申表达为占领者、统治者、终结者、引导者、带领者等具有领袖特征的指称。

虽然我们知道任何一个领域的第一名，都可能在发展中不断更迭，但“第一”本身却具有永恒的稀缺性。皇帝可以替换，皇帝的龙座仍在，龙座可以烧毁，一国君主还有，君主制可以废止，国家首脑依然。第一的功能性在进化中从未彻底消亡。

4. 第一的相对安全性

作为一种特殊的功能性设置，从船长到国家、从班长到三军总司令、从组长到跨国集团董事长，每一个相对独立的系统，为了保证效率，都必须有自身最高的执行和责任载体，因此也会经由各种不同的筛选机制遴选出相对适合的人选。一般而言，最重要的位置也一定是竞争最激烈的位置，其激烈程度总是与系统对最优秀人选的需要程度成正比，它驱使无数争夺者愿意付出巨大成本投入竞争，也与这一位置特许的收益性奖赏（包括精神的和物质的）成正比。因此，为了控制系统选人（比如通过竞争筛选出酋长、总统）的总成本，为了达到系统用人效益的最大化，系统自身会倾向于稳定人选，专制政体通过政治和意识形态等手段维持暴君统治，民主政体通过任期制等规约来锁定特定时期的领导者。正因为如此，通常被选定的第一名，也就是领地的拥有者，理所当然会比其下属更加安全，这就是我们在历史中所看到的：在某些喜怒无常的暴君面前，那些臣子们战战兢兢如履薄冰的生存状态，其成

① 古代诸侯订立盟约时要每人尝一滴牲血，主盟者要亲自牵割牛耳取血，让每人尝一滴。后来便以“执牛耳”象征在某一方面居霸主地位，意为“第一”。

② 鼎是古代国家的象征。春秋时楚庄王向周王朝炫耀武力，周王派王孙满慰劳楚师，楚庄王向王孙满询问周朝的传国之宝九鼎的大小和轻重。楚庄王“问鼎”，有夺取周王朝天下的意思。

活概率和安全系数不仅远远低于第一名的皇帝，更在很大程度上需要适应第一名的暴虐性格，以至于“适者生存”的伟大定律在特定的专制社会中也有着自己千古难言的血泪感受。

如上所述，正因为第一名有着相比于第二名更大的优势，资源理所当然会向第一名富集，这似乎也可以从下面的推理中窥见一斑：

令　一定时空范围内某一领域中　竞争实力排名的间隔次数为 n $(n=1,\ 2,\ \cdots)$

一定时空范围内某一领域中　竞争实力的排名名次为 x_n，竞争实力的数量值为$[x_n]$，

则　第一名与第二名竞争实力的比较之差为 $a_n=[x_1]_n-[x_2]_n$

$\because\ a_1=[x_1]_1-[x_2]_1>0\rightarrow[x_1]_1+\omega_{(令\omega>0)}=[x_1]_2>[x_1]_1$

又$\because\ [x_2]_1=[x_2]_2$

$\therefore\ a_2=[x_1]_2-[x_2]_2=([x_1]_1+\omega)-[x_2]_1=([x_1]_1-[x_2]_1)+\omega=a_1+\omega>a_1$

$\rightarrow$ 以此类推可得 $a_{n+1}>a_n$

$\therefore$ 随着排名的间隔次数 n↑，第一名与第二名竞争实力的比较之差 a_n↑

→→ 此即为“优势富集效应”

利用该模型继续推论，对于$[x_1]_n$和$[x_2]_n$来说

又$\because\ [x_1]_n=[x_1]_1+(\omega_1+\omega_2+\cdots+\omega_{n-1})$

$\therefore\ [x_1]_n$ 的增值完全取决于“$a_1>0$”

进而得出：

$\rightarrow[x_1]_n$ 具有“超低成本”，$[x_2]_n$ 若要同时达到$[x_1]_n$的同等水平就必须付出更大代价

→ $[x_1]_n$ =“先者”；$[x_2]_n$ =“适者”

→ $[x_2]_n$ 最终无法乞及 $[x_1]_n$ 的根源在于“历史封闭”

→ $[x_1]_n$ 通过 n=1，2，…的积累，最后必然地完成了“突显”

当然，第一名在不同的领域，也有着自己特定的细分属性。一般而言，第一名的资源性质可以从垄断的程度简单区分如下：

（1）资源唯一性领域。比如专利发明、地理发现、理论创建等等，在清晰的边界条件下，第一名具有唯一性，第一名像爱因斯坦之于相对论那样，理所当然可以独享全部的荣誉，没有任何第二名或第三名的分享空间。

（2）资源高度集中领域。比如政治威权、军事首脑、企业头领等等，在其权力管辖的有效范围内，“第一把手”像前苏联领导人斯大林那样具有不容置疑的决定性权威，系统内部权力资源的分布和走势高度向第一名集中。

（3）资源高度竞争领域。比如奥运会等终极决胜性体育比赛、音乐等文艺竞技性比赛、各种职业竞技类排行赛等等，第一名具有类似于P4P① 世界拳王那样无可争议的最高荣耀，但第一名并不具有赢家通吃的垄断性。

（4）资源开放性领域。比如社会生活和商业领域中的行业地位、品牌排行、竞争力排序等等，第一名像哈佛大学、贵州茅台、苹果电脑那样具有重大的行业影响力和社会识别价值，但第一名之后的排序也能像耶鲁大学、五粮液那样具有相当的自身影响力。

可见，第一名是一个非常宽泛的地位概念，就垄断的程度而言，可

---

① 所谓的“P4P”综合排名，其英文为 Pound for Pound，是指除体重（选手重量级）因素外，针对其他技术指标产生的一项综合评价。而针对拳击比赛来说，P4P 排名高低往往意味着自身在领域内的影响力评价；其中综合排名第一，也说明了拳手在其以往和目前所在级别里一直所向披靡。而在第三方拳击机构 REC 的规则当中，这一排名的产生不仅包括了现役选手所在级别的排名、比赛战绩、近期比赛星级作为衡量因素，同时也会对拳手表现以及对手情况加以判定。所以，这一排名在一定程度上也比较客观地反映了当今世界拳坛拳手的影响力。

以依次分层。直至在开放性的商业竞争领域，第一名还可以宽容地理解为：第一梯队、第一批次、第一系列、第一军团、第一层级……

诚然，在进化的过程中，第一名也有维护领地的保守性、众矢之的的风险性等等局限，但综合而言，第一名天然的凸显者地位在大概率上应当是优势资源的富集中心。也许正因为这一点，杰克·韦尔奇才会说"GE公司的战略就是数一数二"，这与三星"我们要在所有领域都追求第一"的"第一主义"不谋而合。其内在精神也与美国著名广告人罗瑟·瑞夫斯"独特销售主张"(Unique Selling Proposition，USP)一致，而这也正好与迈克尔·波特"差异化战略"所追求的独特性相契合。无论波特怎样辩解说韦尔奇的数一数二不是战略，究其本质，数一数二和差异化，两者都是争第一。只有在规模等大质量指标上达不到世界第一时，才会在差异化上追求自己的与众不同，这只是换个角度的第一。如果能够认可这一点，则"第一"将具有更加丰富的进化意蕴，第一甚至可以成为创新的最高理由，因为一切创新在本质上都是追求前无古人的第一遭。

三、优势富集的内生动力

如果我们把目光落在个人成功路上，就更易理解已经获得的优势为什么会像内心被点燃的火苗一样照亮着前行的小道。这也是前面已经说到的，领地的占有者会因为损失厌恶而产生加倍的努力，那是进化附加在优胜者心理上的额外优势，这些额外优势逐渐富集的结果就会产生进一步的内生性动力，并由此出现循环累积效应。所以，心理上的优势积累也是一个递增的过程，可以从很多方面理解这一过程。

1. 自我效能感

自我效能感是指个体对自己是否有能力完成某一行为所进行的推

测与判断。这一概念是美国著名心理学家班杜拉于20世纪70年代在其著作《思想和行为的社会基础》中提出的。从20世纪80年代中期开始，自我效能感理论得到了丰富和发展，也得到了大量实证研究的支持。班杜拉对自我效能感的定义是“人们对自身能否利用所拥有的技能去完成某项工作行为的自信程度”[①]。自我效能感所涉及的内在自信可以通过成功的经验得到加强，反之也会减弱。“如果我们尝试单板滑雪并不成功，那我们很可能就不再尝试它了。然而，如果我们最初的尝试有成功的希望，我们很可能再次尝试它，他人恰到好处的帮助和鼓励在自我效能感的形成中也有重要作用。”[②]自我效能感的自信程度在一个新尝试的初始阶段具有非常重要的权重，一开始的成功对树立信心极其重要，随着优势的不断扩大，也是一个自信心不断催化的过程，当自信与成功形成良性互动时，更大的内生动力就会形成。

所以，当人们经常说：关键是培养“兴趣”，“兴趣”是一切成功的最重要元素。人们更应该清楚地认识到，兴趣在本质上是一个凸显的过程，初始的成功会极大地有利于兴趣的产生，因为一开始的成功所带来的实际上是两个至关重要的萌芽：第一个是自信，自信会带来再次尝试的冲动；第二个是自尊，自尊是在成功后获得周围环境的奖赏和肯定。人们无论热衷于什么样的事业或者游戏，起先都有一定的偶然性，偶然性转化为必然性甚至毕生的追求，从根本上来看，就是因为某种追求可以实现自己的初始价值——自尊。当内在的自尊诉求附着在某个

---

① 该概念被提出以后，心理学、社会学和组织行为学领域开始对此进行大量的研究。班杜拉认为，由于不同活动领域之间的差异性，所需要的能力、技能也千差万别。一个人在不同的领域中，其自我效能感是不同的。因此，并不存在一般的自我效能感。任何时候讨论自我效能感，都是指与特定领域相联系的自我效能感。但是，一些学者并不同意这一观点，他们希望找到不以领域为转移的一般自我效能感。研究结果表明，所测到的一般自我效能感实际上正是一个人的自尊水平，而且对绩效的预测力并不显著。至今关于自我效能的概念界定并非十分明确，特别是在与其他相关概念的区分上，因此也给自我效能的测量及其应用研究带来了困惑。

② 罗伯特·S·费尔德曼：《心理学与人类世界：无处不在的心理学》，梁宁建等译，机械工业出版社2011年版，第246页。

载体上，这个载体就是通常所理解的“我的兴趣”“我的事业”“我的追求”。随着成功的不断扩张，兴趣就会逐渐转化为事业，事业转化为毕生的追求，并且在震荡的过程中，越来越携带更多的社会化符号，比如价值观、人生观、世界观。最后形成一个系统的优势体。由此看来，自信和自尊也许是进化特意设定在人们心理上的驱动器，它通过兴趣促使个体在精力的分配上实现早期分化，并通过分化达到分工和专业化。

2. 效果律

效果律是由桑代克在《教育心理学》一书中最早提出的概念：得到奖励的行为可能会重复出现。这个定律强调个体对反应结果的感受将决定个体学习的效果。如果个体对某种情境所起的反应形成可变联结之后伴随着一种满足的状况，这种联结就会增强；反之，如果伴随的是一种使人感到厌烦的状况，这种联结就会减弱。例如，要是猫逃出迷箱后得到的是惩罚而不是奖励的话，那么猫就不会再试图跑出迷箱了，这就是桑代克著名的效果律。用桑代克自己的话来说：“满意或不舒适的程度越高，刺激—反应联结就越加强或越减弱。”桑代克在 20 世纪 30 年代进一步考察了这条定律，发现感到满足比感到厌烦能产生更强的学习动机，因此他修正了效果律，更强调奖赏，而不是强调惩罚。

最具影响力的现代行为主义者斯金纳做了很多实验进一步证明了效果律的存在，并且发现了奖励和行为塑造的关联。假设你要训练一只饥饿的老鼠按压扣栓棒：当训练前观察了这只动物的自然行为后，你可以在其行为的基础上进行塑造。当老鼠每次接近扣栓棒时你可以给它食物作为奖励。一旦老鼠有规律地接近目标，你可以在提供奖励前要求它再朝前移动一些，而后再接近点；最后，你要求它触及扣栓棒才会给予食物作为奖励。通过这种循序渐进的学习步骤，你奖励不断接近目标的行为，到最后出现预期目标的行为，研究者和动物训练者逐渐塑造了动物的复杂行为。实验表明，有些动物在区分不同刺激和形成概念的过程中表现出了惊人的能力，比如，某些鸽子将能学会辨认人脸，有些还能学会辨别巴赫与斯特拉文斯基的音乐①。

动物们被特定训练所激发出来的惊人能力实际上是在暗示，人类的潜能更是无穷无尽，当我们目瞪口呆于电视“达人秀”等节目中那些惊人的不可思议的表演时，也许真应该相信，某些在平常人看来几乎算是超自然的能力，也一定深深地潜藏在我们每一个人的生命内，只是那些潜伏在我们身上的各种可能没有被一种良性机制所激发和引导罢了。优势—奖赏—自信—优势—奖赏的不断循环，才是保持和增强心理内驱力的机制性过程。

3. 自我实现预言

自我实现预言一般属于传播心理学用语，用来描述信息环境对人的行为的影响。比如，某考生准备考大学，如果他处于一种积极的信息环境中（如周围的人热心支持鼓励），则努力的积极性会相应提高，其考上的概率就会提高；相反，如果处于消极的信息环境中（如周围的人冷嘲热讽或贬低其能力），则会使该考生分散精力，用于担忧的时间比用于备考的时间还多，结果，考上的概率就会降低。这时，周围人考前的“预言”也就变成了现实。“预言的自我实现”原理说明信息环境对一个人的行为及其结果具有重要的影响。这种因为外界期待和预期，对行动者造成的心理暗示，导致预期果然实现的概率研究，从默顿开始，经由罗森塔尔和雅各布斯等，一直到今天，已经有越来越多的实证案例，也有更多的类似“皮革马利翁效应”等概念的出现。证明好的预期和积极的信息环境与行动者的最终成就有正相关作用，甚至那些不甚准确

① 戴维·迈尔斯：《心理学（第七版）》，黄希庭等译，人民邮电出版社 2006 年版，第 274 页。

的积极预期，也能使行动者出现超常改变，以至于默顿会说："起初，自我实现的预言是指对情况的错误定义引发了一种新行为，这种新行为使得最初的错误观念变成了真实的。"[①]换言之，即使自我实现的预言是错误的概念，但它们是那种最终被证明是正确的错误概念[②]。

戈登·布朗出生在苏格兰一个普通的牧师家庭，从小志向远大。高中快毕业时，在一场橄榄球比赛中被踢中头部，左眼视网膜脱落，最终左眼失明。心灰意冷的布朗整天躲在屋里郁郁寡欢，父母的劝慰毫无收效。恰好，布朗的哥哥约翰从大学回家休息，一天，他塞给布朗一把手枪和六发子弹。布朗有些惊奇，问："这是真枪吗？"约翰拍着弟弟的肩膀，说："当然！我们到户外进行实弹射击，玩个痛快！"他们来到屋后的小山坡，将目标定于20米开外的一棵橄榄树。约翰率先举枪，眯起左眼瞄准，却连开三枪都没有命中目标，只好把枪交给布朗。布朗前两发子弹也射偏了，有些沮丧，约翰在一旁鼓励："别放弃，你还有一次机会！"这一次，布朗屏气凝神，果然击中了树干。约翰欢呼着抱住弟弟，兴奋地说："刚才我努力眯紧左眼，很吃力，所以没有瞄准。你比我有优势，因为上帝替你蒙上了左眼，你可以心无旁骛，专心瞄准目标。"约翰假装无心说的话，深深打动了布朗，布朗紧紧握住哥哥的手，感觉浑身重新充满力量。

第二天，他又回到学校学习。16岁时，布朗以全优成绩考入苏格兰著名学府爱丁堡大学，成为该校当时最小的大学生，并最终获得博士学位。46岁，布朗当上了英国历史上人气最高的财政大臣，后又接任布莱尔成为英国首相。[③]

---

① 斯科特·普劳斯：《决策与判断》，施俊琦等译，人民邮电出版社2004年版，第205页。
② 同上。
③ 《海外文摘》2007年第7期。

布朗总会对青年们说："每一个经历都在塑造你。"其实，更重要的是，一个好的暗示才会把悲惨的经历升华成悲壮的台阶，引领我们向上。

4. 不值得定律

以上所说的心理内驱力更多是从外部环境给予积极暗示，然后引发自信，在进步和奖赏的良性互动中产生心理增强。但这仍然属于心理与环境的"强化互依关系"。

而不值得定律则是从经济学理性人角度对行为人的进取意志进行解释。不值得定律最简单的表述是：不值得做的事情，就不值得做好。我们知道，每一个理性人在做任何一件事情之前，都会事先做出一个预判：这件事情究竟值不值得做？值得花多大努力去做？换言之，如果做好一件事情所投入的成本与可能的预期收益不相匹配，则做好这件事情的积极性就会大打折扣，直至降低到成本与预期收益接近的状态。假设之前的"不值得"判断是正确的，那么，这就应该是理性人的正当选择。比如，一块质量劣等的假玉石，就不值得花巨额成本请大师级的玉雕师来加工，因为市场的理性预期是质料与工艺的最高统一。

这样，我们似乎可以得出一个新的结论，不值得定律的正面意义应该是：越是值得做的事情，就越值得做好。于是我们很容易发现，那些雕工极其细腻的顶级玉雕作品，大都是好玉。我们也很容易理解，历经2 400 年，依然寒气逼人、锋利无比的"天下第一剑"的佩戴者毕竟是越王勾践。我们更容易相信 3 400 年前人类工匠需要倾注什么样的心力才能打造出如此精美绝伦的黄金面具，所以那绚烂无比的黄金面罩下躺着的一定是图坦卡门。

不值得定律很自然地解释了上海衡山路几乎所有的小店为什么会比上海桃浦雪松路开的那些小店精致高雅得多？绝不能简单归类为店家的综合素质差异，其实它包含了买方和卖方市场一切要素的比值。

与雪松路 30 万元的开店成本相比，衡山路一家投资 600 万元的小门店，凭什么不该用最富品位的设计来匹配呢?

优势富集效应的重要原则之一，就是资源的自然匹配性。就优势者的内源性心理趋向而言，一个被成功和优势唤起的信心和可预见的辉煌，经过理智的筛选，当然会有效地激发行动者的肾上腺素，促使他加大投入，而相应的投入又会产生更有力的发展。所以，当一个超常规的成本投入在比值上属于理性行为时，这种超越常规的巨大投入就会出现更大规模的回报，富集就开始了。这就是为什么获得过一次奥斯卡金像奖的演员，再次获奖的几率会大大增加的原因。累积优势的逻辑内含了开门红的重要性，和其他体育运动一样，高尔夫球行内流行着一句话：赢得第一个冠军称号比赢得第二个冠军称号要难。体育行业里还流行另一句话：冠军令对手生畏，故而从中受益。国际象棋冠军费希尔曾说过，与他交手的棋手中，没有一个发挥出了自己的最好水平[①]。

这也似乎间接地证明了"社会易化效应"，就是在有观众的情况下，低水平的选手会发挥得更差，高水平的选手会发挥得更好[②]。可见，熟练的强者、已经获胜的冠军选手，都会拥有额外的优势。构成天才的各种素质非常复杂，远非任何一个简单的技能所能涵盖[③]。

最为核心的是，内生性的进取动力与成就的互振会随时间而逐级加强，并且在概率上留下明显的轨迹。据说美国迈阿密大学的学者对

---

① 查尔斯·默里：《文明的解析：人类的艺术与科学成就》，胡利平译，上海人民出版社 2008 年版，第 95 页。

② 当有其他人在场的时候，个体的行为表现与独处的时候相比会有什么变化？对这个问题的研究早在 19 世纪下半叶就开始了，但是直到 1965 年才有了一个完整的答案。在那一年，罗伯特·扎伊翁茨发现，对于那些简单的、熟练的行为，人们在旁观者在场时通常能做得更好；但是对于那些复杂的、还没有掌握好的技能，人们在有他人在场的时候则会表现得没那么好。这一般被称为社会易化(social facilitation)。查尔斯·邦德等在对共涉及 20 000 名被试者的超过 200 个元分析中也得出了类似的结论。参见斯科特·普劳斯：《决策与判断》，施俊琦等译，人民邮电出版社 2004 年版，第 168 页。

③ 查尔斯·默里：《文明的解析：人类的艺术与科学成就》，胡利平译，上海人民出版社 2008 年版，第 98 页。

24—34 岁之间的近 5 000 名男性和 5 500 名女性进行了调查，通过统计他们在高中时的学习成绩和目前的收入，并控制一些包括智商、父母教育水平等在内的变量，发现高中时期 GPA 每提高一个点，男性的年收入相应增加近 12%，女性则增加 14%（图 8－1）。无论调查的样本是否含有统计上的瑕疵，这样的结果值得深思。

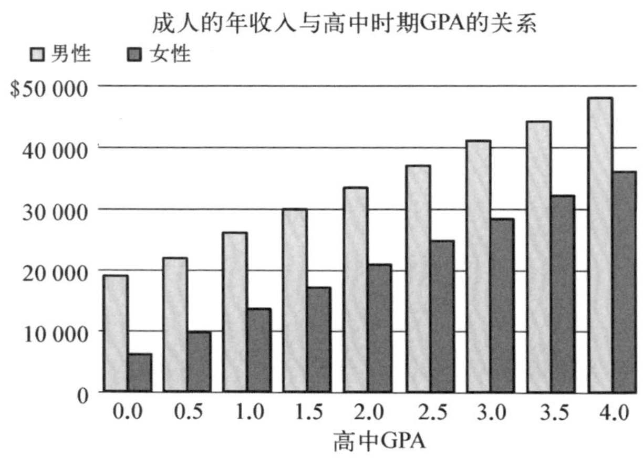

图 8－1　学习成绩越好的人会越有钱吗?①

四、优势富集与外生性趋附

外生性趋附是指如下关联现象，当凸显一旦成形——外部的资源就会发生适配性响应——已经凸显的优势体更加凸显——更多的资源逐层介入——趋势性的优势附加——新的均衡系统产生。在没有较大级别的否定性扰动的情况下，这个均衡系统的生存周期就会相对延长。比如，资料显示，自 1964 年以来，美国参议院有 81%、众议院有 93%的任职者重新当选。原因是："政治中人通常都会想方设法运用他们在位的优势，从而获得更多的优势。他们将现有权力作为投资，以寻求更大

① 来源：迈阿密大学；制图：《华盛顿邮报》2014 年 5 月 20 日。

的权力，就像经济人一样，用钱财投资，以求赚得更多钱财。职位在身者有机会建立自己的知名度，并且能够通过筹款方式培养人脉关系，而其对手通常都不具备这些优势。美国参议院在位议员在竞选募资中，能够吸纳超过其对手五倍的捐资，而美国众议院的在位议员能筹集不止四倍的资金。”①

这样我们似乎发现，在竞争中，对手间本应相对均衡的机遇，会因为外部资源的趋附性介入，被一种新的结构所破坏，从而出现一种新的“机遇结构”。莫顿给机遇结构所下的定义是：“它是一种分布结构，由各种条件组成，提供诸般可能性的机会给行事个体或群体，以使他们获得相应的成效。”②机遇在社会系统中并非随意分布，机遇总是以偏爱一部分人的方式而分布。位于不同社会阶层的人获得自己所渴望的目标的机会是参差不齐的。机遇结构以及获享的机会不是静态分布的，莫顿观察到，个人的自我筛选和机构的社会筛选是一个互动过程，在诸如科学研究的某个领域中，当个体的表现达到或是超过本身所要求的标准时，即忽然凸显时，“那就会促发一种优势积累过程，在这个过程中，个体接二连三地获得越来越越多的机遇，进而工作越干越好（奖项也随之而来）”③。这说明机遇结构就好比社会阶层流动中的自动扶梯，给一部分人提供了向上的动力。这一部分人不管是不是通过自己努力获得的优势，总是能够让他抵达下一台阶。而另外一部分人，想必就得用脚走楼梯了④。

如果这一过程伴随着的，仅仅是一种主流生活表面之下的暗流，那么，这种不具有普适性的潜规则毕竟是有限的，也就不必让人花费笔墨去渲染。但问题的实质却是，即使在最最光天化日之下，并且是在全世

① 丹尼尔·里格尼：《贫与富——马太效应》，秦文华译，商务印书馆2013年版，第73页。
② 同上书，第24页。
③ 同上书，第26页。
④ 同上。

界的目光下，相对公平的联合国秘书长的竞选，也一样会受到外部性趋附的影响，那隐隐约约的机遇结构同样如影随形。

图 8－2 是历任联合国正式秘书长名单[1]，有意思的是，除了加利，其他所有秘书长都得到了连任，也就是说，只要一旦当上了联合国秘书长，连任的概率将大大增加，众目睽睽之下的选举，毫无疑问尊崇了一种不言自明的逻辑：除了为保持联合国一系列政策的连续性等人类对稳定的内在需求外，一定还有一种看不见的优势资源被附加上去了，原有的领先者享有天造地设般的优先性。甚至人类心理对稳定的整体苛求也在某种程度上加固了凸显者的地位，这种以全人类福利形式表现出来的路径依赖，共同参与了对领先凸显者优势的加强。进化为什么要这样做？进化中的优势附加是从哪些路径入手的？

图 8－2　联合国历任秘书长

1. 规则响应型优势附加

如果人们有心去查找各种竞争性的游戏，会很容易发现，那些看似

① 1945—1946 年任代理秘书长的格拉德温·杰布除外。——笔者注

非常公允的竞争规则大多会有对领先者的有利偏向。比如保龄球比赛，保龄球一局共分十轮，有21个格子，每一轮左边的小格为第一次投球的得分，右边的小格为第二次投球的得分，最后一轮有三个小格，多一次投球的机会。按照常规的计分方法，十轮的比赛每轮十个球瓶，满分应该是100分。但事实上一局保龄球的满分为300分而非100分，因为保龄球的计分规则是不断地给最优者加分，而且特别注重第一个球的质量：如果第一个球投了一个"全中"(把全部的球瓶都击倒了，也就是"STRIKE")，除了原本可以得到十分以外，还可以加上后一轮两球的得分，并将分数记在"全中"这一格子里。例如，第一轮的第一个球投了全中，第二轮的两个球共得了9分，那么，"全中"这一格就可以写上19分，这个分数就是第一轮的得分。在保龄球中，全中是得分的关键。简单来说，全中可以得三倍的高分，补中(第二投将剩余的球全部击倒，"SPARE")可以得两倍的好分，若两次投球后还留下剩余残瓶，就只能得击倒球瓶数的实际分。可见，保龄球的一大魅力就在于独特的倍增分制度设计，同样投出一个球，计分可相差三倍以上。尤其在比赛中，在如此考验人心理承受能力的条件下，谁先拿到全中的机会，并且保持高质量的投球，就会导致分数不断翻倍，差距迅速拉大，优势不断地富集。

其实，这是另一种公允，也就是让每一个参赛者都平等地获得可能的额外奖赏，让每一个阶段的优势都能获得附加的资源，从而有利于优胜者获得更大的优势。例如，世界杯足球赛制的设计就包含着这一原则，16强后的淘汰赛按如下原则对阵：

淘汰赛第一场：由A2对阵C2

淘汰赛第二场：由D1对阵B3或E3或F3

淘汰赛第三场：由B1对阵A3或C3或D3

淘汰赛第四场：由F1对阵E2

淘汰赛第五场：由 C1 对阵 A3 或 B3 或 F3

淘汰赛第六场：由 E1 对阵 D2

淘汰赛第七场：由 A1 对阵 C3 或 D3 或 E3

淘汰赛第八场：由 B2 对阵 F2

也就是说，小组赛的第一名是与另一组的第三名对阵，这种理论上以最强者对阵最弱者的规则设计是明显的扬强抑弱。也就是说，只要你表现优异，给你的条件就更优异；如果你表现不如意，就让你更失意。这种把对优胜者的奖赏分解到每一个环节的体育比赛的普遍规则，看上去是为了鼓励选手在每一个节点上的争夺，从而让比赛更具有观赏性，还不如说，它只是通过游戏对我们真实生活的一种模拟，这种模拟体现了大自然万类相竞的一个潜在的本质——让胜者更强。这可能是一个具有哲学意味的神秘逻辑——胜者强而不是强者胜。这一逻辑的真正意义也许是把强者理解为一种过程，一种运动的状态，一种可以不断加强的势能，一种必须通过积极演化而铺垫的王者之路。

正因为游戏规则是对生活的模拟，生活中的理性人法则是一切规则设计的前提之一，所以不以理性人为基础的规则设计就会产生制度缺陷，从而导致类似 2012 年伦敦奥运会羽毛球女子双打小组赛中出现的消极比赛现象。中国和韩国女子羽毛球队作为世界最顶尖的球队为了不过早相遇而采取的策略也许在道德上可以批评，但在规则设计上也同样是应该改进的。所以当年《人民日报》的文章就旗帜鲜明地打出了这样的标题：中国羽毛球实力最强，规则应以中国为重。这是规则与道德的碰撞。

"规则以实力最强者为重"，文章标题看似强势，但其实透出了一种诚实而古老的合理诉求，这恰恰也反映了大多数竞赛规则的一个基本倾向，那就是——有利于最优者脱颖而出。这也是千百年来人们心照不宣的共同约定。如果这条规则底线不成立，那每届足球世界杯冠军获得者自动晋级下届世界杯的规定就会显得滑稽可笑；那些在工商管理中对信用长期优异者实行免检的制度不但有失公允，更将会有歧视嫌疑。

一言以蔽之，"奖优惩劣"是大自然的自发设计，人类的制度设计虽然应该大大削减自然竞争的残酷性，但绝不可彻底违拗大自然的原始本性。客观上，对优胜者的褒扬就像让冠军站在高高的领奖台上接受鲜花、奖杯和闪光灯那样天经地义。因为，当任何一种规则设计，如果取缔了对当下优胜者的奖励，也就等于取消了对暂时失败者的激励。大自然和整个社会奖励体系对领先优胜者的奖励，很可能是符合整体效益最大化的优选策略。

规则响应型优势附加有时也会以一种畸形的形式出现，其主要的形式之一就是，先期优胜者作为规则和标准的制定者，会附加更多显失公允的条款，用以锁定优势地位。事实上，很多设计（包括政治）都是当下权力拥有者的杰作，设计者的人格和利益会潜移默化地溶解在看似完美无缺的规则中。这就像福山理解的："现代制度的非人格性是设计出来的，随着时间的流逝，他们常常被强势的政治行动者把持……在这种环境下，并非像法国经济学家托马斯·皮凯蒂认为的那样，富人越富是因为资本的高收益，而是因为他们能更好地进入政治体制从而运用他们的关系去提升自己的利益。"①

其实，皮凯蒂并非没有看到权力拥有者对规则的参与性，他在自己的著作中已经非常清楚地谈到了这一点："大公司高级管理者在收入上将其他人远远甩在了身后。一个可能的解释是，这些高级管理者的技能和生产率较其他工人有了突飞猛进的增长。另一个解释是，这些高级管理者拥有制定自己薪酬的权力。这种权力在某些情况下没有限

① 福山：《民主依然挺立在历史终结处》，《思想潮》，原载《华尔街日报》2014 年 6 月 6 日。

制,在更多的情况下与他们的个人生产率没有任何明确的联系,而在大型组织里,个人生产率在任何情况下都难以有效评估。第二种解释在我看来更合理,并且结果与证据更一致。”①

当然,最严峻的是,规则对优胜者的屈服性趋附。2014 年 7 月 30 日,一条消息引起了全世界拳击界的哗然:世界拳击理事会主席小苏莱曼向媒体宣布,他已经批准了现 P4P 之王梅威瑟(46 - 0,26KO)9 月 13 日同时卫冕 WBC 次中量级和 WBC 超次中量级拳王金腰带的申请。小苏莱曼称,梅威瑟的这种情况与 1988 年伦纳德同时卫冕 WBC 超中量级和轻重量级金腰带情况相似,两人都是拳坛传奇。小苏莱曼说:“这是一个重要的历史事件,因为历史已经证明梅威瑟是一个伟大的冠军。当年的舒格·雷·伦纳德也得到了这个机会。梅威瑟素来对我们 WBC 非常忠诚,这次也是我们向他表示忠诚的时候了。”②

梅威瑟不仅拥有 WBC - 147 和 154 磅的金腰带,还拥有 WBA 次中量级和超次中量级金腰带。如果换成是其他拳手,早就要放弃一条了。哪怕只有一条,超过半年没有卫冕,按照规则都应该被剥夺金腰带。但是,正因为他是梅威瑟,他的特殊强大性,竟然可以让规则屈从于他,这也是我们在商业交往中屡见不鲜的“店大欺客,客大欺店”现象。我们就不难想象某个伟人所说的:即使几何原理违背人的利益,也会被修改。其实准确的含义应该是:违背了最重要利益者的利益,规则也是会被推翻的。

毫无疑问,这种强者凌驾于规则之上并通过规则对弱者实施某种剥夺的古老暴行,与人类社会日益增长的文明和理性越来越不兼容,这种不兼容最终可能会以巨大的社会反抗为成本进行修正,这样做的结果又可能导致强者与弱者的两败俱伤。因此,更可行的设计应该是,让

① 托马斯·皮凯蒂:《21 世纪资本论》,巴曙松等译,中信出版社 2014 年版,第 26 页。
② 拳击航母网,2014 年 7 月 30 日。

优胜者通过规则获得的奖励，被有效控制在仅仅有利于对后来者积极性的激发上，从而通过大量后来者的理性赶超，使社会在良性流动中保持内生性活力。

2. 利益驱动型优势附加

当优势体一旦凸显，外部资源就将闻风而动，周围各种可能的利益主体会携带着自己的资源向中心集中，导致被附加的优势体形成更大的富集效应。这种利益和优势附加主要有两种类型。

（1）主动趋附。这主要表现在优势体已经明显确立的初中期，各种外围资源的拥有者因自身的利益驱动对核心优势体的主动依附，也可称为西瓜效应。这是从闽南话“西瓜偎大边”所表达的意思引申而来，就是西瓜哪一边较大，就挑哪一个；类似广东话的“跟红顶白”，引申为哪里有好处、利益多，就靠向哪里。在以往台湾地区选举中常可看到此效应，如许多选民将票投给自己或媒体以为较可能获胜的候选人（政党或人物），而这并非自己喜欢的，只是借此提高自己与赢家站在同一边的机会。后由台湾地区媒体创造此一新词。

在社会心理学上，“西瓜效应”则被称为“乐队花车效应”。“乐队花车”，直接翻译自英文的“bandwagon”，也就是在花车大游行中搭载乐队的花车。参加者只要跳上了这台乐队花车，就能够轻松地享受游行中的音乐，又不用走路，也因此，英文中的“jumping on the bandwagon”（跳上乐队花车）就代表了“进入主流”。这又类似于衣尾效应（coattail effect），也叫裙摆效应，字面意思是外套的下摆，所谓“衣尾”部分。英语的语源则是“on the coat tails of”，直译为“在……的衣尾上”，意为“依靠……的帮助”。在美国政治术语中，通常表示“拉抬候选人声势”。如果某位候选人（尤其是总统候选人）票房魅力十足，那么大选年时，他前往各州巡回造势，与他同党派的参、众议员候选人就会同台造势。所到之处，沾总统候选人之光，总能号召大批仰慕者、支持者共襄盛举，达到“水帮鱼，鱼帮水”的效果。因为在美国的政治环境中，赢得总统的政党通常也会得到国会中多数席次。换而言之，议员即是“在总统的衣尾上”（依靠总统帮助）的人。意指趋炎附势，基于自身利益，向势力强大或局势较有利一方倒戈的情况，即墙头草、骑墙派。

这类主动型趋附似乎不具备道义上的正面价值，但如果不涉及正义与否的价值选择，而是在更广泛的“两害相权取其轻”的随机意义上，仅仅从理性人角度更宽泛地理解主动型趋附，我们就能发现一大片开阔地带，在那里，主动型利益集聚现象到处在有条不紊地进行着。如前所述，当张艺谋一旦成为著名的电影导演，周围的资源就会迅速苏醒，各种可能的外部利益就会理所当然地出现“向心”驱动，与其他并不重要的普通导演相比较，张艺谋所享有的资源盛宴是如此的低成本，以至于——

- 演员可能愿意不计代价地在张艺谋导演的大片里争相担任主角，以成就她们可能一飞冲天的梦想①。
- 资金可能更愿意作出投资决策，以便从“张艺谋电影”的市场价值角度作出更乐观的预估。
- 剧本、摄影、音效等，包括一切剧务人员都会满腔热情地加入张艺谋团队，以获取经验和功名。
- 外景地资源会积极并几乎零成本地向张艺谋开放，从而获得他们想象中的未来旅游热之前景。
- 各类媒体将无需任何费用地竞相报道张艺谋电影的每一步进展，从而大大节约宣传、广告成本。

---

① 其实不仅一般演员可能有成为巩俐、章子怡的梦想，即使世界著名演员如高仓健，也发自内心愿意为参演张艺谋执导的电影而不计代价，这其中已经融入了更多的人类情感和追求，这更是一种虽然看不见却无处不在的价值。

● 观众天然地愿意品味他已经熟悉并可能形成偏爱的著名导演的作品，这是一个积累的过程。

……

这个盛宴并不是张艺谋独享的，而是所有趋附于张艺谋电影和张艺谋艺术工程（包括奥运会开幕式、G20 峰会等）的参与者共享的。每一个从远方集聚而来的、可以被张艺谋任意选择的优质资源自身潜在的长远利益，影响了议价水平。核心的问题是，仅仅从上面所罗列的六项资源观察，其质量与成本的性价比，它的价格在张艺谋和一个初出茅庐的普通导演那里是完全不对等的，而两者间的差值就是张艺谋的社会性溢价，这是已经凸显的优质导演被外部资源趋附的真实价值。这个价值在表面上可以被各种技术光环、纯粹的艺术追求和哥们义气笼罩，但骨子里最致命、最令人心向往之的，还是与最优秀导演共同创作一部伟大作品之后的开放性想象空间。

也许没有任何道德上的理由可以让人去指责那些蜂拥趋附张艺谋而不是那些平庸导演的倾向，资源的流向和流速自有其本身的逻辑，甚至连韩寒这样的优势体，与一个更普通的人相比，他拍电影所能获取的意外资源也会远远超越一般人的想象，正如韩寒自己所言："我拍电影，有那么多优秀人才和我一起工作，这个世界就是这样，好马配好鞍，好船配好帆。没有太大意外的情况下，万物都会自然归位。"①

这段"话糙理不糙"的表述，似乎正合了复杂理论和非线性科学的先驱、遗传算法之父约翰·亨利·霍兰德的内心想法：很多细菌都有特殊的诱导酶系统，这种诱导酶使他们游向葡萄糖浓度更强的方向。毫无疑问，这些诱导酶模拟了细菌世界的一个关键的方面：化学物质总是从源头向外扩散，离源头越远浓度越小。诱导酶自然而然地就把

① 在《告白与告别》中，韩寒谈到自己初次执导《后会无期》电影的感想。

这样一个明确的预测编入了基因码：如果你向浓度较高的方向游去，就可能找到有营养的东西。“这不是有意形成的模式，但遵循这个模式的生物要比不遵循这个模式的生物更具优势。”[①]因此，资源主动向营养更丰富的目标游去，这是大自然最聪明的设计之一。

（2）被动趋附。这主要表现为，当优势体[②]已经发展到接近垄断地位的中后期，在无可阻挡的趋势面前，所有的资源[③]都将面临历史性抉择，这时，主动依附开始转变为被动选择。它与第一种即主动型趋附的最大差别在于投机与否，主动型趋附具有非常大的投机成分，而且对优势体的形成和壮大具有很强的助推性。而被动型趋附只是趋势的顺应者，是潮流的被动参与者。就像非洲大草原上最初的领头角马和一批忠诚的跟随者，一旦开始探索性迁徙的脚步，一个新的变量就凸显而出。随着更多角马的加入，队伍越来越壮大，当几十万甚至百万角马群一旦形成动态趋势后，几乎所有的角马都将或迟或早、或主动或被动地加入到整个迁徙队伍中，这已经是生死抉择，而不是简单的投机。

历史中，很多事件具有突发性，某种应用一旦率先越过市场临界，摧枯拉朽的富集效应就开始了。当个人电脑忽然异军突起，并以潮水般的势头涌入千家万户，形成一种核心工具后，整个社会的资源系统将会以个人电脑为中心迅速趋附。首先是各类技术工具开始接入性黏附，打印机、光盘播放机、优盘、硬盘、MP3、电子照相机、摄像机等等，凡是电脑商店柜台里看到的一切新应用便会蜂拥而至；接着是无数的看图软件、Office 软件、杀毒软件、游戏软件等软件开发商、供应商和黑客高手逐渐寄生；紧接着是教育系统、社会服务系统、医疗系统、娱乐系统、新闻系统

① 米歇尔·沃尔德罗普：《复杂》，陈玲译，生活·读书·新知三联书店 1997 年版，第 245 页。

② 已经凸显出来的，能形成优势富集效应的核心主体，比如一个人、一个组织或者一个现象。

③ 这里所说的资源，主要指资源携带者，是人格化的资源，具有决定各种具体资源流向的行为主体。

等的工作模式开始革命性变迁；随着一切信息的内容供应商倒戈性趋附，神圣同盟逐渐形成，整个人类生活终于改朝换代。可见，一个相对领先的特定技术能够提供给依附于它的其他技术的新空间越大，就越难以改变这种技术的发展方向，除非有一种较之强得多的技术出现。

果然，到了今天，又一轮以手机移动端为核心的要素富集，正以不可阻挡的趋势席卷着一切。它会像旋风一样把电影、电视、游戏、新闻、票务、银行转账、证券投资、餐饮消费、朋友交流、商业谈判等一切曾经各自独立的资源，裹挟在一部小小的手机上，形成更大的龙卷风。某个特定系统一旦形成引力核心，周边资源的不由自主性就开始显现。整个情形就像单晶体的结晶过程，晶核一旦形成后，其他原子即使不是自愿的，也必须集中到晶核的周围使晶核不断长大，最后成为晶体。

显然，一条规则被激活后，可能引起全部规则的连锁反应，比如新王朝一旦崛起，资源响应的风向就开始形成，一个适应性变迁的过程就会逐渐笼罩全部政治设计和意识形态，从而覆盖到整个社会每一个角落，最后浸染到每一个最普通家庭的一切生活细节。

无论是奥运会还是世界杯，无论是奥斯卡还是格莱美，也无论是基督教还是联合国，更无论是诺贝尔奖还是普利策奖，这些从当年无数同类产品中最终凸显出来的应用，已经成长为具有完全垄断地位的组织和模型，当它们开始具备全人类盛宴的属性时，已经没有什么力量可以阻挡他们继续富集的脚步，所有的相关资源如果不能颠覆之，那就只能顺应之。

虽然大自然每日每时都在奖励和惩罚各种模型和选择，人类无止境的创新渴求也在急迫地敦促辞旧迎新的曙光早日改天换日，可是，那些高度盘亘在一起的资源总利益岂肯拱手出让自己已经到手的江山？

五、优势富集与资源密度

优势富集效应在很大程度上，也可以理解为一种资源配比效应，就是资源在相对自愿的情况下怎样以效益最大化的形式自由运动。在给定的条件下，某些资源率先以凸显的形式进行的优势富集，实际上是在一定的范围内对所有相关资源的重新排序和集中，从而产生中心驱动型资源结构，这种结构不仅仅较大地有利于处于中心位置的优势体，也有利于紧密响应中的外围资源，甚至也应该是有利于社会整体的长远利益。

因为在部分和整体的关系上，只有能产生 1+1>2 的效益，才是在进化上具有正面效用的优势富集，才是这一特定的资源响应模式能被进化选择下来并且屡试不爽的一个原因。进化需要优势富集来激发资源的动态活力，优势富集需要进化中的资源整体提供凸显的土壤。两者的辩证关系可以从几个方面理解。

1. 凸显是一种涌现

优势富集起源于凸显，而凸显在很大程度上是一种涌现。泛指从一大片匀值背景动态地崛起的新构造，远远看去，类似从平静湖面涌出的像济南趵突泉那样的连续水涌，其体态与背景完全不同，但这只是表面的性状，它暗示的是水面以下有一种新质的构造正在崛起。在系统科学中，涌现是一种非常普遍的自然现象，是一种从低层次到高层次的过渡，是在微观主体进化的基础上，宏观系统在性能和结构上的突变，在这一过程中旧质可以产生新质。用凯文·凯利的说法，它已经突破了 2+2=4 这种部分简单相加的逻辑，而是 2+2=5，或者 2+2=苹果。霍兰说："涌现现象是以相互作用为中心的，它比单个行为的简单累加要复杂得多。"如图 8-3 所示涌现性，A 图为多样性系统；B 图为充分相互联系；C 图产生一个自发样式；D 图自发样式再反馈于系统。

复杂性研究中所说的涌现是新的功能和结构产生的过程，是新质产生的过程，而这一过程是活的主体相互作用的产物。是指从整体中产生出来的又不同于原来那个整体的东西，比如整体中的每一只鸟还

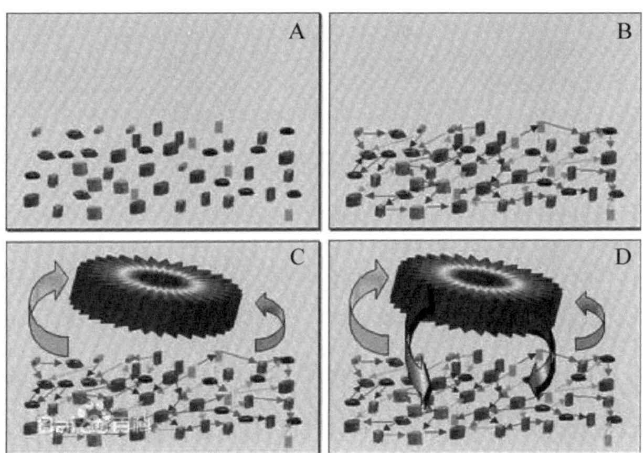

图 8－3　涌现过程图例

是那只鸟，它们有自己的个性和喜好，当它们在山坡上觅食时，那是一个松散的整体，再多的鸟简单相加也还是鸟，最多只是大面积的鸟群。但是，当它们形成数百万只高度协调的整体在天空中动态炫舞时，它们构造成了一个新的整体，它不是鸟，甚至也不是什么鸟群，那是一个巨大的能让人产生崇高感的庞然大物①，一个有机构成极高的巨型生命，这个生命活体是从原有资源中涌现出来的新构型②。

1923 年摩根的著作《涌现式的进化》更倾向于把涌现诠释成“事件发展过程中方向上的质变，是关键的转折点”。就像中国改革开放之初安徽省凤阳县小岗村的联产承包制、早期马云开始兴奋地搭建起来的

① 詹姆斯·格雷克写到：“单只鸟或一条鱼的运动，无论怎样流畅，都不能带给我们像玉米地上空满天打旋的燕八哥或百万鲰鱼鱼贯而行的密集队列所带来的震撼。”参见凯文·凯利：《失控》，东西文库译，新星出版社 2010 年版，第 17 页。人的内心总是容易对巨大的群产生震撼感，就像面对百万人的游行队伍，你的耳鼓膜响起同一个声音时，那种巨大的从未有过的壮美会产生车尔尼雪夫斯基说的那种崇高感。尽管群体的行为可能会是非理性的，但依然有一种远远超越孤独和弱小个体的巨大链接震撼到我们的内心。

② 古典学派生态学和昆虫学家威廉·莫顿·惠勒断言：无论从哪个重要且科学的层面上来看，昆虫群体都不仅仅是类似于有机体，它就是一个有机体。他写道：“就像一个细胞和一个人，它表现为一个整体，在空间中保持自己的特性以抗拒解体……既不是一种事物，也不是一个概念，而是一种持续的波涌和进程。”参见凯文·凯利：《失控》，东西文库译，新星出版社 2010 年版，第 13 页。

阿里巴巴平台，那种产生于匀值背景，又不同于这个背景，但又能对背景产生连锁影响的方向性的折变。

虽然这与系统科学所强调的那种“只有整体才具有的、孤立部分及其简单总和不具有的非加和性”的定性并不那么贴切，但“涌现”这个词所暗示的形象太有魅力了，就像凯文·凯利曾经饶有兴味地引用布朗宁的一段诗，这段诗佐证了音乐是如何从和弦中涌现出来的：

> 而我不知道，除此（音乐）之外，人类还能拥有什么更好的天赋，
>
> 因为从三个音阶（三和弦）中所构造出的，不是第四个音阶，而是星辰。[①]

就冲着这段话，笔者还是愿意，尽管牵强但仍充满敬意地使用“涌现”这个词，以便让从整体中凸显出来的，既区别于整体中的其他部分，又能影响和带动其他部分，在与原来并不相关的那些部分互动的过程中产生的一种持续的涌动。

2. 涌现的条件是多样性

如果涌现是一种异军突起、从背景中突变出来的某种新质，那么，背景的多样性就应该是涌现的一个前置条件。在同等数量的样本下，样本之间的差异越大，涌现就越容易出现。500 万个具有不同的观点和意见、审美和志趣、知识和能力、性格和习惯的人所组成的小社会，与 500 万个在上述特质上没有明显差别或者不允许有差别的人构成的小社会，两相对比，所可能产生新质的概率将是完全不同的。价值差异越大的思想，在互相的碰撞过程中所可能产出的新思想，就像不同的化学物质相遇所产生的化合物一样，差异越大，新组合就越多。

---

① 凯文·凯利：《失控》，东西文库译，新星出版社 2010 年版，第 20 页。

在这方面，化学和物理的确不一样，这有点像沃尔特·方塔纳对宇宙的令人不可思议的简单观察。他指出，当我们观察从夸克到银河的宇宙万象时，只有在分子层才能发现与生命有关的迹象，也就是复杂现象。生命很显然是一个化学现象，而只有分子与分子之间才能自发地产生复杂的化学反应。那到底是什么让分子间产生化学反应，而夸克和类星体却不能呢？根本的原因就是，化学力量的第一个来源就是多样性，原子能组合、重组成各种不同的分子结构，不像夸克只能三个一组地组成中子和质子。化学力量的第二个来源是反应性：结构 A 可以通过操纵结构 B，组合成某种新的结构 C[①]。

因此，多样性是创新涌现的真正温床，锯子与锯子相加还是锯子，但锯子与电动机相加就成了电锯；道家与道家论道还是道家，但道家与佛家融汇就合成了禅宗。这正如熊彼特的调侃："不管你把多大数量的驿路马车和邮车加在一起，也绝不能从中而获得一条铁路。"[②]所以桑塔菲俱乐部的重要人物考夫曼说："一旦在更高层次上积累了一定数量的多样性，就会进入某种自动催化相变阶段，就会在这个层次上引发新的实体的激增。"然后这些激增的实体继续相互作用，产生更高层次的自动催化组，"所以就出现了由低层次到高层次阶梯上推的发展，每一个层次的上推都要经过某种类似自动催化的相变阶段"[③]。生命和社会、经济和艺术都是在这样的多样化融合中产生越来越复杂的新组合，这一过程看不到尽头。

3. 多样性的前提是规模

据说全世界仅仅兰花就有 25 000 多种，如果不是为了争奇斗艳，那

① 米歇尔·沃尔德罗普：《复杂》，陈玲译，生活·读书·新知三联书店 1997 年版，第 442 页。

② 熊彼特：《经济发展论》，商务印书馆 1990 年版，第 75 页。

③ 米歇尔·沃尔德罗普：《复杂》，陈玲译，生活·读书·新知三联书店 1997 年版，第 445 页。

为什么要这样千姿百态呢？多样性从何而来？这应该是一个非常形而上的话题，一般的解释应该是：有性繁殖是多样性分化的内部根源，环境影响则是多样性产生的外部诱因。如果这两个条件相同，则规模理应是多样性发生的最重要前提。就人类社会而言，人群越大、样本越多，多样性就越丰富，多样性的方差也就越大。所以我们就很容易理解一个 500 万人口的国家与一个 5 亿人口的国家相比，产出的多样性以及多样性的极值一定有着概率上的等差。如果你在网上搜索当今世界智商最高的人时，也许你眼前会跳出陶哲轩[①]的名字，据说他的智商达到了 230，但我们不能据此断定中华民族一定比别的民族聪明，我们更多地应该想到这是因为中国人的样本规模更大。看来，还是统计学家迪亚科尼斯说得对："只要有足够大的样本，任何令人震惊的事都有可能发生。"[②]

样本规模对多样性的影响可以从很多方面获得线索，比如在人际关系的多样性上，样本规模与关系就出现了函数特征。两个人之间，只有 1 个关系，但三个人就有 3 个关系，五个人则增加到 10 个关系，它呈现为一种指数递增性（图 8－4）。五个人组成的群，有 10 个关系，十个人组成的群，就有 45 个关系，15 个人组成的群，就达到了 105 个关系。以此类推，更大规模的样本群所产出的多样性将会达到什么样量级？如果按照这个逻辑去思考，就容易理解下面这个赌局了。

想象一下，你和其他 35 个人一起排队，为了消磨时间，排在你前面的那个家伙要和你打个赌。他愿意出 50 美元，赌队列中没有

① 陶哲轩，男，1975 年 7 月 17 日出生在澳大利亚阿德莱德，华裔数学家，任教于美国加州大学洛杉矶分校数学系。他被数学界公认为是调和分析、偏微分方程、组合数学、解析数论、算术数论等接近 10 个重要数学研究领域里的大师级年轻高手，这些方向都是数学发展中极热的生长点。

② 戴维·迈尔斯：《心理学（第七版）》，黄希庭等译，人民邮电出版社 2006 年版，第 29 页。

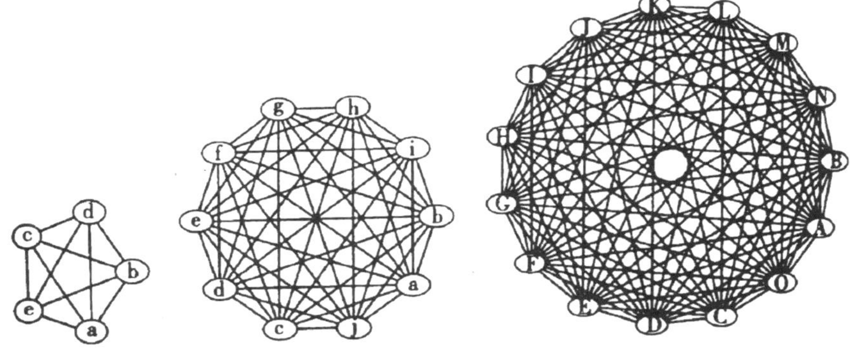

图 8-4　由多个联系构成的三个群簇①

两个人在同一天过生日。你愿意打这个赌吗？

如果你的思维随大流，就不会和他打这个赌。想想看，队列中有 36 个人，而一年有 365 天，似乎胜率是 1 比 10，你输掉这个赌局的可能性是 90%。其实，你应该赌，因为你有超过 80% 的几率赢得 50 美元。这叫做“生日悖论”，虽说它并不构成一个悖论，而只是一种惊奇。它很好地显示了牵涉到群体的事情的复杂性。

大多数人算错生日匹配的赔率，是因为在涉及多个人的情况下，人们只考虑自己而不是群体。如果排在你前面的那个人问：“和咱们一起排队的人当中，与你的生日相同者几率有多高？”这种赌局的胜率才是 1 比 10，显然不能打这么糟糕的赌。然而在一个群体中，其他人和你的关系并非首要之事；所以，你不应该仅仅数与你联系的人头，还需要计算他们互相之间的联系。按照图 8-4 的逻辑，如果是 36 个人，就会出现 600 对以上的生日。每个人都明白，一个群体中的任意两个人拥有同一天生日的机会很低，但他们所忽视的是，比起群体人数多寡的计数，“任意两个人”的计数的

① 克莱·舍基：《未来是湿的：无组织的组织力量》，中国人民大学出版社 2009 年版，第 20 页。

增长要快得多。它构成了生日悖论的发动机。[①]

于是，规模成了复杂性的一个顺理成章的来源。用物理学家菲利普·安德森的话来说，意味着“多就是不同”[②]。1972 年他在《科学》杂志上写到，任何事物的集合体，不论是原子还是人，都会呈现出单凭观察其组成部分而根本无法预测到的复杂行为[③]。就像你无论对一个一个水分子的研究透彻到什么样的程度，那些分子式也绝不会向你透露大海暗流涌动的消息。但事实上，在大多数情况下，无论是自然界还是人类社会，复杂性一旦越过某种临界，当无数个体组成的超大“群”一旦产生，涌现或者突变就可能产生，它们与分子无关，但水分子就在它们里面。当复杂达到某种临界，涌现可能是摆脱复杂纠缠的一种方式，事物通过这种方式产生另一种更高层次的简单排列，但紧接着复杂又一次开始自己的征程。

足够的样本规模对多样性和涌现的另一贡献是：达到一定规模的样本就有能力提供多米诺骨牌连锁反应所需的多样性差序，正是这些差序才有机会引导出具有涌现性质的新构造。差序链对涌动的影响可以从格兰诺维特的暴动生成模式研究中获得印象。1978 年，斯坦福大学社会学家马克·格兰诺维特开拓了一种新的方法研究群体性暴乱[④]，他受到谢林用“原子物理学”来研究社会学的启发，也试着用把事情简化到最纯粹的状态之法，来观察暴动中人们被相继卷入的顺序。

我们可以想象暴动是怎样启动和升级的，一般而言，绝大多数人并

---

① 克莱·舍基：《未来是湿的：无组织的组织力量》，中国人民大学出版社 2009 年版，第 18 页。

② 同上书，第 19 页。

③ 同上。

④ 马克·布坎南：《隐藏的逻辑》，李晰皆译，天津教育出版社 2009 年版，第 106 页。

不会平白无故地参与动乱。格兰诺维特假设，我们会在某个适当的时候参与暴动，也就是说，从某种意义上来讲我们是受到了足够大的“推力”。某人可能会在十个人乱砸东西之后才会加入暴动，而另一个人也许只有在六七十个人都暴动了之后才会加入其中。所以，每个人都有一道“门槛”，这道门槛也许取决于很多因素如个性或惩罚的威胁等。还有些人，无论在什么情况下都不会参与暴动，而同时，也有很少一部分人准备好了一触即发。

一般而言，每个人在考虑是否要参与一件事时，都会权衡这么做可能得到的利益和付出的成本，而门槛则反映了利益超出成本的值。重点是，利益和成本之间的平衡一般不仅仅取决于个人的偏好，而且还取决于其他人都在做什么、做得怎么样，然后才采取行动。

打个比方，想象一下 100 个人每个人都有 0—99 不等的门槛，某个人的门槛值是 0，另一个是 1，接下来一个是 2，以此类推。那么在这种情况下，一场大暴乱是在所难免的。那个门槛是 0 的激进分子首先引爆了动乱，接着门槛值为 1 的人加入其中，暴乱于是一发不可收拾，最后终于把“高门槛值”的人也卷了进来。可见，群体规模越大，具有不同冲动值的人就越多，最终形成完整门槛链的可能性就越大，一件新的超常规事情的发生率就越高。

事实上，经济和股票市场、艺术和思想理论都会因为规模集聚而不断产生新的涌动。规模究竟是一种什么样的力量？想象一下，当你站在几十万人群中，大家手拉手唱起国际歌时，那是一种什么样的激荡？这时，最最个人化的人类情感，也会由于巨大的群体感受而涌现出单个人离群索居所不可能涌出的，诸如悲悯、壮烈、正义、崇高、牺牲、善良等社会化的精神分泌物，那种大义凛然的高贵只能是在群体生活中逐渐发育出的“涌现”。

规模之所以影响多样性，一个核心原因是，规模会内生性地产生分工需求，分工产生协调的需求，协调需求导致语言、文化、道德、宗教和制度的产生。鲁滨逊一个人的世界不存在分工，也就不可能产生职业多样性；一个小小的部落组织与一个数万人的部落联盟相比，其中最大的区别之一就是专业分化程度；一个由数亿人构成的国家组织也一定会产生更大级别的分工，并由此产生更深远的专业分化，从而催生在小规模组织中难以想象的一种“涌现”。当你看到一架巨大的空中客车轰然上天时，你不得不感叹群的力量，在这力量背后，是无数专业分工最后形成的合力，这就是规模所导致的多样性在不断深化的路径上演绎出的“涌现”，也是单独生活在各自孤岛上的即使能创造出石斧和木筷的伟大天才也难以想象的“类”的杰作。

4. 人口规模与密度的奥妙

有一年，笔者在天山脚下一个少数民族帐篷边遇见一对母女，从她们那无瑕的眼神中能看到大自然最原生态的质朴。与那广袤的草甸和远处雪山连成一体的还有那点缀于其间的山羊和相隔遥远的白色帐篷。可是，如果倒退一百年，当你想象自己也将一代一代生活在这人烟稀少的草原上时，你还会有多大的激情和条件参与到相对论的学术探讨中，投入到飞行器的发明中呢？你还会满腔热情地通过悬梁刺股的努力加入到群体性的残酷竞争游戏中去吗？这时，人口的规模和密度对文明的发育作用，这一看上去不是问题的问题也许忽然会展现在你的面前。

人口密度对创造性涌现的影响可以从城市与乡村的差异中窥见一斑，回到本书第一章表 1－2 中的数据，表中所列的是欧洲核心城市在 1800—1950 年期间所产出的重大人物(科学、艺术、政治等领域公认的最重要名人)与核心城区以外人口密度较小的广大区域对比表。从中我们可以看出人口密度与创造性人物涌现的关系，其中最突出的有：

巴黎 24 人，全国其他地区 2 人，日内瓦 123 人，全国其他地区只有 2 人。城市与乡村的均差为 10 : 1，百万人中重大人物的产出比例的差距如此之大，即便扣除进入城市的移民天生具有不甘心的血脉传统和各种可能的其他有利条件，我们仍然对这样的差距感慨万千。再次需要说明的是，城市名人的统计数据并不包括移居到城市中来的求学者和发展者，而是特指出生地。

有一点可以肯定，在巴黎出生的法国人与在巴黎以外美丽乡村出生的法国人相比，他们在生物学意义上应该没有本质的差别，但持续 150 年产出重大人物的差别却如此鲜明，不得不让人想到城市的特殊功能，而所有一切功能最终都要还原到一个最基本的差别，那就是与一定规模相应的人口密度。

正是因为一定的人口密度，就产生了相应的文化和知识密度，以及一切与人的天性相关联的所有事物的密度，正是这些密度，加大了某种复杂性孕育的速度。想当年，如果不是在大英博物馆那浩瀚的知识海洋里终年磨砺，即便如马克思这样的天才，每天盘桓在莱茵河某个遥远的人迹罕至的乡间小河边，最多可能成为一个不错的行吟诗人，而绝难创造出包含着整个人类当下思想成果的《资本论》。当你在法国国家图书馆抬头看到一个小盒子，那里面保存着近代文化的先驱者伏尔泰的心脏，盒子上刻着伏尔泰自己写的一句话"这里是我的心脏，但到处是我的精神"时，你内心所唤起的那种激情一定与骑在马背上、徜徉在山野间的愉悦不一样。

与其他动物不同，人类在繁衍的过程中，自发地、大规模地、有规则地集中定居，形成各种观点和欲望高度密集的城市，这是一大发明。它注定会由于特定的规模、密度和流动性而出现有利于创新不断涌现的巨型复杂系统，所以人口密集的城市与人类成就理应正相关。查尔斯·莫里才会感悟到："说城市造就了人类成就，好比是说餐馆造就了烹调一样。城市与人类成就之间的联系既是实实在在的，又不值得一提，因为它太明显了。"①

相应的人口的密度之所以能促进各种凸显的发生，首先是因为人口越多，知识和经验相遇的机会就越大。梁琦说："与水平比自己高的人打乒乓球或羽毛球，有利于自己提高球艺。接近具有更高技能和知识水平的人，有利于自己获得技能和知识。为什么城市是知识的创造地？因为城市有更多的知识携带者。"②

知识携带者之间的沟通就像麻雀一样传递着各自的消息。据说20世纪30年代的时候，英国送奶公司送到订户门口的牛奶，既不用盖子也不用封口，因此，麻雀和红襟鸟可以很容易地喝到凝固在奶瓶上层的奶油皮。后来，送奶公司为了防止鸟儿偷食，把奶瓶口用锡箔纸封起来。没想到，20年后，英国的麻雀都学会了用嘴把奶瓶的锡箔纸啄开，继续吃它们喜爱的奶油皮。然而，红襟鸟却一直没学会这种方法。生物学家研究发现：原来麻雀是群居的鸟类，当某只麻雀发现了啄破锡箔纸的方法，它就可以教会别的麻雀。而红襟鸟则喜独居，因此，就算有某只红襟鸟发现锡箔纸可以啄破，其他的鸟也无法知道。

其次是因为这么小的区域内各种想法相遇的成本会很低，如格莱泽说的："知识湍流肯定是跨走廊和跨街道比起跨海洋和跨大陆来得更容易。"③保罗·海恩在《经济学的思维方式》中也坚定地认为："如果人们无法进行交易，就不会有专业化，如果转移商品的成本高于交易的预期收益，人们就无法进行交易。想法的交换也很重要，也许比亚当·斯密和其他早期经济学家意识到的重要得多。"④这种重要性集中地体现

① 查尔斯·默里：《文明的解析：人类的艺术与科学成就》，胡利平译，上海人民出版社2008年版，第311页。

② 梁琦：《分工、集聚与增长》，商务印书馆2009年版，第99页。

③ 同上书，第65页。

④ 保罗·海恩：《经济学的思维方式（第11版）》，马昕等译，世界图书出版公司2008年版，第427页。

在耗散结构理论的创立者普里高津的一句话里：

> 古希腊文明以来的整个意义，就是建立起人们之间越来越多的交流。①

密度的最终结果是要促进“想法的交流”，想法与想法的自由交换又需要相应的制度安排，唯有在密度和制度的共同促进下，文明才会与大脑一起开化。波姆说：“对话不仅会改变人与人之间的现存分裂关系，增加人际间和谐与协调，而且，甚至会改变产生出这些分裂关系的意识本性，更大规模地释放出意识的创造力来。”②

因此，由人口密度决定的思想和知识密度与相对开放的低成本“思想市场”相结合，才可能产生新思想的泉涌，并出现对整个系统板块的正向扰动。这就能部分解释欧洲以外地区在同样的人口密度下，为什么没有出现近代欧洲那样的加速开化。毕竟，很多地区直至今天，比如新几内亚仍然有一千多种语言，这就大大地增加了交流成本；而在那些即使人口稠密且规模庞大的世界其他某些地区，却因为千年的专制传统，使思想交流的成本大大超过从这种交流中可能获得的收益时，也即当清空脑袋成为保住脑袋的代价时，换句话说，当思想管制给社会所带来的暂时稳定的收益，远远小于因为管制致使多样性消失、最后导致思想土壤的枯竭所造成的损失时，创新思想的普遍贫乏就成了必然。

5. 规模与资源密度产生富集效率

为什么大自然在进化的过程中始终有一个方向——在富集驱动下

---

① 伊利亚·普里高津：《未来是定数吗?》，曾国平译，上海科技教育出版社 2005 年版，第 70 页。

② 戴维·波姆：《整体性与隐缠序：卷展中的宇宙与意识》，洪定国等译，上海科技教育出版社 2004 年版，第 25 页。

不断走向规模和密集？规模与密集到底有什么好处？戴蒙德在他那本妙思迭出的《枪炮、病菌与钢铁》一书中，描述了细菌的策略，间接也涉及了群体生存的策略：为什么病菌是产生于农业文明呢？人类社会中的传染病大多是从动物的疾病中演化而来的。病菌需要有宿主，他在人体外是不能生存的。如果病菌杀死了所有的人，病菌自己也就灭绝了。所以流行病的病菌只能演化并此起彼伏于规模和密度较大的人类群体中。天花出现在公元前1 600年左右，腮腺炎出现在公元前400年，麻风病出现在公元200年，这些传染病是以稠密的人口为其生存基础的，因此他们是在农业造就了定居和人口密度与规模后才诞生的。随着人类与流行病的长期博弈，基因中缺乏抗体的人死亡了，具有抗体的存活下来，存活下来的成员自然拥有更多的继承了此种基因的后代，因此最终该群体就可以同这种病菌共存并抵抗住它们的袭击。采集和狩猎的小型群体不可能演化出流行病，并且因为他们没有经历过这一适者生存的漫长选择过程，当外部的大群体带着他们身上的病菌到来的时候，小群体将遭遇灭顶之灾①。

细菌的规模策略，也应该是大自然包括人类的普遍策略，规模会产生效率和安全，无论是大城市甚至超大城市的出现，还是区域型产业族群以及特色街区的形成，都可以得到马歇尔所理解的"集聚可以共享劳动力池和知识溢出，从而产生文明溢出"现象；也能获得克鲁格曼空间经济学所论述的技术族群和集中产出效应。毕竟在同一个区域交易要比跨区域资源运输大大减少了萨缪尔森的"冰山"②融化成本。

当然，规模集聚的另一个不可或缺的好处是安全系数的提高。可以想象，如果不是欧盟的成员国，濒临破产边缘的希腊和冰岛在突如其来的危机中可能很难幸存。图8－5是德国一家保险公司的广告，它逻

---

① 郑也夫：《阅读生物学杂记》，中国青年出版社2004年版，第171页。

② 冰山运输成本首先由萨缪尔森提出，指的是产品在区域间运输采取"冰山"形式的运输成本，即产品从产地运到消费地，其中有一部分在途中"融化"掉了。

辑鲜明地揭示了规模的好处，同样的规模，结构很重要；同样的结构，规模很重要。一个孤立的不特定小国，抵御自然灾害和外族吞并的能力自然不会比“东边日出西边雨，黑了南方有北方”的规模国家更安全。就像一个人的皮肤，被烧伤的面积和健康面积之比越小，痊愈的可能性就越大。2008 年如此重大的汶川地震，相对于一个更大体量的中国经济而言之所以能纹丝不动，正说明了一个国家越大，受灾面积的比例就越小，修复的可能就越大。实际上 2008 年经济危机以后，美国银行业更相信规模越大就越不会破产，他们开始不断扩张。比如美国银行收购了美林和全国金融公司，JP 摩根收购了贝尔斯登公司和华盛顿互惠银行。美国最大的四家银行控制了 7.7 万亿美元的资本，占整个金融资本的 56.8%，而危机爆发前只有 45.2%[①]。

图 8-5　规模、结构与抗风险的关系

正因为效率和安全在长期的进化中会被逐渐选择下来，所以，集中性的资源会形成更大富集的内驱力。2005 年中国可持续发展战略报告引述世界银行统计，美国的三大城市群、日本的三大城市群与中国的三大城市群对于全国的经济贡献率有着较大的差异。如果按国家首位城市比较：纽约的 GDP 占美国的 GDP 总量的 24%，相当于上海 GDP 总量的 40 倍，相当于北京 GDP 总量的 75 倍。日本东京的 GDP 占整个日本 GDP 总量的 26%，相当于上海的 20 倍，相当于北京的 30 倍。

① 《东方早报》2011 年 9 月 14 日。

从这些对比中明显见到中国的大城市还具有巨大的资源富集空间[①]。这正应了克鲁格曼在其著作《地理和贸易》中揭示的一个事实："经济活动中最突出的地理特征是什么？一个简短的回答肯定是集中。"[②]

规模集中不仅可以带来报酬递增的富集效应，也可以带来相对的系统安全，因为毕竟大多数容错性较高的系统都应该有一个基本的特征——足够的临界规模。所以人类早期跨海涉洋移居到其他大陆，其成功的首要条件就是迁徙的总人口必须达到可持续更新的临界规模。仅凭这一点，人们就很容易判断那些仅根据一鳞片爪的消息就认定神农架有野人长期生存的说法是误传。

总之，当 $1+1>2$ 时，规模效应就会显现，就像两个眼睛的"视敏度"是一个眼睛视敏度的 6—8 倍，两个眼睛的"立体感"却是一个眼睛的数亿倍，这里，数量就是质量。单个的神经元细胞只是神经元细胞，10^{11} 数量级的神经元细胞组成的系统，就是可能产生一切喜怒哀乐的人类大脑；单个的人只是一个生命，整个人类群体智慧化合在一起，就可能诞生莎士比亚和爱因斯坦。

子系统富集的最终结果可能会带动整个系统的质变。

---

① 中国科学院可持续发展战略研究组：《2005 年中国可持续发展战略报告》，科学出版社 2005 年版，导言 XVII。

② 保罗·克鲁格曼：《地理和贸易》，张兆杰译，北京大学出版社 2000 年版，第 5 页。

第九章

互联网与优势富集效应

我可以计算天体运行的轨道，却无法计算人性的疯狂。

——牛顿

150多年前，马克思、恩格斯在《共产党宣言》中说：

> 资产阶级在它的不到一百年的阶级统治中所创造的生产力，比过去一切世代创造的全部生产力还要多，还要大。自然力的征服，机器的采用，化学在工业和农业中的应用，轮船的行驶，铁路的通行，电报的使用，整个整个大陆的开垦，河川的通航，仿佛用法术从地下呼唤出来的大量人口——过去哪一个世纪能够料想到有这样的生产力潜伏在社会劳动里呢？[①]

今天，互联网的广泛运用，在仅仅不到二十年的时间里，所创造的信息流，比过去一切时代创造的总和还要多、还要大。自然力的征服，计算机的采用，数字技术在所有产业中的应用，手机的普及，社交网络的形成，触屏时代的开启，几亿、几十亿个体智慧的崛起，信息的高速流转，仿佛用法术呼唤出来的无穷无尽的自媒体，过去哪一个世纪能够料想到有这样的群体智慧潜伏在人类生活里呢？

一、互联网传播革命与草根崛起

互联网——一个没有国界、没有围墙、不需要护照和机票的新大陆，每当夜深人静，亿万个灵魂四处游荡，心灵才是唯一的通行证。

---

① 《马克思恩格斯选集（第一卷）》，人民出版社1972年版，第256页。

在这个新的世界里，每一个曾经卑微的草根，不仅可以激动在自己的梦想中，还可以行动在最令人惊叹的精神大陆的创建中，仅仅一个维基百科，就可以把千百万人的目光聚焦在同一个页面上，千百支笔尖可以同时修改一个定义，创建和刷新着无穷无尽的奇妙应用。这是一种什么样的文明创造经验？当马克思说“各个经济时代的差别，不在于生产什么，而在于怎样生产，用什么劳动工具生产”时，一定很难想象这句话可以用到今天的网络现实。的确，这是一种崭新的“社会化大生产”，全人类智慧的神圣激发所导出的创造能量将使任何预测成为儿戏。

在这个新的世界里，包括微信在内的各种社会化沟通工具代替我们的双腿翻山越岭向每一个可能的、潜在的、有意义的新老朋友敲门，低成本的信息交互不仅大跨度地超越了人际交往的物理空间和血缘联系，更由于社会化网络的六度空间特性而极大地扩展了人际关系的联系密度和广度，不断“生成”的陌生而具有特定意义的社交关系革命性地扩充了我们与外部世界的关系。这种关系，一方面激发了潜藏在我们心灵深处的社会化交往需求，使我们心灵深处的沟通欲望配得上一日千里的技术进步；另一方面，交往本身也在一步步重塑我们的社会化本质。因为“人的本质，在其现实性上是一切社会关系的总和”①，一旦我们所处的某些社会关系发生持续突变，人的社会属性也会随之发生不以我们意志为转移的变化。在这一过程中，个体的变化和类的变化交织进行。从鸡毛信到手机，这又一次让我们体会到：各个文明时代的差别，不在于交换什么，而在于怎样交换、用什么工具进行交换。

在这个新的世界里，各种信息经由数字工具像自由电子一样跨越几万公里、穿透一切坚固的城墙实现零距离传送，不断生成的节点和连线犹如宇宙大爆炸般地迅速膨胀。今天的每一部手机，实际上都怀揣

① 马克思说：“人的本质并不是单个人固有的抽象物。在其现实性上，它是一切社会关系的总和。”《马克思恩格斯选集（第一卷）》，人民出版社 1972 年版，第 18 页。

着50年前的整整一个邮局、银行、电视台、广播电台、照相机、录音机、录像机、电脑、计算机、游戏机，甚至把整个世界连接成自己的传达室、会议室、办公室。信息的低成本记录手段已经可以把人类生活的每分每秒复制成页面上传，信息的增量不仅完全超越了人类的记忆容量，而且，由这些增量所导出的海啸般信息的扩充速度已经超越我们的观测速度。

毋庸讳言，在大多数情况下，技术的变迁是缓慢累积的，工具永远只是工具。但是，在某些至关重要的历史节点上，某一单项技术的深度突变，会导致文明的整体结构发生适应性变迁，就像火的应用和蒸汽机的出现一样，不仅带来全部生产力的巨大变化，而且引起了生产关系的适应性变迁，不仅对物质生产，而且对制度安排，最终对精神和意识形态直至一个边远山区的看着微信的村姑，产生重大影响。工具超越了工具本身，蒸汽机的力量大于那个时代。

今天，互联网革命的当量，也许是对人类二十万年来一切技术革命的总体超越，是对人类文明的整个体系和一切细节进行颠覆性清算。我们每一个人都在这个伟大革命的中心现场，而这场革命的前沿，首当其冲就是传播领域。作为传播技术的一个环节，这场技术革命与以往所有革命的一个最大区别就是：把手机像手枪一样发到了每一个草根的手中，我们一天天眼看着互联网工具仿佛用“法术”唤醒了一个沉睡了千年的受众群体。

这个群体已经不再沉默。从传统大众媒介角度而言，受众永远只是沉默的大多数。广播时代，人们聚集在广场上、树底下，静静地收听来自远方的宏伟声音；电视时代，人们拥挤在过道里、沙发边，目不转睛地看着被刻意筛选的联播世界。组织可以用金钱和权力通过大众媒介把自己的意愿和价值观“群发”给无边无际沉默着的大众。在大众媒体时代，无论大众有多众，但他们那些零散的、不能被延伸到室外的窃窃私语，无异于沉默。所以，当麦克卢汉说“媒介即人的延伸”时，实际上并不是指单个人的延伸，而是作为“类”的人的延伸，是被结构起来的人类的延伸，是有能力购买和有权力控制媒体的一部分利益主体的延伸。因此本质上“媒介是组织的延伸”。

只有互联网技术平台，才真正让“每一个人”得到延伸。当年希特勒在国会大厦向几十万听众疯狂叫嚣时，他面前的麦克风是纳粹组织借他的口向公众延伸的，此刻的麦克风只是组织被放大了的器官。现在，互联网技术平台已经可以让每一个人面前有一只“麦克风”。至少在理论上，当某一“草根”发出的声音可以让无限多的人听到，当某一“草民”在互联网墙壁上贴的布告可以让无穷远的人看到时，个人延伸的时代终于到来。当某一个普通人也可以成为“事实上的媒体人”时，作为普通人的集合，原先沉默着的普通大众将不再沉默。一个巨大的不再沉默的群体，它崛起的真正意义，不仅仅是“众声喧哗”，更是一种令组织心惊胆颤的历史反威慑。这就像：如果只有酋长一个人拥有致命的杀伤性武器时，他可以为所欲为、威慑全村，但是当全村所有人都拥有同样的武器时，不平等的关系就开始瓦解，一种新型的构造将慢慢形成。这就是我们看到的，今天的互联网带给我们的传受关系新变局，当原先沉默的个体受众有能力用跟“组织传播”一样的“分贝”说话时，即使他仍然沉默，沉默就变成了金，它的分量是很重的。

这个群体开始拥有信息权利。当我们看见几个中年妇女在街头巷尾神秘地窃窃私语时，当我们看见几个老头在路边报栏前聚精会神时，我们相信：人是一种信息动物，人具有一种天然的对身边和遥远的关联性的兴趣，对信息的自由汲取是人的天赋权利。然而，在漫长的历史中，在不同的文化和制度安排下，在总体信息资源有限的背景里，大众的信息权利却被世俗权力肆意切分和有限赏赐，信息的自由流通和分享被严重阻断。以至于在“四人帮”控制的特殊时期，直到 1976 年，国内绝大多数受众竟然不知道人类早在 1969 年已经登上了月球。这就证明了政治学上一个最古老的定见：所有的权利垄断最后都是信息垄断。当广大的受众只能从最狭窄的通道被动地张口承接被权力过滤和咀嚼过的有限信息时，这个群体的思想是贫乏的；当公众之间缺乏有效的沟通渠道，不能公开合法地传递某些信息时，这个群体是软弱的。因为，当每一个孤立的主体满眼看到的都是戴着像章、罩着面具、山呼万岁的大众时，假象代替了现实，信息不对称所造成的幻象会反身压迫主体，孤独的恐惧最后会扭曲并放大为普遍的虚伪。这就从反面诠释了为什么正是四五运动为粉碎"四人帮"做了最结实的历史铺垫。正是广场上那凛冽寒风中透出的一腔热血，才得以让大众在绝望中窥见一丝温暖的信息，并互相传递和壮胆，终于为粉碎"四人帮"奠定了群众基础，这就是信息的力量。

今天，互联网，特别是微博、微信以后的互联网工具，人们不需要借助于自己的双脚，就可以把各种信息转换成光电子，穿透一切高墙大院和铁丝网，群发到众人的手中，这是一种什么样的奇观？两千年的传播学和政治学都没有一丝预测，工具的发展终于走到了梦想的前面。互联网开始用小刀重新切分蛋糕，把信息权利还给了大众，看起来是将媒体发还给大众，实际上是把信息还给大众，就这个意义而言，媒体就是信息，媒体权利就是信息权利。

这个群体开始由受者转为传者。几千年来直到大众媒介时代，由于传播成本的限制，广大的公众完全沦陷为受者，在某些极端的背景下，人们群聚在广播喇叭前，屏气凝神，焦急地等待着从天而降的最高指示，这是一个传者和受者截然两分的时代，特权者通过传播成本把组织和公众、传者和受者、大众媒体和信息消费者干净地切分了。所以，在组织之外，一个四分五裂的世俗社会，消息和思想只能通过人的双腿去传播的时候，是不可能指望受者转变为传者的。只有在互联网时代，数字化工具的运用，让每一个菜鸟都可以“触之于指尖，传之于云间”的时候，“传”才得以实现；当类似韩寒这样一个组织之外的传者可以把自己的想法像电视发射塔那样瞬间散播到几百万人中时，“播”的性质才得以确立。组织之外的受者开始具有了辐射功能，受者逐渐向传者转变，传者和受者的权利和功能开始趋于均衡。正由于互联网工具极大地削减了信息传播的成本，使时间和空间与成本的相关性大大减少，才导致手无寸铁的受众开始拥有传者的权利。因此，传者和受者在新工具面前的均衡性转折，才是信息权利平等化的重要标志。从大历史的眼光观之，技术的进步会把贵族的坐轿推广为大众的汽车，把早年老板的“大哥大”普及为打工仔兜里的手机，人类的工具进化史一直在曲折而顽强地把权利转移到大众手中，正如亚里士多德所思：在人类文明的进程中，存在着一种缓慢的、渐进的，但却稳定的潮流——权利逐渐转移到民众手中。

互联网工具的进化史正是这一伟大历史趋势的缩写，当它努力把高度创新的媒体工具像武器一样源源不断地发放到每一个民众手上时，它实际上是在发动一场革命——受者登上历史舞台的革命，信息权利回归的革命。而信息权利的“回归”趋势，就是信息权利不断向大众和民间的“下移”，这是一种信息权利的“还俗”过程。在本质上，是历史借助于工具的改进和普及，重新实现人类早期对信息平等权利的初始设计，是对早期人类信息权利平等这一“初始默认”的一键恢复。

这个群体开始呈现类组织结构。个人与组织就像砖块较之于建筑、细胞比之于组织一样，在进化的序列上，已经不是同一种质态。从时间序列的方向观测，复杂性的层次已经发生根本变化，具有一定功能的结构开始出现。同理，散在的受众，无论在量上达到什么样的级别，从结构功能主义观之，仍然没有突变，因为没有出现具有更高功能的结构。正如卢梭说的：没有组织的人民，就像洒在地上的火药，只能星星点点地燃烧。

如前所述，在传统大众媒体面前，即使广场上站立着亿万数量级的受众，但由于没有合法的瞬时全覆盖沟通工具，就依然是没有力量的散粒体，依然是列宁所比喻的分散的土豆，把它们装在麻袋里也一样，因为土豆与土豆之间没能出现活性的有机联系。在组织看来，土豆之间不可能出现大范围交织的信息连线。全局规模的连线只能由组织通过传统大众媒体等工具对所有土豆进行“千万颗红心，向着红太阳”式的中心辐射链接。于是，受众（土豆）之间由于没有连线，就不会出现自组织网状构造，也就不会出现中心节点和次中心节点；由于没有信息中介，规模受众之间就不会出现大范围“关系”，也就不可能生成结构和组织，更难以形成任何功能性的目标和运动。

直到互联网工具出现，所有的个人终端作为节点已经开始脱离早前与大众媒体的“单线”联系，终于，一个伟大的质变就开始了。因为，当“下线”之间一旦可以自由链接，原有的垂直向心结构就开始弱化，新的网络组织就会自发形成，这就是我们所看到的推特、微信等工具绵延不断地横空出世，以及由这些平台工具所吸附的各种圈层组织开始自我构造。原先一盘散沙的状态开始出现或松或紧的团粒结构，然后团粒与团粒之间再出现更大范围的构型，这是人类组织发育史上从未出现过的奇异景象。一个几乎不需要成本的组织（类组织）竟然可以出现，因为，以往任何有形的可以产生集体行动的组织都需要最低成本，集体行动的净收益一旦低于维持组织存在的最低成本，组织就会趋于瓦解。但是，互联网工具却把集体行动的成本降到了所谓“科斯地板”之下，这样，维持组织存在的核心资源，就不再是有形的经济核算意义上的成本，而更可能是兴趣、爱好、正义、良善，甚至共同的苦难。在互联网平台上，由这些要素粘连起来的结构，已经具备了采取大规模集体行动的可能性，不管是大范围爱心行动，还是持续对某一现象进行全景、立体、显微扫描式揭露，都显现出了一种从未有过的连锁响应能力，巨量节点之间的有机配合与时间序列上的层层递进，均透出一种堪比组织的极高效率。这是一种崭新的人类集体行动的模式，是一种疑似组织。换句话说，当互联网上某一个中心节点，它下面的跟帖达到数百万之众时，你能想象这是一种什么样的意见连接？它同样变成了一个巨大的意见主体，一眼望不到尽头的跟帖大军，就像一支神龙见首不见尾的游行队伍，不仅会互相壮胆形成更大规模的聚集，甚至可能在不可预测的共振中发酵出行动的力量。因为信息具有转化为社会行动的天然能力，特别在几十亿部手机共存的"一触即发"时代，当不能被有效缓解的群体性事件牵引出整体性事件的可能性逐渐增大时，社会系统的风险将大大增加，这已经不仅是传播学的问题，而是社会学和政治学的共同课题了，毕竟，正如博格斯说的——万物互相影响。

这个群体开始结构成新的智慧体。作为互联网发展的初级阶段，到今天，之所以称得上革命，并且和以往革命区别，一个重要的标志就是，它解放了"个人"。就信息的索取、流通和发布而言，互联网工具正在创造亿万个"自由人"，被封藏了几千年的个人心智自由忽然间被解锁了，整个情形似乎正在验证罗素在《地球的觉醒》中所言："我们看到的奇迹可能在地球上发生，在我们这蓝色珍珠上发生。人类可能正处在一个进化飞跃的边缘，数亿年才发生一次的跃进，可能会在进化的一瞬间发生。导致这个跃进的变化就在我们眼前——或眼前后面的心智里。"

的确，当一个普通的中学生可以在一夜之间打开全世界的图书馆、资料室、图库、音乐殿堂以及千千万万个私人"媒体"时，当一个普通的技术员可以在浩如烟海的"云信息"中通过关键词完全无偿地检索到从某个官员戴什么手表到美国空天飞机 X37B 的一切细节时，当一个腼腆的年轻人可以在夜深人静之时大胆地向全世界发布自己刚刚激发出来的灵感时，我们深信，“信息自由人”的概念正在慢慢浮出水面，因为自由的本意就是多种选择的可能，互联网提供了对所有人类知识的全世界范围的访问。不管它在哪里，连“魔鬼也是有地址的”，互联网在本质上不会歧视每一个普通的指令，根本不需要你热泪盈眶的感激，它就会耐心地帮你找到这个“地址”。

在互联网面前，每个人都变成了打开地下宝库的阿里巴巴，在无限浩瀚又唾手可得的各种信息面前，连最伟大的思辨哲学家都可能被震惊得目瞪口呆。难怪科幻小说家布鲁斯·斯特林会充满感慨地说：“每次打开 Internet，我总是陷入发现的狂喜。就好像火山灰覆盖的阴冷之地突然爆裂，从中走出盛大的狂欢节游行队伍。”

问题的关键是，互联网不仅连通了全世界的信息，更连通了被激活起来的全人类几十亿个大脑；互联网不仅创造了亿万个“自由人”，更创造了类似马克思所预言的“自由人的联合体”。在信息的自由创造面前，人类终于被整合为一个巨大的创造主体，无数个体智慧被网络集合成了群体智慧，与亿万个体智慧的简单总和相比，倍增亿万倍的群体智慧一旦出现，其发展方向和速度几乎是不可预知的。几十亿个大脑连接起来的“全人类大脑”的启动，将是一场真正的“文艺复兴”，我们的传播关系、社会生活和整个文明将会像维基百科那样被集体性修改和创建。摆在人们面前的整个人类文明的性质不再仅仅是“可读”，而是“可改”“可创”。这样一种集体性的对人类未来的超文本写作，逼使我们不得不对每日每时正在不断创生中的互联网时代产生更深的认知：这也许是一个完全不同于过往文明的新质文明，它完全超越了我们对历史上先后出现的各文明形态的基本分类，它并非类似于工业文明对农耕文明的超越，换句话，它不是对工业文明的超越，而是对五千年来所有工具文明的超越。也许是相对于人类 50 万年前火的发明以来又一次真正的革命，我们将面临一个完全陌生的文明。

二、超垄断时代——第二名就是最后一名

互联网时代区别于以往时代的一个值得重视的新现象是：竞争中的微小差别，最终可能会被放大到赢家通吃的非理性垄断。即使一、二名之间，差距最后也会扩大到令人同情的地步。比如，同样是世界几大拳击组织的冠军，但影响力与收益的差别却会大到野蛮的程度。通常有正式头衔的世界拳王争霸赛，拳手的收入为数十万美元。可是，美国拳王梅威瑟在2015年5月3日与“亚洲驱逐舰”帕奎奥打了一场世纪大战（图9-1）。仅仅36分钟，与帕奎奥六四分成后，梅威瑟获得的酬金竟然达到1.9亿美元。

图9-1　梅威瑟（左）与帕奎奥（右）世纪大战

同样的拳王，同样的流血流汗，同样的36分钟，竟然相差了1 000倍。为什么？

假设一下，倒退两百年，梅威瑟作为世界最顶级的拳王，如果他在美国弗吉尼亚打一场拳赛，即便围了两万人观看比赛，每人一百元门票，总收入也仅200万。但今天这场拳赛在全世界包括中国在内的一百多个国家进行直播。西方主要市场经济国家需要付费观看，这场大赛，美国的高清收费电视为99.9美元。最后统计该场大赛共计卖出创历史纪录的440万个PPV（pay per view，即按次付费观看），这还不包括现场门票收入和广告收入。所以，正因为全球化之后信息传播可以覆盖全世界，导致几千万人可以低成本同步观看，再廉价的单位成本如果能获得全世界范围的收视率累计，也将创造不可思议的奇迹。那些

仅仅次一级的不值得直播的拳王，拳赛的收入自然沦为蓝领打工者而一落千丈。

这就是典型的“超级巨星现象”，芝加哥大学经济学者诺斯教授针对此曾经发表一篇论文，名为《超级巨星的经济(解释)》。在该论文中，诺斯教授使用了一个简单的数学模型来反映现代社会的“超级巨星”现象：

> 在某些市场里，当消费者人数很多、需要量非常可观时，这些市场就会慢慢发展出一些特殊的“报酬结构”。因为需要量非常大，所以只要每人付出一点点钱，汇集之后就很可观，也就有能力支持一些超级巨星。这些超级巨星的报酬要远远超出位于第二层的“巨星”和“明星”。①

问题的关键是，在两百年前的农业时代，明星与巨星之间、“好”与“最好”之间并没有如此显赫的指数差异。王木匠即使能将椅子做到世界第一，几百公里以外的人不会趋之若鹜，几千公里以外的人更不会定购他制作的椅子。自然，这个地球上会有成千上万个木匠滋润地活在自己的成就中，木匠与木匠之间手工艺的细微差异不会被放大到豪门通吃的程度。然而今天，如果某人开发的是桌面系统，当他花费 10 亿美元研制出一款比别人稍好一点的视窗桌面时，接下来的奇迹就发生了，因为每复制一个，它的单位成本都趋向于零。

而对应于一个最有雄心的木匠而言，复制一个新桌子所流逝的时间与汗水不会明显减少，即便天降大任出现了 50 万个桌子的订单，斯人也只得望洋兴叹。然而，只要有订单，今天的世界力量可以在一个晚

① 熊秉元：《灯塔的故事(经济新观察·熊秉元系列第一辑)》，社会科学文献出版社 2002 年版，第 3 页。

上压制出 1 亿个光盘，让单位成本下降到 10 美元一个视窗系统，并肆无忌惮地覆盖全世界几乎每个中学生的桌面。这不由地让人警惕，今天的世界第一与百年前的世界第一最大的差别会不会是：当今的第一具有无以复加的侵略性和规模化。因为他的先天禀赋告诉他，规模越大——单位成本越低——成本越低市场需求越大——需求越大规模复制越烈——最终导致船体颠覆般的超级垄断。

正因为信息的复制和转运成本与以往的全部时代大相异趣，零成本的微信复制和分享才会成为那些很难从事专业信息生产的大妈们津津乐道的新生活模式。对她们而言，这是一个复制和分享的天堂。可见，当一个时代，它特定的某项活动成本极低时，便会产生与这一时代相应的行为偏向，当信息创作成本很高，而复制成本很低时，复制便会成为一种流行，微信的复制、粘贴和发送大行于天下就是一个例子。

对企业而言，互联网零成本大陆的发现，必然会将规模复制所体现的边际成本递减趋势推送到无以复加的新天地。在这两者的助推下，资金和野心才会有恃无恐地“先”身、“起”家、“制”国、平天下。在当今网络时代正反馈[①]背景下，与传播领域的大裂变相反，以往“众声喧哗”的产品和厂商，开始一家独大谋夺天下市场，因为竞争中的微小差别会被由于进入时机的特定优势和“需求方规模经济”等助推而产生雪崩式地一边倒，最后赢家通吃。

也就是说，在农业时代，由于空间转运成本的限制，导致地球表面相对均衡地分布着同类产品的不同生产商，书桌、肥皂和剃须刀，每一种物品都是由千千万万性格各异、互不相关的能工巧匠独立生产的。没有任何一家生产商有野心垄断哪怕方圆三百公里的市场；在前互联

① 正反馈是指受控部分发出反馈信息，其方向与控制信息一致，可以促进或加强控制部分的活动。它是一种反馈的形式。反馈信息影响系统再输出的结果，更加增大了受控量的实际值和期望值的偏差，从而使系统趋向于不稳定状态。在控制系统中这种现象比较普遍，延伸到生理现象、新闻传播现象，特别是经济活动中的现象，表现为强者更强。其反面是负反馈。

网时代，即使最最精巧的设计和创意，它的影响力和知晓率也会令人绝望地随地表的空间距离而逐渐被稀释直至消失。可是今天，互联网不仅可以将全世界任何一个角落的产品呈现在你面前，并且提供全球范围的性价比数据。更重要的是，零成本的移动支付和低成本的全球配送①已经几乎消灭了古典时代因物理距离造成的封闭和同类产品的多样性。当远在天涯海角不同肤色的人种和天性迥异的行者竟然能够使用着同一种手机和电脑、听着同一个人唱的情歌、用着同样的吉利剃须刀时，我们终于承认这很可能是一个超级垄断的时代。

漫长而温良的农业社会，地球上的人们很难乘坐同一家作坊生产的马车，今天，我们坐飞机很难不走进波音和空客两家的舱门，那些野心勃勃的摄影达人亦无法拒绝佳能或尼康的照相机。在一些细分市场，厂家和顾客同时被互联网时代的优势富集效应挟持，细微的差异化被残酷的同质化取代，毕竟没有厂商敢在今天重新投资生产与佳能、尼康②比肩的高端相机，在没有革命性的技术创新之前，想推翻这一王朝的任何企图都可能被无情地绝杀。农业时代“山高皇帝远”的革命模式已经被互联网时代的同步化碾碎。

表 9-1　农业时代与互联网时代商业模式的区别
（以生产木质桌子和开发桌面系统为例）

传统农业时代	移动互联网时代
运输成本与距离成正比升高	信息运输成本接近为零
复制桌子的劳动成本不随规模增大而递减	信息复制成本接近为零

① 美国彭博社的记者山姆·格罗巴特在阿里巴巴即将在美国上市前，自己掏钱买体验，花了 4 503 美元在阿里巴巴网站上个性化定制了 280 条鲜亮的牛仔裤；总共花了 28 天的时间，加上运费合计每条牛仔裤的价格仅为 16.08 美元。你知道山姆最后的感受是什么？他说，我最终想明白了阿里巴巴是什么，阿里巴巴是世界上最大的 3D 打印机！

② 空客与波音、佳能与尼康、可口可乐与百事可乐都属于行业双头垄断。

续　表

传统农业时代	移动互联网时代
复制桌子的时间周期与创作桌子的时间等长	信息复制时间接近为零
无法垄断哪怕 100 公里半径的市场	全球覆盖式垄断
第一与第二的市场当量差异不大	很大程度上第二名就是最后一名
竞争者间温和的关系	竞争者间凶猛的侵略性
大狗小狗都能活	赢家通吃，输家归零

某些极端产品市场的最后皈依，有点类似黄有光所调侃的，第一名与第二名之后的所有竞争者，其关系模式是：十年修得同船渡；百年修得共枕眠。

比起同船渡，共枕眠的回报何止百倍，投入增加十倍，回报增加超过百倍。

这就是优势富集效应，这就是互联网时代赢家通吃型的优势富集效应，算术的差异造就了指数的区别。某种意义上，首席资源的争夺可能就是全部资源的争夺。

三、超速度时代——初战就是决战

时间，虽然从宇宙大爆炸开始直到今天，毫无弹性、不急不躁地运行在自己永恒的节律中，但深藏在时间中的事物，特别是人类社会，它的演变却日复一日地在感觉中被加速。我 20 世纪 70 年代在江西农村劳作时，每天肩扛着一把锄头，想象中这可能是两千多年前陈胜、吴广用过的那种锄头。这种工具，它的生命周期可以长达两千年，在如此漫长的时间长河中，锄头的进化几乎是停滞的，时间在它身上似乎凝固了。然而，仅仅数十年，追求时尚的年轻人手中的 iPhone 早已几易江山、沧桑数代。工具和生活中的一切事物都仿佛进入了新的时间隧道，那些在生活中看上去永恒的东西已经失去了曾经的光泽，那些在生命中从未预测到的东西正风起云涌。

图 9－2 与图 9－3 是我 2016 年 10 月 12 日给中国科学院上海分院数百名硕博连读的青年学子讲课时拍的照片，当时做了一个简单的现场样本统计：首先请平时使用微信工具的同学举手，差不多所有人都举起了手（图 9－2）。然后请平时使用易信、陌陌、来往等互联网工具的同学举手，毫不意外的结果是，几乎没人举手，有些人甚至表现出茫然与不解（图 9－3）。

图 9－2　现场微信使用者举手统计结果：几乎全体举手

这看似波澜不惊的画面，却可能暗示了几十万年工具进化史上从未出现过的令人惊愕的一幕，人类在不知不觉的谈笑声中开启了自己翻天覆地的神奇旅程。

1. 工具的进化与普及进程加速

从火的发现到普遍使用，人类经历了几十万年；从石器到铜器、铁器、蒸汽机的发明直至最终广泛使用，人类在这一漫长的普及过程中经历了无数血与火的洗礼。可是微信，这一新的互联网沟通工具，从

图 9－3　现场易信使用者举手统计结果：几乎没人举手

2011 年 1 月 22 日诞生到 2013 年 11 月注册用户一举突破 6 亿，仅用了短短两年多时间，到 2016 年第二季度，微信月活跃用户达到 8.06 亿。已经覆盖中国 94%的智能手机，用户广布 200 多个国家，超过 20 种语言。人们在惊诧于当年鸟叔《江南 Style》瞬间在世界走红的同时，简直没有时间咀嚼和反思一种新的看似普通的工具竟然也能创造这般奇迹，这是一种什么样的“暴胀”？

2. 工具与工具之间的拼杀到了瞬间决胜时代

如上所述，除了微信，在短短几年的时间内，易信、陌陌、来往等具有几乎相同功能的工具也在“相继”进入市场，他们进入市场的先后时间如果以两千多年锄头的眼光观之，完全可以说：差不多是瞬间同步的。然而，农业文明的“差不多”放到了今天，却因毫厘之差，谬以千里。

且看在功能上与微信毫无差异甚至技高一筹的易信，仅仅因为比微信晚进入市场两年半（2013 年 8 月进入），但它野心勃勃的抱负所面临的却是空如旷野的现实（图 9－3）。这是一种什么样的市场逻辑？

我们知道，互联网新沟通工具的市场推广，其用户数往往是随时间而倍增的，譬如第一个月可以发展两个客户，第二月则增加到四个客户，第三个月就可能增加到 16 个客户，第四个月更可能达到 256 个客户，依此类推。

我们假设(最理想化的非现实假设)，如果微信比易信早进入市场一个月，如图 9－4，到了第二个月(图 9－4 中左上角小图)，易信开始进入市场，最初也是 2 个用户，但此时微信的用户已经是 4 个，按照同样的速率，第三个月微信/易信分别为 16 人/4 人，第四个月分别为 256 人/16 人，第五个月分别为 6.55 万人/256 人，第六个月也即半年之后，则是 42.9 亿与 6.55 万的差距，后者简直忽略不计，这就是图 9－3 所看到的，基本没有人举手。于是得出一个非常残酷的结论——初战就是决战。

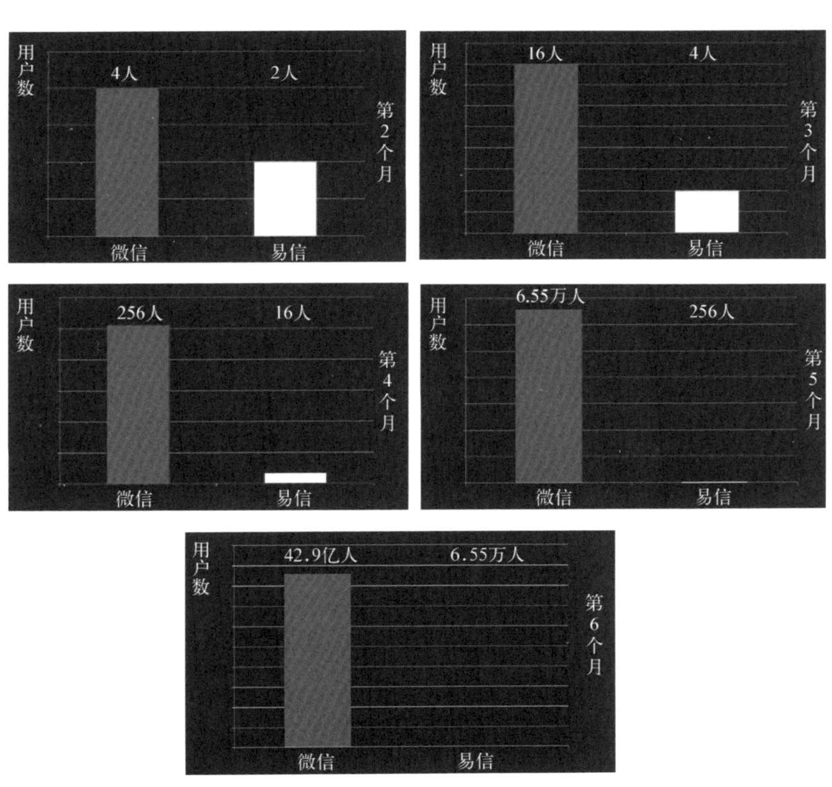

图 9－4　假设的先后进入市场与最终市场占有率的比值差异

时间变量空前地提上了议事日程。数千年的农耕文明，即使晚进入市场一千年，生产锄头的张铁匠和生产桌子的李木匠依然可以大步进入市场；一个水缸即便过了五百年依然可以卖掉，在这样的背景下，人们对时间并不敏感，因为不需要敏感。可是今天，仅仅晚到两年，世界已经江山易主。想当年索尼与松下的蓝光之战、分众与聚众对楼宇广告的瞬间垄断，已可见“初战即决战”的性质。今天，在互联网革命的现场，虽然不是所有的行业对时间都一样的敏感，但历史已经进化到这一步，一个全新的进化逻辑正在不知不觉中开始切入我们的生活。在超出所有人想象的非常短的时间之窗，在某些特定的行业，“最先适应者”的优势开始显现。

从根本上看，生物在亿万年的自然进化中所处环境的变化是缓慢的，环境可以从容不迫地选择适者。可是互联网时代，瞬息万变的外部环境和转瞬即逝的市场机遇不可能有耐心等待姗姗来迟的适者，因此，“适者生存”在今天的互联网条件下可能需要重新界定。如果不考虑时间变量，只是一味适应外部环境，那么上海股市在 2007 年达到 6 124 点附近时，可能绝大多数股评家和普通股民都心潮澎湃到了极点，认为更大的行情还在后面，此时此刻“适者”也许是应该进入的；同理，当上证指数下跌到 1 600 点附近时，一个最肃杀的环境已经形成，“适者”是不是该顺应当时的环境将手里的股票全部抛掉？可见，如果不分辨“时间变量”，不思考时间变量在新环境下的重要性，“适者生存”很难有操作意义。

表 9-2 为先者生存与适者生存在不同环境条件下的特点罗列。

表 9-2　先者生存与适者生存特性比较

适者生存	先者生存(新经济背景下)
适应者生存	最先适应者生存
被动适应	主动适应

续 表

适者生存	先者生存(新经济背景下)
不考虑时间变量	注重时间变量
被动受环境选择	主动改变环境
环境不能被创造	环境可以被改变和创造
环境不以人的意志为转移	环境在一定条件下与人高度互动
适应性选择周期长达亿万年	适应性选择时间之窗极短
自然淘汰周期漫长	市场淘汰过程转瞬之间

与所有被动适应环境的其他动物相比,人最大的特性之一就是主动性,其中最重要的标志就是主动改造甚至创造环境。1990 年整个万维网只有一个网页,今天已经有 40 亿个网页。当时的一部手机已经繁殖到了 50 亿部手机,因此,适者生存在全新的环境中,某种程度上应该被定义为“最先创造者”和“最先适应者”。人类的真正未来不是掌握在“适者”身上,而是把握在“先者”和“创造者”身上,因为未来是被选择和创造出来的。“选”字的最直接含义也许就是“先”“走”一步。

四、超富集时代——收益递增与网络外部性

1. 收益递减与收益递增

收益递减和收益递增都是经济学名词,它们反映的是经济生活中两个相反的趋势。通常情况下,我们总能看到收益递减,就像初次约会和初吻,感受峰值相对是最高的,而随时间推移和次数的无限递增,快感度可能是趋向于递减的。这是一个普遍现象,罗斯福第二次连任美国总统时,一位记者问他的感受,罗斯福殷勤地招待记者连续吃了 4 块三明治,记者刚开始喜出望外,到后来越吃越难受,最终表示实在吃不

下去了，罗斯福笑着说："这下你知道我再次连任的感受了。"

简单说，收益递减就是：干同样的事情，得到的越来越少。从投入到产出的效益比来看，随着时间的递增，收益曲线似乎总是递减的。假设一个跳高运动员一开始花两年的时间成本努力学跳高，可以提高 50 厘米，接下来两年，同样的成本可能只提高 20 厘米，再花两年时间，可能只提高 2 厘米，到了一个极值后，即使再花 20 年的时间、同等质量的努力，可能提升的高度仅为 0 了。换言之，同样的投入到最后收益却是递减的。

这样的事我们在经济生活中几乎到处都能看到，当我们说"一分耕耘，一分收获"的时候，其实应该说：那是在一定的限值内，超越了这个限值，事情可能会发生变化。因为你会发现，在同样大小的地块上，当你流血流汗、勤耕细作、合理施肥，你的草莓可能会比邻居的草莓长得大一些。但是如果你以为只要继续加大一倍的投入，你的草莓就会翻倍地增大，那你就是痴心妄想了，因为大自然会告诉你，即便你增施一千倍的肥料，你的草莓永远长不到南瓜那样大。这似乎是个显而易见的真理，增长总会遇到极限，大自然总是会把无穷无尽的发展拖回到它的平均水平。

看上去大自然在和人作对，其实在有些情况下递减是有好处的，为什么我们有时在电视上看到那些被害者亲属在复述时显得并不如我们想象的那样悲痛欲绝？那可能是因为我们与受害者亲属有时间距离，是时间让人们对灾难的感受曲线递减了。其实，对悲痛的递减是大自然在保护生者，悲痛是大自然内设给生命的警告系统，以便让我们对灾难作出必要的反应。但如果这种反应随时间延长而不能得到收益补偿时，则感受器就会渐渐麻木。所以非洲草原上那些悲伤地看着小牛犊被狮子掠杀的母牛，会在很短的时间内忍痛离开现场重新奔走在前行的路上，那也是因为，当悲伤不能唤起有效反击而只可能造成更大伤害时，悲伤就应该迅速递减，这也是大自然对无能为力的母牛的保护性设计。大自然不会让动物生命在负面情绪上保持太长时间，或者说，长时间沉浸在极度悲痛中而没有时间应付眼下困境的生命最终都会被淘汰，它们的子代很难遗传。

经济学所涉的收益递减（报酬递减）其实还有更广泛的市场含义。当草莓因为各种原因非常受市场欢迎时，种植草莓的收益会很高，但是，很快就会有更多的农户加入其中分享这种高收益，从而使价格在新的供求关系下递减，在无数轮次的甘苦尝试后，种植草莓的收益会递减到一个极值，也就是草莓的竞争者们虽然利益很薄但还愿意继续种植，买方市场也基本能接受某种供应量和价格，一个可以相对维持的均衡就出现了。在充分竞争和资源有限（主要是土地资源）的情况下，找到这种动态的最优均衡点是经济学想做的事。

可是，作为对冲，大自然又有一种递增的现象，比如前述初恋或者性快感虽然是递减的，但情感却是随时间而递增的。一般而言，相处时间越长，情感的锁定性就越强，多数婚姻的稳定性就在这一增一减的均衡中保持。生活中递增的事例有很多，比如对一个收藏者而言，某种特定的物品收藏得越多，则社会评估和收藏兴趣会越大。如果一套邮票有 10 张，拿到一张可以卖 5 元，但如果你集齐 10 张，每张就绝对不止卖 50 元，所以边际效用是递增的。

经济学关于收益递增（报酬递增）的思考似乎有个随时代变迁而逐渐增强的关注过程。报酬递增现象早在亚当·斯密时期就已经被注意到，斯密发现，分工可能会带来报酬递增，分工所导致的专业化可能使效率大幅度提升，当一定规模的铁匠作坊把针的生产分解成很多工序，每一道工序工匠的熟练程度将大大提高并激发出整体的效率，从而使一个工匠一天竟然可以生产几千根针，而且随着规模的扩大，成本将会递减，收益不断递增。

马歇尔[①]在《经济学原理》一书中也曾经深入探讨过报酬递增现象，他发现在远离土地等自然资源的条件下，人类的经济行为会产生报酬递增。但是，他认为，这种递增是有限的，任何被过分使用的资源最后都会进入递减程序，小范围的递增不能涵盖大范围的递减，短期的递增不能改变长期的递减。他甚至认为，商人的子孙一开始会有很多优势，也许人们会期许商人最终形成一个世袭的阶层，但始终没有出现，这也许是自然在顽强地利用它的"魔棒"平衡整个社会，正像中国的"富不过三代"那样削富为贫。事实上，它可以被理解为一种进化上的均衡牵扯，是进化通过子代的懒惰天性和父代不希望子代重复辛劳和风险而实现的财富耗散。

马歇尔关于报酬递增的另一个观点在他那本著名于世的《经济学原理》第 13 章"报酬递增倾向和报酬递减倾向的相互关系"中被简单概括为："大自然在生产上所起的作用表现出报酬递减的倾向，而人类所起的作用则表现出报酬递增的倾向"，而且长期观察，报酬递增最终会导致递减，正如英国可以因为知识和文明的人类行为而产生递增的报酬，会"随时可能因为外国贸易条例的变更而受到阻碍，也可能因为发生大战而濒于断绝。同时，为了保障国家安全所产生的海陆军费用，显然也会减少英国从报酬递增率的作用中所获得的利益"[②]。

另一个里程碑式的人物是阿伦·杨格。杨格虽然几乎没有发表过什么论文和著作，但他却荣任了英国经济学会的主席，他最重要的成果可能还是他在当选主席时发表的那篇著名的演讲，即后来的重要论文《报酬递增与经济进步》。在这个演讲中他对斯密的分工与报酬递增的

① 阿尔弗雷德·马歇尔（Alfred Marshall，1842—1924），近代英国最著名的经济学家，新古典学派的创始人，剑桥大学经济学教授，19 世纪末和 20 世纪初英国经济学界最重要的人物。

② 艾尔弗雷德·马歇尔：《经济学原理》，廉运杰译，华夏出版社 2005 年版，第 265 页。

关系做了一般性肯定后[1]，进一步指出不能将分工和由分工导致的发明所需的规模仅仅局限在单个的工厂，而是应该扩大到企业之外的产业以及整个社会的大生产，并进一步扩展到能容纳这个产业规模的整个市场，报酬递增最后要取决于被动员起来的全市场规模。也就是说不简单从某一企业或者行业分工来思考报酬递增，而应当从相互的需求着眼，杨格说："我认为最简单的方法是从研究相互的需求的作用开始。这里是指在报酬递增条件下商品竞争性地交换和生产时，在每一种商品的需求有弹性时商品的互相需求。具体地说，一种商品的供给有少量的增加，就会伴随着与这种商品相交换的其他商品数量的增加，在这样的条件下，一种商品供给的增加是对其他商品需求的增加，因此也必须假定任何需求的增加必然引起供给的增加。"[2]

真正让报酬递增产生实质影响的是美国经济学家布莱恩·阿瑟，他在桑塔菲俱乐部研究复杂现象时提出了报酬递增经济学，试图把经济学一分为二，认为主流经济学基本上是关注报酬递减，是讲均衡的，但发展经济学却需要讲增长，报酬递增是其主线。他从索尼和松下录像带的制式之争，发现松下制式并非最先进的，却因为最先占领更大的市场而最终成为赢家。阿瑟还发现，早期钟表曾经有过逆时针的设计，但终因一些偶然的原因而消失在历史中，顺时针成为赢家。阿瑟说，报

---

① 杨格面对台下那么多重要的经济学家，明确指出："一般同意，亚当·斯密说明了分工导致发明，因为工人从事某项专门操作，逐渐会发现完成同一结果的更好方法，但是，他忽略了主要之点，即分工使一组复杂的过程转化为相继完成的简单过程，其中某些过程终于导致机器的采用。在使用机器，采用简单过程时，分工进一步发展了，后者从经济学角度看又受到市场范围的限制。为了敲打一个铁钉而制造一把铁锤是浪费的；还不如使用手边任何拙笨的工具。为制造一百辆汽车而装备具有夹具、量具、机床、钻床、锻床和传送带等优良设备的工厂是不经济的，不如大部分使用标准的工具和机器，更多地使用直接劳动，较少地使用间接劳动。如果福特先生的产出非常小，他的方法是极不经济的。即使许多其他汽车制造厂商把他的产出看做很大，他也是无利可图的。"杨格：《报酬递增与经济进步》，转引自罗卫东：《经济学基础文献选读》，浙江大学出版社 2007 年版，第 274 页。

② 杨格：《报酬递增与经济进步》，转引自罗卫东：《经济学基础文献选读》，浙江大学出版社 2007 年版，第 277 页。

酬递减是流水线工业的特征，报酬递增是知识经济的特征。

他认为，在知识经济中，存在着一种与物理和生物化学相似的自增强或者自动催化现象，当众多可能性中某个选项被偶然选中，即便它不是最优选项，也会像"优势刻槽"一样被"锁定"，从而产生报酬递增式的发展，自增强机制的来源主要有四个方面[①]，从而决定这个机制会使系统产生多态均衡、可能无效率、锁定、路径依赖四个特征[②]。阿瑟没有完全否认马歇尔的报酬递减，并认为报酬递增仅仅是网络时代的经济特征。

中国已故学者杨小凯对报酬递增发生的解释与阿瑟不同，善于用数学工具的他用角点解[③]分析揭示出，报酬递增并不是如马歇尔所说，是市场的偶然现象；也不是如阿瑟所说，仅仅是网络经济的特点。收益递增的发生，是从劳动分工就开始了，通过劳动分工这种市场经济的最基本特征发挥作用。只要有劳动分工存在，收益递增就一定存在，它不仅是市场的内秉机制，而且是市场效率的根本源泉。虽然杨小凯也像马尔萨斯以后的许多经济学家那样忽略了土地的报酬递减作用，但无论如何，杨小凯用数学工具揭示了报酬递增是市场的内秉机制，它并不是在市场发展到某一阶段才开始出现的，而是伴随着市场的出现而出现的。增长之所以发生，正是来自报酬递增的推动。

这样就解决了一个大问题，因为收益递减主要是讲市场的均衡问

---

① 常见的自增强系统有四个来源：第一，高昂的建立成本或固定成本(这使降低单位成本较之增加产出占优势)；第二，学习效应(当生产普遍增长时，该效应将改进生产或降低生产成本)；第三，合作效应(这使与其他采取相同行动的经济代理人"和睦相处"占优势)；第四，适应性预期(市场上普遍流行使人们相信它还会进一步流行)。布莱恩·阿瑟：《经济学中的自增强机制》，转引自罗卫东：《经济学基础文献选读》，浙江大学出版社 2007 年版，第284 页。

② 布莱恩·阿瑟：《经济学中的自增强机制》，转引自罗卫东：《经济学基础文献选读》，浙江大学出版社 2007 年版，第 284 页。

③ 角点解(corner solution)是一种极端的情况，它是指当一种商品不被消费(或选择)而只消费另一种商品时，最优选择点出现在预算约束线的端点上的情况。当角点解出现时，消费者的边际替代率在所有的消费水平下都不等于价格之比。这时，消费者只消费两种商品中的一种可使其实现效用最大化。表现为效用函数斜率的绝对值大于预算线斜率的绝对值。

题，但是，发展才是更重要的主题，报酬递增最终是通过均衡解决资源最优化配置问题的。而按照熊彼特的理解：均衡经济是不会出现增长的，只能是一个往复循环的经济。要素市场最重要的增量应当是创新所导致的知识累积，它才是人类社会生生不息的发展源泉。

报酬递增的基本原理告诉我们，增长中的市场是一个充满正反馈机制的市场，完全竞争状态从来没有出现过，增长和垄断的趋势是同时发生的，垄断的出现只是时间问题。由于垄断的赢利动机对价格的扭曲，以及先发优势的锁定机制，使次优技术有机会排挤掉更好的技术，再加上对收入分配差异的强化，帕累托最优根本没有机会出现。这种由一系列正反馈机制组成的市场系统，会把一个形成中的相对优势不断推向更有利的发展轨道，周边的相关资源会更倾向于朝中心富集，从而导致更多的资源响应，最终形成更大的资源共振。

总体而言，收益递增在本质上是与人类活动的积累性和创造性相关的，经验的积累和创造产生了市场、货币、公司、分工、规模和全社会的大生产，这些自发的约定和创造在一定程度上抵拒了大自然报酬递减的趋势，从而使局部的、偶然的递增在动态的互相影响的市场中变成一种全局性的递增，工业革命以来，人类创造的财富总量“比以往全部时代的总和还要多还要大”就是一个显证。汽车等单向技术的凸显，会带动各行业和整个社会的联动，英国工业革命的单刀突进在刷新全世界目光的同时，人类经验的可复制性和再造能力就会在全球尺度上“干中学”①，从而牵引着全世界的文明进度。

报酬递增或者优势富集虽然不可能像龙卷风那样最终席卷一切，它也会在某个动态的时刻稍停在一个均衡点上，以便等着其他资源慢

① 所谓干中学，是指人们在生产产品与提供服务的同时也在积累经验，从经验中获得知识，从而有助于提高生产效率和知识总量的增加。知识总量的增加可使所有厂商生产效率提高，体现了知识积累的外部性。1962年阿罗在著名的《干中学的经济含义》中提出了干中学效应（即学习效应），来说明动态规模经济的存在和发生过程，技术的动态变迁在国际分工中的作用由于导致干中学效应而更加受到关注。

慢跟上来，但最终的趋势还是会像计算机技术带动其他技术跟进，家用电脑的普及带动互联网的形成，再引爆移动互联网和沟通技术的革命一样，历史的总财富就在这互相砥砺中不断递增。

2. 超富集时代的网络外部性

如前所述，一个与自然地力密切关联的草莓市场，一个从摘取草莓到最后端上消费者的饭桌之间没有包括互联网在内的重要“插件”[①]的古典市场，报酬递减应该是一种不可逆的趋势，因为它很难阻断姗姗来迟的市场跟进者，幻想长期保持超平均利润的垄断是不现实的。

但是，网络时代的草莓市场，则可能会是另一番景象。比如滴滴打车，在如此短的市场培育周期内，竟能将网约车市场几乎一网打尽的“闪垄断”事实，迫使人们重新思考什么是互联网的现实，为什么一个刚刚兴起的市场会在如此短的时间内被垄断？从揭竿而起的某个创想到一马平川的王朝更迭竟如冬夏换季之迅捷，帷幄中的运筹和千里外的决胜之间几乎没有了历史的时间差。互联网到底是一种什么工具？借用马克思的语式，“各个经济时代的差别，不在于是不是打车，而在于怎样打车、用什么工具打车”。

互联网工具简直像闯入杂货铺把一切精心的古典摆设都弄乱的巨人，按部就班的旧秩序被巨人的脚步捣毁了，新的野心在旧王朝废墟上以新的逻辑重新聚集。

互联网是加速器，旧的交易时间被切割到了纳秒级。高频交易[②]

---

① 所谓插件是指在直接生产者和终端消费者之间，有包括商人、商铺、运输、银行、市场管理者等等很多中间环节，这主要起源于分工和效率的需要，但过度的插件可能会导致总交易成本的提高。互联网工具的广泛运用，对这些插件的功用又进行了革命性的改造，使之更加符合生产和终端消费的效率最大化原则。

② 高频交易是指从那些人们无法利用的极为短暂的市场变化中寻求获利的计算机化交易，比如，某种证券买入价和卖出价差价的微小变化，或者某只股票在不同交易所之间的微小价差。这种交易的速度如此之快，以至于有些交易机构将自己的“服务器群组”安置到了离交易所的计算机很近的地方，以缩短交易指令通过光缆以光速旅行的距离。

从 2011 年开始已经跨入毫秒、微秒级，到 2012 年交易商之间的竞争已经步入纳秒级(10 亿分之一秒)。目前美国股市的绝大多数交易都是由程序完成，自动交易份额已经占到股市交易总量的 70%。据《华尔街见闻》网站报道，高频交易的操作原理并不复杂，赚钱一靠速度，二靠交易量。最早的原型可以追溯到 17 世纪。2012 年，高频交易公司投资数亿资金研发提高交易速度的技术，有公司花 3 亿美元铺设专用的跨大西洋光缆，只为能将纽约和伦敦之间的数据延迟缩短 0.006 秒，而后加价卖给下家，成为看到他人底牌的游戏者[①]。

互联网是聚光镜，旧的“散点交易”转化为全球化的“聚点交易”。农业时代的交易市场被物流的距离成本切割成了无数相对封闭的点，即便你在苏州巴城抓到一只一斤重的阳澄湖雌大闸蟹，也不会引起多大的轰动，因为在田园诗般的乡村，交易价格不会离大闸蟹的“食用价值”太远。但是今天，这只巨型的阳澄湖雌蟹如果放到网上竞标，价格可能会被放大至千倍万倍，因为当一个极度稀缺的资源被聚焦到全世界的眼前时，它的使用价值就会被包括广告价值在内的各种附加价值取代。此时此刻，一只绝世仅有的大闸蟹袒露在全世界饥渴的灵魂面前时，稀缺的资源与互联网后面亿万个贪婪目光的汇聚将会使价格扭曲到什么样的程度？所以牛顿才会说：“我可以计算天体运行的轨道，却无法计算人性的疯狂。”

互联网是显微镜，旧时代的极小“微差”被放大成巨大“方差”，从而产生“峰尖效应”。农业时代同类产品的质量差异即使再大，也会有各自的相应买家，一个工艺水平有限的木匠照样能以低廉的价格勉强活在自己特定的客户群中。可是今天，仅比微软桌面质量稍逊或者进入时机稍晚的产品，却永久地退出了市场。

---

① 叶檀：《全球资本与货币市场，正在成为被操纵的赌场》，http://yetanyetan.blog.sohu.com/302242451.html。

正因为互联网像显微镜一样提供了全球范围的质量鉴别和极速传播，随着世界范围的供应链被采购系统逐级放大，导致某些产品因不断递增的规模需求而出现更大的低成本优势，从而一劳永逸地摧毁了后续竞争者的信心。

可见，以光速见长的互联网，在一个开放的订货系统中，产品间非常细微的差别(产品质量、入市时间等)也会被充分显微和放大，或者直上天堂，或者直下地狱，像里斯顿定律所定义的那样被嗜血的资本追逐和围歼。已故的沃尔特·里斯顿是一位银行金融界的巨头，1992年在一本名为《主权的黄昏》(*The Twilight of Sovereignty*)的书中，曾经预言了电子网络的崛起以及随之而来的主要影响："如果被给予自由和光的速度，资本(包括金钱和构想)将去向它想去的地方"。

所以，互联网时代，人类需求的一个重要变迁是，巨大的需求常常集中在一个非常小的峰尖上，产生一种"锐锋效应"，最尖锐峰顶的物理点极其狭小，但能量极其浩大，出现一种类似"梅威瑟—帕奎奥"那样的"终极巨星现象"。事实上这一奇特的互联网现象甚至已经蔓延到各行各业，以至于国内某著名医院某个顶尖的内分泌专家会爆棚到180天门诊排号。微小的质量差会被富集到类似"单晶硅纯度"那样巨大的方差①。

互联网是反应堆，旧时代的慢增长被"闪增长"取代，出现瞬时"吞并"。农业时代，规模和垄断的形成需要历史长时间的怀孕，佛罗伦萨美第奇家族的辉煌需要五百年的缓慢孕育，可今天，微软、谷歌、推特、阿里巴巴的全球崛起，以五千年文明史长度观之，起于青萍之末，达至八荒四野，仅白驹过隙之闪。在如此短的时间内，一个企业、一个产品能出现帝国般的建制，闪现出创世纪的光芒，一定是市场发生了什么新

① 当今电脑的核心元件是芯片，芯片的材质主要是硅，建房的沙子也主要含硅，一把沙子与一个芯片的含硅量相等，但二者的价值却相差数十亿倍。这是由于芯片材质是由纯度高达99.999 9%的单晶硅的构成，只有纯度极高的硅片才能制成超大规模的高集成度的芯片，这就是质的优势富集。硅片的纯度越高就越具有品质的优势，如果杂质超过千分之一，硅片的价值就大打折扣，如果杂质超过百分之一的硅片就如一片石头。

变化。这种瞬时吞并现象犹如考夫曼所言："我有一个预感，更为有序的物质之所以出现，是因为它能更快地吞入更多的资源。"

其中最大的变化之一就是由网络外部性[①]决定的无尺度网络空间导致优势富集的极端效应——幂律分布增强。

所谓外部性，按弗里德曼的说法就是："我的行为所强加给别人的净支出或收益。"[②]譬如，我放鞭炮的行为给邻居带来了噪声烦恼，这是别人的净支出。我圣托里尼房子的阳台上摆满了鲜花，给邻居和路人带来了审美愉悦，这是净收益。网络外部性是指连接到一个网络的价值，取决于已经连接到该网络的其他人的数量。它的精确含义可以用梅德卡夫定律[③]表示：互联网的价值随着用户数量的增长而呈算术级数或二次方程式的增长。这种增长可能会在很短的时间内造就极端的富集样本，比如韩寒，作为一个网络节点，截止到 2011 年 12 月 22 日 15 点 36 分，韩寒的博客访问量已经达到 512 870 383。甚至连韩寒几个字的一句话（如 2011 年 10 月 16 日的博客，韩寒仅仅写了两个字："测试"），竟然可以引起了 234 页的跟帖。随着近几年韩寒微博的开启，截止到 2017 年 1 月 22 日 17 点 16 分，韩寒微博的粉丝数量已经达到 43 283 027 人。

这个数字的背后蕴藏着的究竟是一种什么样的聚集力量？我们可以从无尺度网络的角度得到一些解释。

在网络理论中，无尺度网络（或称无标度网络）是带有一类特性的

① 网络外部性是新经济中的重要概念，通俗地说就是每个用户从使用某产品中得到的效用，与用户的总数量有关。用户人数越多，每个用户得到的效用就越高，网络中每个人的价值被网络中其他人的数量所影响。这也就意味着网络用户数量的增长，将会带动用户总所得效用的平方级增长。网络外部性广泛存在于电信、航空等领域，是传统经济学中的外部性在网络系统中的表现。

② 戴维·弗里德曼：《弗里德曼的生活经济学》，赵学凯等译，中信出版社 2003 年版，第 284 页。

③ 即网络的有用性（价值）随着用户数量的平方数增加而增加。换句话说，某种网络，比如电话的价值随着使用用户数量的增加而增加。网络的价值与网络规模的平方成正比。具体表现是网络价值与网络节点数的平方、与联网用户的数量的平方成正比。

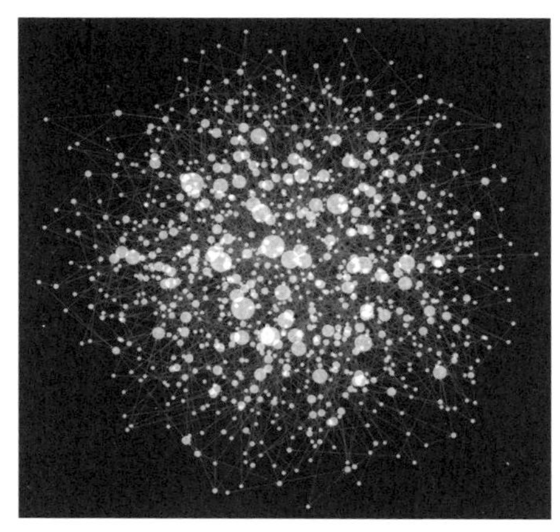

图 9-5　无尺度网络连接示意图

复杂网络，其典型特征是：网络中的大部分节点只和很少节点连接（节点的“度”很小），而有极少的节点与非常多的节点连接（节点的“度”非常高）。这种关键的节点称为“枢纽”或“集散节点”（图 9-5）。

无尺度网络的概念是随着对复杂网络的研究而出现的。“网络”其实就是数学中图论研究的图，由一群顶点以及它们之间所连的边构成。在网络理论中则换一套说法，用“节点”代替“顶点”，用“连接”代替“边”。复杂网络的概念，是用来描述由大量节点以及这些节点之间错综复杂的联系所构成的网络。

巴拉巴斯等人认为，无尺度网络的起因是：网络的成长性和优先连接性。所谓成长性是指网民、网站急剧增加；优先连接性是指新网民总是优先选择前人经常访问的网站。随着时间的演进，某些热门的网站愈加热门，不知名的网站愈加冷门。巴拉巴斯在《无尺度网络》一文中指出，互联网已从随机网络演化为无尺度网络，节点之间的连接服从幂律分布，多数节点只拥有少数连接，而其中少数节点却拥有最多数的连接。这种极不均衡的两极分布恰恰印证了优势富集的过程性——从较为均衡的随机网络演变到极不均衡的无尺度网络，这期间，按幂律递增的现象极强地放大了富集的效应。当你是不活跃的节点时，你少有人问津；当你活跃到有 500 个连接时，系统开始凸显；当你活跃到有 5 万个连接时，你不做什么事也能自动生成新的连接；当你暴增到 500 万个连接时，你就是中心节点，一个新的集体生命就此诞生。在这个过程中会出现同步现象，或称同步性。所谓“同步性”，就好比音乐会或歌剧完场时，台下的观众不间断地鼓掌，一开始可能没有节奏，但在很短几次后，鼓掌的频率就会变得同步。一个被明显富集起来的系统在一个同步的环境里将会获得更大的共振发展。可见，事物的发展一旦远离了平衡态，一旦超过了复杂性的临界点，就会出现一种类似自动催化的作用，富集就开始了。

虽然我们没有看到所有行业和一切人类行为都呈现为无尺度网络特征，在日常生活中收益递减依然会在很多方面顽强地挣扎着。但是，在相当一批行业队伍中，摆脱了递减趋势的增长曲线确实已经微微翘头，更重要的是，那些领先者的历史情结真是遇到了好时代。增长和优先的汇合也许是新世纪给予勇敢进取者的第一份礼物。

作为本书的结尾，最令人感慨的是，那些反复出现的关键词：起点超越、先者生存、临界突破、优势富集、历史封闭等，完全可以在生命诞生的全过程中体现出来。当数以亿计的小蝌蚪争抢唯一的生命机会时，卵子绝不会事先做出优劣选择，她也没有能力干扰公平的竞争，她只会像奥运会马拉松的终点线那样静静地等待着最先突破者的到来。那些历经千辛万苦、在黑暗泥泞的生命通道中匍匐前行的、百折不挠的小蝌蚪一旦率先突破重要临界，就将得到“精子获能”式的革命性奖赏，这是大自然早已准备好的“奖杯”，里面盛着最甘甜的、可以融化一切负重盔甲、从而让“精子超活化”奋力前行的“伟大动能”，优势体随即开启了自己史诗般的富集旅程。

参考文献 / Reference

一、哲学社会科学类

[美] L·J·宾克莱:《理想的冲突》,马元德等译,商务印书馆 1983 年版。

[德] 康德:《宇宙发展史概论》,上海外国自然科学哲学著作编译组译,上海人民出版社 1972 年版。

[美] 弗朗西斯·福山:《政治秩序的起源》,毛俊杰译,广西师范大学出版社 2012 年版。

[英] 阿诺德·汤因比:《历史研究》,刘北成译,上海世纪出版社 2005 年版。

[德] 马克思·韦伯:《新教伦理与资本主义精神(修订版)》,于晓译,陕西师范大学出版社 2006 年版。

[德] 卡尔·马克思等:《马克思恩格斯选集》,中共中央编译局译,人民出版社 1972 年版。

[法] 卢梭:《论人与人之间不平等的起源》,李平沤译,商务印书馆 2007 年版。

[美] 凯文·凯利:《失控》,东西文库译,新星出版社 2010 年版。

[美] 查尔斯·默里:《文明的解析:人类的艺术与科学成就》,胡利平译,上海人民出版社 2008 年版。

[美] 安格斯·迪顿:《逃离不平等:健康、财富及不平等的起源》,崔传刚译,中信出版社 2014 年版。

[英] B·K·里德雷:《时间、空间和万物》,李泳译,湖南科学技术出版社 2004 年版。

[法] 大卫·吕埃勒:《机遇与混沌》,刘式达等译,上海科技教育出版社 2005 年版。

[英] 理查德·道金斯:《上帝的迷思》,陈蓉霞译,海南出版社 2010 年版。

[美] 塞缪尔·亨廷顿:《文明的冲突》,周琪等译,新华出版社 2013 年版。

[美] 马克·布坎南:《隐藏的逻辑》,李晰皆译,天津教育出版社 2009 年版。

[美] 艾伯特·拉斯洛·巴拉巴西:《链接——网络新科学》,徐彬译,湖南科技出版社 2007 年版。

[美] 欧文·拉兹洛:《人类的内在限度》,闵家胤译,社会科学文献出版社 2004 年版。

[英] 斯蒂芬·霍金、列纳德·蒙洛迪诺:《大设计》,吴忠超译,湖南科学技术出版社 2011 年版。

[美] 梅拉妮·米歇尔:《复杂》,唐璐译,湖南科学技术出版社 2011 年版。

[美] 迈克尔·桑德尔:《公正》,朱慧玲译,中信出版社 2012 年版。

二、自然科学类

[美] 理查德·道金斯:《自私的基因》,卢允中译,中信出版社 2012 年版。

[美] 贾雷德·戴蒙德:《枪炮、病菌与钢铁——人类社会的命运》,谢延光译,上海译文出版社 2006 年版。

[比] 伊利亚·普里高津:《未来是定数吗?》,曾国平译,上海科技教育出版社 2005 年版。

[美] 斯蒂芬·杰·古尔德:《自达尔文以来——自然史沉思录》,田洺译,生活·读书·新知三联书店 1997 年版。

[美] 海伦娜·克罗宁:《蚂蚁与孔雀——耀眼羽毛背后的性选择之争》,杨玉龄译,上海科学技术出版社 2001 年版。

[美] Holmes Rolston:《基因、创世纪和上帝》,范岱年等译,湖南科学技术出版社 2003 年版。

[美] 约翰·H·霍兰:《隐秩序:适应性造就复杂性》,周晓牧、韩晖译,上海科技教育出版社 2011 年版。

[美] 乔治・约翰逊:《奇异之美:盖尔曼传》,朱允伦等译,上海科技教育出版社 2002 年版。

[美] 阿尔贝・雅卡尔:《差异的颂歌:遗传学与人类》,王大智译,广西师范大学出版社 2004 年版。

陈仁政主编:《科学准则故事:离奇的"巴西果效应"》,江苏科学技术出版社 2008 年版。

郑也夫:《阅读生物学杂记》,中国青年出版社 2004 年版。

[美] 詹姆斯・格雷克:《混沌——开创新科学》,张淑誉译,高等教育出版社 2004 年版。

[美] 刘易斯・托马斯:《细胞生命的礼赞——一个生物学观察者的手记》,李绍明等译,湖南科学技术出版社 1992 年版。

[美] 马特・里德利:《先天后天:基因、经验及什么使我们成为人》,陈虎平等译,北京理工大学出版社 2005 年版。

[法] 阿尔贝・雅卡尔:《有限世界的来临》,刘伟译,广西师范大学出版社 2004 年版。

[美] 布莱恩・阿瑟:《技术的本质》,曹东溟译,浙江人民出版社 2014 年版。

[比] 伊利亚・普里高津:《确定性的终结》,湛敏译,上海世纪出版集团 2009 年版。

[美] 弗洛林・迪亚库等:《天遇——混沌与稳定性的起源》,王兰宇译,上海世纪出版集团 2005 年版。

[美] 西蒙・A・莱文:《脆弱的领地》,吴彤等译,上海科技教育出版社 2006 年版。

[法] 亨利・柏格森:《创造进化论》,姜志辉译,商务印书馆 2004 年版。

[美] 乔治・阿克洛夫:《动物精神》,黄志强等译,中信出版社 2012 年版。

[美] 艾萨克・阿西莫夫:《永恒的终结》,崔正南译,江苏文艺出版社 2014 年版。

[英] 戴维・多伊奇:《无穷的开始:世界进步的本源》,王艳红等译,人民邮电出版社 2014 年版。

[美] 杰里・A・科因:《为什么要相信达尔文》,叶盛译,科学出版社 2009 年版。

[英] W・C・丹皮尔:《科学史》,李珩译,商务印书馆 1979 年版。

［英］亚·沃尔夫：《十六、十七世纪科学、技术和哲学史》，周昌忠等译，商务印书馆 1985 年版。

［英］史蒂芬·霍金：《时间简史》，许明贤等译，湖南科学技术出版社 1998 年版。

三、经济学类

［美］戴维·弗里德曼：《弗里德曼的生活经济学》，赵学凯等译，中信出版社 2003 年版。

罗卫东：《经济学基础文献选读》，浙江大学出版社 2007 年版。

［美］艾尔弗雷德·马歇尔：《经济学原理》，廉运杰译，华夏出版社 2005 年版。

［美］亚当·斯密：《国民财富的性质和原因的研究》，郭大力、王亚南译，商务印书馆 1972 年版。

［美］卡尔·夏皮罗：《信息规则》，张帆译，中国人民大学出版社 2000 年版。

［美］保罗·克鲁格曼：《地理和贸易》，张兆杰译，北京大学出版社 2000 年版。

梁琦：《分工、集聚与增长》，商务印书馆 2009 年版。

［美］丹尼尔·里格尼：《贫与富——马太效应》，秦文华译，商务印书馆 2013 年版。

［美］斯科特·普劳斯：《决策与判断》，施俊琦等译，人民邮电出版社 2004 年版。

［美］保罗·海恩：《经济学的思维方式（第 11 版）》，马昕等译，世界图书出版公司 2008 年版。

黄志勇：《行为经济学》，北京大学出版社 2008 年版。

［美］丹尼尔·卡尼曼：《思考，快与慢》，胡晓娇等译，中信出版社 2012 年版。

王则柯：《新编博弈论评话》，中信出版社 2003 年版。

［英］罗伯特·斯基德尔斯基：《凯恩斯传》，相蓝欣等译，生活·读书·新知三联书店 2006 年版。

［美］米歇尔·沃尔德罗普：《复杂》，陈玲译，生活·读书·新知三联书店 1997 年版。

［法］托马斯·皮凯蒂：《21 世纪资本论》，巴曙松等译，中信出版社 2014 年版。

［美］马克·布查纳：《临界：为什么世界比我们想象的要简单》，刘杨等译，吉林人

民出版社 2001 年版。

［美］保罗·奥默罗德：《蝴蝶效应经济学》，李华夏译，中信出版社 2006 年版。

黄有光：《宇宙是怎样来的》，复旦大学出版社 2011 年版。

［英］维克托·迈尔·舍恩伯格：《大数据时代》，盛杨燕等译，浙江人民出版社 2013 年版。

［美］哈伊姆·奥菲克：《第二天性：人类进化的经济起源》，张郭敏译，中国社会科学出版社 2004 年版。

［美］丹尼尔·卡尼曼：《不确定状态下的判断》，方文等译，中国人民大学出版社 2008 年版。

四、政治、历史、心理及其他类

［美］罗伯特·S·费尔德曼：《心理学与人类世界：无处不在的心理学》，梁宁建等译，机械工业出版社 2011 年版。

［美］杰克·特劳特、史蒂夫·里夫金：《与众不同——极度竞争时代的生存》，屈陆民译，华夏出版社 2005 年版。

［美］Dennis Coom、John O·Mitterer：《心理学导论》，郑钢等译，中国轻工业出版社 2008 年版。

［英］赫胥黎：《进化论与伦理学（全译本）》，宋启林等译，北京大学出版社 2010 年版。

［美］斯蒂芬·茨威格：《人类的群星闪耀时》，舒昌善译，生活·读书·新知三联书店 2009 年版。

［美］爱德华·威尔逊：《社会生物学——新的综合》，毛盛贤等译，北京理工大学出版社 2008 年版。

［美］戴维·迈尔斯：《心理学（第七版）》，黄希庭等译，人民邮电出版社 2006 年版。

［日］大前研一：《专业主义》，裴立杰译，中信出版社 2006 年版。

［美］托比·胡弗：《近代科学为什么诞生在西方（第二版）》，周程等译，北京大学出版社 2010 年版。

［美］费正清：《剑桥中国晚清史》，中科院历史所编译室译，中国社会科学出版社 1985 年版。

［美］马丁·N·麦格：《族群社会学（第六版）》，祖力亚提·司马义译，华夏出版社 2007 年版。

［美］亨利·基辛格：《论中国》，胡利平译，中信出版社 2012 年版。

［美］克莱·舍基：《未来是湿的：无组织的组织力量》，中国人民大学出版社 2009 年版。

［加］埃里克·麦克卢汉：《麦克卢汉精选》，南京大学出版社 2000 年版。

后记 / Postscript

对于写作这件事，完美主义的确会像暴君一样折磨你，有些时候，简直就是水深火热，只有最后到了写“后记”时，才终于有了一种爬上岸的感觉。

麦克卢汉说：鱼到了岸上才知道水的存在，所以我一上岸，才知道自己之前只是在水里。一旦站上了不同的观念空间，才有机会让我重新审视很多东西，才能体会“对外部世界的某种解释总是不具有统括一切的效力，任何这方面的企图心都会被多样化的世界面貌所击碎”。换句话说，那些在某一逻辑中看似可以言之凿凿、宽广无边的解释，换了一个立场，就能见出它的边界和长相，也就有了三更人静、午夜扪心的反思——

首先想到的是怎样理解多样性。面对优势富集，普通的生命是否只该有一种活法？先者生存、第一名、优势富集效应等等概念，的确是在赞美有序竞争和积极进取，这本来没什么错，问题是，对于那些无力获得优势资源的多数人而言，也许是残酷的。它的残酷性不仅是因为这种进取心的激励可能是进化的诱饵，是让大多数人穷尽一生去追求一个并不一定能实现的梦想，而成全整体的发展，人们甚至始终都不能醒悟：那些梦想也只是大自然催逼人们努力的一个诡计；而且是因为在不为人知的长期艰难拼搏中，人们最终所获得的报酬不足以抵消他们每一个生命阶段本应该拥有的幸福。即使他们可以活在自我安慰的希望中，也依然可能失去符合自己天性的最丰富的当下生活乐趣。毕竟，那些鼓励勇夺第一名的逻辑背后，暗含了一个更深的逻辑——一切都是可比的。既然是可比的，那就是可按相同的价值来排序的，竞争就似乎有了统一的方向。

然而，当我在上海植物园散步的时候，看见那些静静地、先后地、不急不躁地盛开着的千姿百态的花朵时，忽然领悟，那些花朵们并没有在进行人类所说的“争奇斗艳”，因为她们的确不知道有什么一致的标准值得互相争宠斗胜，她们的绽放只是绽放本身，她们只活在自己恬淡却华美无比的此刻，生命的多样性是宇宙在创生的第一天就明白无误地告诉我们的。不幸的是，自以为最聪明的人类却以可能牺牲大多数人当下欢乐的代价换来今天看上去的繁荣。

又一个年末临近之际，那个傍晚的地铁口，看到蜂拥而出的人们怀揣着不同的梦想和心事朝着各自的方向四散时，忽然想到 1999 年最后的那几天，满大街都是行色匆匆、或购置年货或背着蛇皮袋赶往车站码头准备回乡过年的人们，虽然他们所获不同、去向各异，但都同样是气喘吁吁地奔波了一年的普通人。这时候，我的眼光偶然扫到了街边报亭摊放在那里的一张报纸的标题——“总有一种力量让我们泪流满面”，《南方周末》头版那黑黑而巨大的粗体字刹那间击中了我，“至少有十年不曾流泪，可现在……”汪峰的歌词精准地诠释了我那一刻的感受。

作为观念的供给者之一，我也许需要反思，自己在推崇成功、褒扬强者的同时，是否在灌输一种对汗流浃背的普通生命并不十分厚道、反而容易使之产生挫败感的观念？因为，那些即使穷尽一生也不可能获得世俗意义上成功的生活者，在他们生命的编年史上一样应该有自己可歌可泣的美丽，这些美丽就像无名的花朵一样开放着属于自己的不朽年华。他们的人生应该像大树延伸而上直至每一个最细微的枝丫一样，拥有自己独特的方向，自由地像闪电一样刺破天空。即使每一个最卑微的生命也应该像马克思所盛赞的“每一滴露水，在太阳光的照耀下，都会放射出无穷无尽的色彩”。任何一种自以为是的价值都不能强加给他们，他们的生命比一切既定的价值更壮丽，真正值得赞美的应该是多样性。就像那位正从地铁口走出来的穿着薄薄羽绒衣、戴着耳机也许正在听《梨花又开放》的姑娘，她为什么非要知道先者生存、优势富集效应呢？这和她的笑容有什么关系呢？每一个灵魂都有自己鲜活的天性，而理论却没有。

当然，多样性也应是一种宽容，我们也一样对那些曾经躲在阴暗潮湿的楼梯下、库房里，怀着巨大的野心，为我们生产出工业革命和互联网的英雄们充满深深的敬意，因为他们所造福的不仅是他们自己，也是整个人类。他们付出了汗水、脑力和本可以到处游荡的自由时间，大众则慷慨地奖赏给他们崇仰的目光。

由此联想到均衡。知识分子应该是社会的均衡器。一种力量无论被富集到什么样强大的程度，都不应该被锦上添花地赞美，这不仅是因为知识分子的天职不是歌颂，而是批判；更是由于：作为社会良心的知识分子，是这个社会内部天然地孕育出的均衡力量。村上春树说“在高大坚硬的墙和鸡蛋之间，我永远站在鸡蛋一边”，这句话简直就像古埃及的赠言那样，包含了某种永恒的秘密，这个秘密也许就是均衡。

虽然优势富集效应内含着不断加强的非均衡假设，就像第一章所说的，在内部的各个组分之间非均衡永恒地崛起和波动着，但是，世界作为一个整体却从未在根本上对此妥协过。事实上，从一开始，大自然就内设了最深刻的均衡牵扯，它就像人类内心深处永远不会泯灭的“嫉妒”和“同情”一样，在所有尺度上均衡着各种凸显和偏离。包括上帝，也不会让偏离走得太远，以至于无论是亚历山大还是康熙，也无论是戴安娜还是邓丽君，尽管个体可能达到无可企及的波峰，但都会在一百年左右的时间区间重归于零，以便给新一轮富集和美丽波动留下重新启动的历史机会。这也许暗合了很多人喜欢安慰自己的一句话：上帝是公平的。

甚至，为了对冲优势富集的愈演愈烈，大自然竟然设定了一种奇怪的程序：破坏比建设更容易。你花了几年时间创作的满屋子精美瓷器，一头驴只需几分钟就可以全部摧毁。为什么创造和毁灭的成本如此的不对称？是大自然天然地对解构比建构更感兴趣吗？不一定，或许大自然是在暗示人们，应该把更多的时间用于搭积木而不是毁积木。

如果说推动非均衡的优势富集效应是一支建设的力量、结构的力量，那么均衡就是一种否定的力量、解构的力量。不管你可以把积木搭到什么样的高度，包括地球引力在内的所有扰动最后总会将你摧毁。在这一点上大自然似乎不愿意看到优势越来越富集。这也像拉马克的“获得性遗传”不成立一样，如果大自然允许后天的努力可以累加并代代相传，人与人之间的差异将会大到必须用更大的成本去毁灭人类整体的程度。为了避免这一点，于是，进化就妥协性地通过每一代的推倒重来，以维持一种相对的稳定。只是文化可以遗传并累加，这一特例使人类终于脱离了动物界，这可能是大自然的一个疏忽，这一疏忽到目前为止给其他生物带来的基本是祸，给人类带来的到底是祸还是福，只有时间能给出答案。

正如大自然褒奖非均衡的优势富集一样，它也在每一个细分层次上设定了与之对抗的均衡力量，创新也许正是这种力量之一，只有创新能摧毁越来越强大却越来越保守的旧江山。更令人惊讶的是，大自然当初在每个人心中埋设“喜新厌旧”的种子，也许就是为了在适当的时候用无处不在的审美疲劳来打破垄断造成的锁定。

一个更关注整体和长远的、成熟的政府，也许就该像大自然那样，最艺术地对优势富集进行均衡调控，而不是被局部利益所拘役。因为我在冥想：那些最具冒险精神的毒贩们，他们也许是把政府当作市场的合作者来使用的，也就是说，政府极端的禁毒手段是在用巨大的风险吓走那些胆小的竞争者，从而为亡命之徒创造垄断利润的。可见，只有深刻认识到市场比你更聪明的政府，才可能看得更远。

由此联想到效率。毫不讳言地说，本书讲到优势富集效应之所以存在，一个很大的依据就是效率原则，正因为资源的选择性富集体现了效率，所以优势富集效应似乎就天然地具有了合理性。但当有心静下来反思时，是不是也应当对优势富集的效率依据进行必要的拷问。首先，局部的效率并不能反应整体的效益，比如专制的行政效率是相对最高的，但是，单个子系统（政府管理只是整个社会的一个子系统）的效率并不必然地与整个社会大系统的效益正相关，在更多的时候，恶的效率最大化反而是整个社会崩解的前提，希特勒纳粹政权就是一例。

其次，效率能覆盖一切吗？当我们吃阳澄湖大闸蟹的时候，我们最终的目的当然是想吃到蟹肉和蟹黄，于是我们费尽心力去接近这个目标。但是，如果有一种机械装置可以高效率地将蟹壳与蟹肉分离，让我们在几分钟内就可以得到一小块方方正正的纯蟹肉与蟹黄的混合物不是更好吗？因为效率原则的终极目的不就是将过程简单化和单位时间集约化？问题是，我们愿意换取这样的效率吗？可能大多数人还是乐意用不太高的效率来赢得过程性的快乐，这就像在性爱中人们追求的往往是那种近乎天使般的一步一步逼近的神秘旅程。生活中有太多的事情就像钓鱼打猎，不在于最终的收获；就像旅游玩耍，不在于达到终点。由此可见，在很多方面，过程不仅比效率更高一个层次，甚至更加宽广无边。所以，没有人会在意齐白石画虾的速度赶不上电脑所操控的机械手臂，更没人会遗憾木本比草本长得慢并为此焦躁不安。我们感动于伟大的歌剧将我们一点一点带入震撼人心的高潮，我们愤怒那个在我们还没将侦探片看到最后就急忙告诉我们结果的迫不及待的傻瓜。生活的无限壮美就藏在大幕徐徐拉开的期待和回味之中。效率也许到处存在，效率也可能到处不存在。毕竟有些看似效率不高的过程却包含了我们追求的更高效用。

最后，即使在经济领域，效率至上主义那种用效率统摄和判断一切的倾向，很可能是人类生存资源短缺时代的历史记忆，是一种遗传病、一种返祖现象。效率作为一种显性的价值介入人类生活，只是特定时期的产物，但由此而产生的对效率的任何意义的崇拜，对效率价值的泛化，实际上就是对文明的侵蚀。

指出这一点，并非是想否定效率尺度在一定范围的真理性，而是想说，世界太大，人生太短，我们掌握的工具并不一定是唯一有价值的。到目前为止，这个世界的变化速率已经超出我们数千年来所习惯了的节奏，之所以我们看待世界的眼光每天都在被刷新，是因为我们眨眼的速度已经跟不上全世界刷屏的速度。古阿拉伯谚语说“人们更像他们的时代，而不是他们的父辈”，似乎可以改成“人们更像今天而不是昨天”。世界变成了加速器，但加速度一定就是好的吗？一件事情到了加速度的阶段，会不会像高空坠物，或者像癌细胞晚期分裂那样，是接近死亡的前兆？

指出这一点，也并非想要否认什么。正像整个后记的基调一样，也绝非想推翻这本书的基本观点，而只是提供一种可选择的看待事物的眼光和方法。凯恩斯说：“经济学理论并不是一些现成的可以用于政策分析的结论。它不是教条，而是一种方法、一种智力工具、一种思维技巧，有助于拥有它的人得出正确的结论。”①

虽然这本书根本不是什么经济学著作，而是一个对各种现象怀有

① 保罗·海恩：《经济学的思维方式》，马昕等译，世界图书出版公司 2008 年版，第 5 页。

像孩童般天真兴趣的人琐碎的思考，并且在很大程度上类似冯·纽曼说的，“并不试图阐明什么，甚至几乎不试图解释什么，它只是举出范例”[①]。但它可能还有一个作用，就是让那些聪明的读者看到，一个忽然降临的最简朴的思想火花，经过多年的微量积累，竟然可以孕育成厚厚一本书。从而使更多怀有“一个文明人的首要任务就是随时准备改写百科全书”[②]这样野心的人，可以勇敢且从容不迫地做自己想做的一切大事。

这本书能较快地与读者见面，首先要感谢具有敏锐职业嗅觉的复旦大学出版社章永宏编审，我们见面后仅仅两天，一个果断的包含很多专业细节的决定就出来了。遇见一个好编辑是作者和读者共同的福气。朱安奇编辑也给我留下了深刻的印象，厚厚的书稿上那些斑斑点点的修改痕迹背后、大量无人知晓的心血背后，是一种令人肃然起敬的职业精神。

还要感谢华东师范大学和同济大学几位专家教授，陈承明、朱勤芬、郭永康、孔林、凌弓、林志光、孟虹，他们都仔细看了初稿并提出了很好的建议。特别是陈承明教授，作为上海市经济学会市场经济专业委员会主任，他不仅饶有兴味地用专业眼光审读了从内容到注释的每一个字，还牺牲了春节的热闹，加班加点核对甚至每一个标点符号，其情其景，令人动容。

感谢所有给予我帮助的人们，感谢听过我课的人们，感谢翻过我书的人们，哪怕仅仅是站在书店的过道里匆匆翻过几页。

---

① 马克·布查纳：《临界：为什么世界比我们想象的要简单》，刘杨等译，吉林人民出版社 2001 年版，第 179 页。

② 同上书，第 85 页。

图书在版编目(CIP)数据

先者生存:优势富集效应/王健著. —上海: 复旦大学出版社,2017.5
ISBN 978-7-309-12909-0

Ⅰ. 先…　Ⅱ. 王…　Ⅲ. ①经济学-通俗读物②社会科学-通俗读物　Ⅳ. ①F0-49②C49

中国版本图书馆 CIP 数据核字(2017)第 065346 号

先者生存:优势富集效应
王　健　著
责任编辑/朱安奇

复旦大学出版社有限公司出版发行
上海市国权路 579 号　邮编: 200433
网址: fupnet@fudanpress.com　http://www.fudanpress.com
门市零售: 86-21-65642857　团体订购: 86-21-65118853
外埠邮购: 86-21-65109143　出版部电话: 86-21-65642845
浙江新华数码印务有限公司

开本 787×960　1/16　印张 19.75　字数 234 千
2017 年 5 月第 1 版第 1 次印刷
印数 1—5 100

ISBN 978-7-309-12909-0/F·2361
定价: 48.00 元